Rasso Knoller

Gotland

» Es ist schwer, im Norden eine nettere, freundlichere und entgegenkommendere Bevölkerung anzutreffen als hier. «

Carl von Linné, Naturforscher, über die Gotländer (1741)

Impressum

Rasso Knoller
Reise Know-How Gotland

erschienen im
Reise Know-How Verlag Peter Rump GmbH
Osnabrücker Str. 79
33649 Bielefeld
Deutschland
+49-521-946490
info@reise-know-how.de

8., neu bearbeitete und aktualisierte Auflage 2024

ISBN 978-3-8317-3866-3

Gestaltung und Bearbeitung
Umschlag: Peter Rump, der Verlag
Inhalt: Günter Pawlak, Wayan Rump, der Verlag
Fotonachweis: Rasso Knoller (rk), Jerker Andersson/imagebank.sweden.se (ja), Tina Axelsson/imagebank.sweden.se (ta), Lummelundagrottan (lu), Adobe Stock (Autorennachweis jeweils am Bild), Wikimedia Commons (Autorennachweis jeweils am Bild), Shutterstock (Autorennachweis jeweils am Bild
Kartografie: Dimitrios Gavrides
Lektorat: der Verlag

Druck und Bindung
Druck- und Verlagshaus
Zarbock GmbH & Co. KG,
Frankfurt am Main

Printed in Germany

Bibliografische Information der Deutschen Nationalbibliothek
Die Deutsche Nationalbibliothek verzeichnet diese Publikation in der Deutschen Nationalbibliografie; detaillierte bibliografische Daten sind im Internet über http://dnb.dnb.de abrufbar.

Anzeigenvertrieb
KV Kommunalverlag GmbH & Co. KG,
Alte Landstraße 23, 85521 Ottobrunn,
Tel. 089-928096-0, info@kommunal-verlag.de

Bildlegende Umschlag und Vorspann
Titelbild: Schafe, Windmühlen und weite Grasflächen (Adobe Stock © Kersti Lindström)
Vordere Umschlagklappe: Holzfische als Deko (rk),
Kleines Foto: Mühle auf Gotland (rk)
S. 1: Raukar auf der Insel Asunden bei Slite (rk)
S. 2/3: Altstadtgasse in Visby (rk)

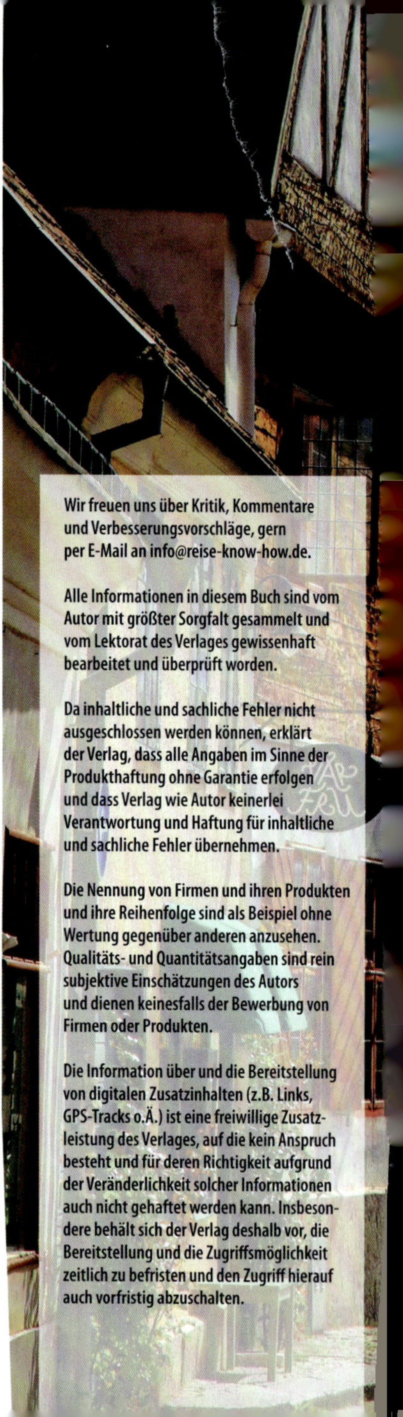

Wir freuen uns über Kritik, Kommentare und Verbesserungsvorschläge, gern per E-Mail an info@reise-know-how.de.

Alle Informationen in diesem Buch sind vom Autor mit größter Sorgfalt gesammelt und vom Lektorat des Verlages gewissenhaft bearbeitet und überprüft worden.

Da inhaltliche und sachliche Fehler nicht ausgeschlossen werden können, erklärt der Verlag, dass alle Angaben im Sinne der Produkthaftung ohne Garantie erfolgen und dass Verlag wie Autor keinerlei Verantwortung und Haftung für inhaltliche und sachliche Fehler übernehmen.

Die Nennung von Firmen und ihren Produkten und ihre Reihenfolge sind als Beispiel ohne Wertung gegenüber anderen anzusehen. Qualitäts- und Quantitätsangaben sind rein subjektive Einschätzungen des Autors und dienen keinesfalls der Bewerbung von Firmen oder Produkten.

Die Information über und die Bereitstellung von digitalen Zusatzinhalten (z.B. Links, GPS-Tracks o.Ä.) ist eine freiwillige Zusatzleistung des Verlages, auf die kein Anspruch besteht und für deren Richtigkeit aufgrund der Veränderlichkeit solcher Informationen auch nicht gehaftet werden kann. Insbesondere behält sich der Verlag deshalb vor, die Bereitstellung und die Zugriffsmöglichkeit zeitlich zu befristen und den Zugriff hierauf auch vorfristig abzuschalten.

Rasso Knoller

GOTLAND

Vorwort

Gotland? Was? Wo fährst du hin? Deutsche Touristen, die ihren Urlaub auf der schwedischen Insel verbringen, müssen auf solche Fragen gefasst sein. Gotland ist zwar eines der beliebtesten Reiseziele der Schweden, bei uns aber immer noch ein „Geheimtipp". Das ist einerseits schade, denn die Insel hat viel zu bieten: eine lange, interessante Geschichte, unberührte Natur, lange und meist menschenleere Strände, das beste Klima Schwedens, unendliche Möglichkeiten für Sportler und mit Visby sicherlich eine der schönsten Städte Europas. Andererseits ist es aber auch gut, dass Gotland eine vom Massentourismus unberührte Insel ist, denn all die beschriebenen Vorzüge sind wahrscheinlich nur so lange solche, wie die Insel von Menschenmassen verschont bleibt.

Doch diese Gefahr besteht noch lange nicht. Außerhalb der Saison – die wegen der schwedischen Ferienregelung und den Urlaubsgewohnheiten eigentlich nur aus der Zeit zwischen Mitte Juni und Anfang August besteht – braucht man die Schönheiten der Insel nur mit wenigen anderen zu teilen.

Gotland ist auch eine Insel der Künstler. Viele „Kreative" suchen hier Inspiration und haben sich hier für immer oder zeitweise niedergelassen. Der berühmte Regisseur *Ingmar Bergman* machte Gotland zu seiner zweiten Heimat, der Krimiautor *Håkan Nesser* lebt heute als einer von vielen Schriftstellern auf der Insel.

Vielleicht werden Sie es auch spüren – Gotland strahlt eine Ruhe aus, wie nur wenige andere Orte. Man muss gar nicht auf „Sinnsuche" sein, um hier Entspannung und eine ganz eigene Art von Zufriedenheit zu finden.

Ich komme gerne im Mai oder Juni auf die Insel. Dann ist es meist schon angenehm warm, die Strände gehören einem noch allein. Gerade in der Nebensaison lohnt sich aber der Blick in den Reiseführer, bevor man sich zu einer Besichtigungstour aufmacht. Denn mitunter sind dann Sehenswürdigkeiten und Restaurants nicht oder nur eingeschränkt geöffnet.

got_487rk

▷ Die Fiskeläge am Strand von Helgumannen

Gotland ist gerade für deutsche Touristen interessant, denn die Geschichte spinnt ein enges Band zwischen beiden Ländern. Während der Hansezeit war mehr als die Hälfte der Einwohner Visbys deutsch, und Händler aus Lübeck, Hamburg, Stralsund, Rostock und anderen deutschen Städten hatten hier ihre Niederlassungen.

Gotland war bisher selbst für Schweden-Fans ein Reiseziel am „Ende der Welt", denn mit dem Flugzeug war die Anreise so teuer, dass es sich kaum jemand leisten konnte, und mit dem Schiff dauerte es zu lange. Inzwischen sind die Flugpreise dramatisch gesunken, und Schnellfähren vom Festland verkürzen die Anreisezeit. Gotland ist also günstig und schnell zu erreichen, es gibt keinen Grund mehr, auf den Besuch dieser lange verborgenen Perle Schwedens zu verzichten.

Välkommen!
Rasso Knoller

Inhalt

Karten

Steckbrief Gotland

- **Einwohnerzahl:** 61.000 Einwohner
- **Größe:** 3140 km^2
- **Länge (Nord-Süd-Ausdehnung):** ca. 125 km
- **Breite (West-Ost-Ausdehnung):** ca 50 km
- **Küstenlänge:** ca. 800 km
- **Hauptstadt (und größte Stadt):** Visby (26.000 Einwohner)
- **Bevölkerungsdichte:** 20 Einwohner pro km^2 (im Vergleich: Schweden 24 Ew./km^2)
- **Größter See:** Bästeträsk, 6,3 km^2
- **Längster Fluss:** Gothemsån, ca. 55 km
- **Höchste Erhebung:** Lojsta Hed, 82 m

Hinweise zur Benutzung

Nicht verpassen!

Die Highlights der Region erkennt man an der **gelben Markierung.**

MEIN TIPP ...

... steht für spezielle Empfehlungen des Autors: abseits der Hauptpfade, nach persönlichem Geschmack.

Der Schmetterling ...

... zeigt an, wo man besonders gut Natur erleben kann oder Angebote im Bereich des nachhaltigen Tourismus findet.

Kinder-Tipps

Das Symbol kennzeichnet Sehenswürdigkeiten und Aktivitäten, an denen auch kleine Gotland-Urlauber ihre Freude haben.

Verweise auf die Stadtpläne

1 Die **farbigen Nummern** in den „Praktischen Tipps" der Ortsbeschreibungen verweisen auf den jeweiligen Karteneintrag.

Preiskategorien Unterkünfte/Restaurants

Richtwerte für ein **DZ** während der Hochsaison (Mitte Juli).

①	bis 2200 SEK
②	2200–2600 SEK
③	ab 2600 SEK

Durchschnittliche Kosten für ein **Menü**:

①	bis 235 SEK
②	235–470 SEK
③	ab 470 SEK

Updates nach Redaktionsschluss

Auf der Produktseite dieses Reiseführers in unserem Internetshop finden Sie zusätzliche Informationen und **wichtige Änderungen.**

Telefonnummern im Buch

Alle Telefonnummern wurden so angegeben, wie sie von Schweden aus verwendet würden, also Ortsvorwahl und daran anschließend die Telefonnummer. Wenn Sie aus Deutschland in Gotland anrufen wollen, müssen Sie, nachdem Sie die Doppelnull für ein Auslandsgespräch gewählt haben, die Landesvorwahl für Schweden anfügen – also die 46 – und dann die jeweilige im Buch angegebene Telefonnummer unter Auslassung der ersten Null wählen. Die Ortsvorwahlen wurden hier mit Klammern kenntlich gemacht, z.B. Gotland: (0498). Somit können sie einfacher von den Handynummern unterschieden werden, welche inzwischen immer häufiger als einzige Telefonnummer auch für geschäftliche Angelegenheiten verwendet werden.

Internetadressen

Um dem Leser die Suche nach weiteren Informationen zu erleichtern, wurden im Buch möglichst viele Internet-Adressen angegeben. Wenn möglich, wurde dabei auf eine deutsch- oder englischsprachige Seite hingewiesen. Oft sind jedoch nur schwedischsprachige Informationen verfügbar. Trotzdem wurden auch solche Seiten aufgenommen, da aktuelle Preis- und Adressinfos auch dem fremdsprachlichen Text zu entnehmen sind.

Schwedische Sonderbuchstaben

Das schwedische Alphabet kennt die Sonderbuchstaben å, ä, ö – sie werden bei alphabetischen Aufstellungen (Telefonbuch, Straßenverzeichnis etc.) immer am Ende aufgeführt. Aus Gründen der Übersichtlichkeit schließt sich dieser Reiseführer den schwedischen Gepflogenheiten nicht an und führt das ä und ö wie bei uns üblich im Adressteil unter a und o auf. Das å wird ebenfalls in allen Listen dieses Buches unter a geführt. Bedenken Sie jedoch, dass dies in schwedischen Verzeichnissen nicht der Fall ist!

Die Insel im Überblick

Die Insel im Überblick

1 Visby | 22

Die gotländische Hauptstadt steht auf dem Reiseplan der meisten Inselbesucher. Schließlich gehört sie zum Weltkulturerbe und fasziniert mit einer komplett erhaltenen **Altstadt** und einer dreieinhalb Kilometer langen **Stadtmauer** (S. 35). Romantiker lieben die vielen **Kirchenruinen,** das **Museum Gotlands Fornsal** (S. 26) hat überregionale Bedeutung.

2 Nordgotland | 48

Auf dem Weg Richtung Norden macht man sich auf die Tour zu den Superlativen der Insel. In **Lummelunda (S. 52)** liegt die größte Höhle der Insel, bei Lickershamn ragt die **Jungfrun (S. 55)**, der größte Raukfelsen, in den Himmel, und mit dem **Bästeträsk (S. 66)** passiert man den größten See der Insel. Im Nordosten warten Naturschutzgebiete wie **Malms Kyllaj (S. 65)** und **St. Olofsholm (S. 65),** ganz im Norden setzt man mit der kostenlosen Fähre zur **Insel Fårö (S. 70)** mit ihren spektakulären Raukgebieten und weiten Stränden über.

3 Zentralgotland | 78

Lange **Sandstrände** wie bei **Tofta (S. 83)** im Westen und **Ljugarn** im Osten **(S. 105)** machen diesen Teil der Insel zu einem beliebten Ausflugsziel. Unmittelbar südlich von Tofta erreicht man **Gnisvärd (S. 83)** mit seinen alten Fischerhütten und einer imposanten Schiffssetzung. Weitere **Schiffssetzungen** passiert man bei **Gannarve (S. 89)** und **Djupvik (S. 91)**. Die Fahrt entlang der **Ekstakusten (S. 91),** bringt die Reisenden zu einem der schönsten Küstenabschnitte der Insel. Für die Reise von der West- an die Ostküste bieten sich als Zwischenstopps im Landesinneren **Dalhem (S. 93)** mit seiner **Schmalspurbahn, Roma (S. 95)** mit der Klosterruine oder **Gothem (S. 92)** mit seiner beeindruckenden Kirche an.

4 Südgotland | 108

Leuchttürme, Weingüter und viel Kunst, das ist die etwas ungewöhnliche Mischung des Südens. **Närsholmen (S. 113)** mit seinem rot-weißen Leuchtturm, der sogar schon in einem Film mitgespielt hat, Gotlands schönste **Landkirche in Öja (S. 125),** die **Långmyre Vineri** in **Burgsvik (S. 128),** das **Kunstmuseum** des Vogelmalers Lars Jonsson **(S. 132)** und die **Galerie Korsbärsgården (S. 133)** – all das passiert man, bevor man am Südende der Insel das **Heidegebiet von Hoburgen (S. 135)** mit seinem Leuchtturm erreicht.

Reiserouten und Touren

Verkehrsmittel

Für Rundfahrten durch Gotland bieten sich eigentlich nur zwei Verkehrsmitteln an – das Auto und das Fahrrad. Mit dem Linienbus kommt man zwar ebenfalls fast überall hin, die meisten Strecken werden aber nur wenige Male am Tag bedient.

> Die Stadtmauer von Visby

Route 1: Gotland an einem Wochenende

Da die Insel Gotland sehr übersichtlich ist, kann es sich schon lohnen, für ein Wochenende hierhin zu verreisen. Mit dem Auto kann man in diesem kurzen Zeitraum einiges sehen und eine schöne Zeit auf Gotland verbringen.

Freitag: Ankunft in Visby

Nachdem man am Nachmittag mit der Fähre aus Nynäshamn angekommen ist, bleibt ausreichend Zeit, die Inselhauptstadt Visby zu erforschen. Am Abend kann man sich in eines der vielen Restaurants rund um den Stora Torg setzen, wo man das Essen und Leute beobachten kombinieren kann. Nirgends in der Stadt ist so viel los wie hier.

Samstag: Visby – Fårö

Der Tagesausflug nach Fårö führt in die landschaftlich schönsten Ecken der Insel. Auf dem Weg Richtung Norden böte sich zwar der ein oder andere Zwischenstopp an, wer aber nur einen Tag Zeit hat, sollte sich auf Fårö konzentrieren. Auf der Gotland vorgelagerten Insel (mit kostenloser Fähre zu erreichen) gibt es viel zu sehen. Besonders schön ist die Westküste zwischen Lauters, Digerhuvud, Helgumannen und Langhammars.

Sonntag: Fårö – Ljugarn – Visby

Für die Rückkehr nach Visby wählt man am besten die Strecke an der Ostküste entlang. Neben schönen Badestellen und Raukgebieten (Furillen, St. Olofsholm, Klinteklinten, Folhammar) lädt vor allem der lange Sandstrand von Ljugarn zu einem entspannten Ausklang

got_488rk

des Wochenendes ein. Die reine Fahrzeit zwischen Ljugarn und dem Hafen von Visby beträgt 45 Minuten. Wer eineinhalb Stunden vor Abfahrt seiner Fähre das Handtuch zusammenpackt, dem bleibt noch Zeit für einen Abschiedskaffee in der Inselhauptstadt.

Route 2: Der Gotlandsleden – die große Gotlandrundfahrt

Der Gotlandsleden ist ein perfekt ausgeschilderter Radweg, der mit knapp 500 Kilometern Länge rund um die Insel und zu den größten Sehenswürdigkeiten führt. Gotland ist eine relativ flache Insel, mit der höchsten Erhebung von 82 Metern. Obwohl es durchaus auf und ab gehen kann, muss man keine Angst vor extremen Steigungen haben. Tagestouren von 60–80 km sind also auch für weniger trainierte Radler möglich. Die hier genannte Streckenführung eignet sich aber auch als Anregung für eine große Gotlandrundfahrt mit dem Auto.

- **Strecke:** ca. 480 km
- **Dauer:** Mit dem Fahrrad 6–9 Tage, mit dem Auto 3 Tage.

1. Tag: Visby – Stenkyrka ca. 32 km

Visby – Själsö – Lummelunda – Martebo – Stenkyrka

Nach einer ausführlichen Stadtbesichtigung bricht man am Nachmittag in Richtung Norden auf. In Lummelunda kann man die gleichnamige Grotte besichtigen, in Stenkyrka eine der ältesten Kirchen der Insel.

2. Tag: Stenkyrka – Fårösund ca. 65 km

Stenkyrka (Abstecher zum Rauk Jungfrun in Lickershamn) – Ireviken – Hangvar – Naturreservat Hall-Hangvar – Kappelshamn – Naturreservat Grodde – Bästeträsk – Hau – Bunge – Fårösund

Zwei Naturreservate, ein Badesee und das Freilichtmuseum in Bunge sind die Highlights der heutigen Tour. Besonders für Naturliebhaber sind die Wanderung zum Rauk Jungfrun und Spaziergänge im Naturreservat Hall-Hangvar lohnenswerte Abstecher. In der Nähe des Sees Bästeträsk liegt die „Blaue Lagune". Dort kann man in einer ehemaligen Kalkgrube in „südseeblauem" Wasser baden.

3. Tag: Fårösund – Rundfahrt auf Fårö ca. 40 km

Fårösund – Digerhuvud – Helgumannen – Langhammars – Leuchtturm Fårö – Sudersand – Hammars – Fårösund

got_489rk

Die Rundfahrt über die Insel Fårö gehört zum Schönsten, was Gotland zu bieten hat – sie führt zu Raukar, einsamen Fischerdörfern und bietet immer wieder herrliche Blicke aufs Meer. Kinofans begeben sich hier auf Ingmar Bergmans Spuren. Da man auf Fårö kaum Alternativrouten benutzen kann, liegen ohnehin alle Sehenswürdigkeiten auf dem Weg. Etwas mehr Zeit sollte man am langen Sandstrand von Sudersand, den Raukgebieten von Langhammars und Digerhuvud und in Helgumannen, Gotlands schönster Fiskeläge, einplanen.

4. Tag: Valleviken – Katthammarsvik ca. 82 km

Fårösund – Rute – Valleviken – Hellvi – Slite – Boge – Åminne – Gothem – Bjärs – Anga – Fjäle – Kräklingbo – Katthammarsvik

Der See Fardumeträsk bei Valleviken, die Kirche von Gothem und das Grabfeld Trullhalsar bei Anga sind nur einige Höhepunkte dieses Tages. Wer die Route noch ausweiten möchte, radelt bei Slite hinaus zum Naturreservat Asunden mit seinen Raukar oder macht von Valleviken einen Abstecher auf die Insel Furillen. Sehr schön ist der Strand von Åminne.

5. Tag: Katthammarsvik – Ljugarn ca. 25 km

Katthammarsvik – Östergarn – Gammelgarn – Ardre – Vitvär – Ljugarn

Die Tour führt zu den schönsten Stränden und den interessantesten Raukgebieten südlich von Fårö. Damit genügend Zeit zum Schauen und Baden bleibt, ist die Tagesetappe etwas kürzer. Ljugarn lohnt einen längeren Aufenthalt wegen des Raukgebiets Folhammar, der Fiskeläge Vitvär und auch der alten Wohnung des Zollmeisters, dem Strandridaregården. Abgesehen davon hat Ljugarn einen langen Strand. Und im Sommer kann man hier, im beliebtesten Badeort der Ostküste, sogar so etwas wie Nachtleben finden.

6. Tag: Ljugarn – Burgsvik ca. 85 km

Ljugarn – Alskog/Gålrum – Närshamn – Närsholmen – Burs – Eke – Grötlingbo – Öja – Burgsvik

Hauptsehenswürdigkeit an diesem Tag ist die Halbinsel Närsholmen, die zweifellos zu den landschaftlich beeindruckendsten Gebieten der Insel gehört. In Grötlingbo und Öja sollte man sich etwas Zeit für die Besichtigung der jeweiligen Dorfkirche nehmen.

7. Tag: Rundfahrt um Burgsvik ca. 38 km

Burgsvik – Hamra – Holmhällar – Sundre – Hoburgen – Vamlingbo – Burgsvik

Wer will, kann in Burgsvik zwei Nächte Halt machen und von hier aus einen Ausflug zur Südspitze der Insel unternehmen. Höhepunkt dieses Teilabschnitts ist das Heidegebiet Hoburgen mit der Felsformation des Hoburgsgubben im äußersten Süden. Unbedingt besuchen sollte man auch die Kunstausstellung Körsbärsgården etwas außerhalb von Sundre.

8. Tag: Havdhem – Klintehamn ca. 65 km

Burgsvik – Fidenäs – Hablingbo – Burge – Sproge – Hammarudd – Djupvik – Fröjel – Klintehamn

An der Küste vor Djupvik („Ekstakusten“) kann man nicht nur gut baden, sondern findet auch romantische Plätze für ein Picknick bei Sonnenuntergang. Bei Klintehamn ist die Schiffssetzung von Gannarve sehenswert.

9. Tag: Klintehamn – Visby ca. 45 km

Klintehamn – Västergarn – Tofta – Högklint – Visby

Klintehamn ist Ausgangspunkt für Schiffsausflüge auf die Inseln Lilla und Stora Karlsö. Schöne Sandstrände findet man zwischen Västergarn und Tofta Strand. Die Fiskeläge (Fischerstelle) von Gnisvärd und die nahegelegene Schiffssetzung aus der Bronzezeit sollte man nicht versäumen. Einen herrlichen Blick auf Visby hat man von der Steilklippe Högklint.

◁ Der Leuchtturm auf Fårö

Kälteeinbruch
Warm einpacken – Februar ist der kälteste Monat im Jahr. Dadurch halten sich natürlich auch weniger Reisende während dieser Zeit auf der Insel auf, was zur Folge hat, dass viele Geschäfte geschlossen bleiben.

Mittsommer
Am 21. Juni findet rein rechnerisch die Sommersonnenwende auf der nördlichen Erdhalbkugel statt. Mittsommer feiert man in Schweden aber an dem Samstag, der zwischen dem 20. und 26. Juni liegt. Gefeiert wird u.a. auf dem Södertorg in Visby.

Nebensaison
Das Wetter ist meist super, die Strände leer – die beste Reisezeit. Mitte Mai bis Mitte Juni sind allerdings Museen, Cafés und Restaurants außerhalb Visbys nur eingeschränkt geöffnet.

JAN | FEB | MÄR | APR | MAI | JUN

Kaum Sonne
Schlechte Zeiten für Sonnenanbeter. Rein statistisch scheint die Sonne November bis Januar nur eine Stunde am Tag.

Valborgsmässoafton
In der Walpurgisnacht am 30. April wird mit Lagerfeuern überall der Frühling begrüßt. Das Datum ist aber auch der Tag der Studenten, an dem diese sich ihre weißen Studentenmützen aufziehen, durch die Straßen ziehen und in allen Universitätsstädten ausgiebig gefeiert wird.

Nationalfeiertag
Gefeiert wird Jahr für Jahr am 6. Juni an unterschiedlichen Orten. Regelmäßig auf der Wiese Almedalen vor den Stadttoren Visbys.

LEGENDE

- Winter
- Frühjahr / Herbst
- Sommer

Krebspremiere
Die *kräftpremiären* ist ein sehr junges Fest. Seit dem Beginn des 20. Jahrhunderts werden in der zweiten Augustwoche die ersten Fangtage der neuen Krebssaison ausgiebig gefeiert. Dreieckige Papierhütchen, große Servietten und viel Schlemmerei können hier erwartet werden.

Lucia Fest
Am 13. Dezember werden überall in Schweden Mädchen in langen weißen Gewändern mit Kerzenkranz auf dem Kopf gesehen. Außerdem wird viel gegessen und getrunken.

Almedalsvecka
Eine Woche der politischen Diskussionen Ende Juni. Alle Parteien halten große Veranstaltungen ab. Nachteil: Die Hotelzimmer in Visby sind teuer und meist ausgebucht.

Ausgebucht!?
Während der Feiertage zwischen Weihnachten und Neujahr sind die Hütten auf Gotland ausgebucht.

JUL | AUG | SEP | OKT | NOV | DEZ

Mittelalterwoche
Im Juli herrscht Ausnahmezustand in Visby – dann finden viele Veranstaltungen auf der Insel statt.

Kaum Sonne

Sommerferien und Hochsaison
Die Sommerferien in Schweden sind von Mitte Juni bis Ende August, die Hochsaison geht bis Mitte August. Dann ist die Lieblingsinsel der Schweden gut besucht. Im Juli bleibt ganz Schweden „geschlossen". Wenn überhaupt, wird nur in Notbesatzung gearbeitet. Aber keine-Angst, dies gilt natürlich nicht für Museen, Restaurants u.Ä.

Viel Regen
Fast jedes Jahr ist der November der Monat mit den meisten Niederschlägen. Regenschirm nicht vergessen!

Die 5 schönsten Fiskelägen

got_412rk

Fårö | 70

Wer alte Fischerhütten mag, muss unbedingt nach Fårö fahren. Gleich an 35 Plätzen rund um die Insel kann man die kleinen Hüttendörfer besuchen. Am schönsten, und mein persönlicher Favorit auf Gotland, sind die bunten Holzhütten am Strand von Helgumannen. Aber auch ein Abstecher nach Lauter oder Hamar lohnt.

Shutterstock © kimson

Hangvar | 56

Einsam, im äußersten Nordwesten der Insel, liegen die Fiskelägen von Sigsarvestrand und Häftingsstadar, die beide zur Gemeinde Hangvar gehören. In der einen Fiskeläge stehen nur fünf, in der anderen sogar nur drei Hütten. Einer der Schuppen von Häftingsstadar zählt jedoch zu den ältesten profanen Gebäuden der Insel. Ein toller Ort für eine entspannte Pause.

got_491rk

Herrvik | 101

In dem Fischerort an der Ostküste gibt es einiges zu sehen, u.a. auch zwei Reihen von Fischerhütten oberhalb des Hafens. Die Mischung aus bunten Holz- und grauen Steinhütten macht die Fiskeläge zu einer besonderen und viel fotografierten Sehenswürdigkeit.

got_490rk

Gnisvärd | 83

Von den ursprünglich über 80 Fischerhütten von Gnisvärd (Gemeinde Tofta) sind noch 40 erhalten. Früher war Gnisvärd ein bedeutendes Dorf mit vielen Geschäften und einer Kneipe. Ganz in der Nähe liegt eine der besterhaltenen bronzezeitlichen Schiffssetzungen der Insel.

Adobe Stock © Dagmar Richardt

Burs | 117

Im Südosten der Insel sind in Tomtbod noch 35 der ursprünglich über 80 Hütten erhalten. Hier stehen nicht nur Holz-, sondern auch Steinhäuser und aufgrund seiner Größe wirkt Tomtbod fast wie ein kleines Dorf. Wer früh aufsteht, kann von hier die Sonne aus dem Meer steigen sehen. Wenn man der Küste in Richtung Norden folgt, findet man noch die Fiskeläge Hörte, mit eigenem kleinen Hafen.

5 Highlights mit Kindern

got_492rk

Freizeitpark Kneippbyn | 44

Allein schon, weil dort Pippi Langstrumpfs Villa Kunterbunt steht – hier wurden die Filme gedreht – ist Kneippbyn der Favorit vieler Kinder. Aber dort gibt es noch viel mehr zu sehen und erleben: Man kann beispielsweise auf Wasserrutschen herunterflitzen, mit einer Berg- und Talbahn fahren oder im Klettergarten sein Gleichgewichtsgefühl austesten.

got_118rk

Mittelalterfestival in Visby | 37

Sich als Ritter verkleiden, lernen, wie man mit der Armbrust schießt oder bei einem Turnier zusehen. Welches Kind fände das nicht toll? Beim Mittelalterfestival Anfang August kommen tapfere Helden und Heldinnen auf ihre Kosten und auch für Erwachsene gibt es viel zu sehen. Viele Attraktionen und Stände innerhalb einer großartigen Woche.

got_494rk

Ljugarn Strand | 105

Der große Strand ist ein absoluter Kinderfavorit. Neben einem Spiel- und einem Minigolfplatz gibt es hier nämlich auch Eisstände und Restaurants – alles aber nur während der Hauptsaison. Sandspielzeug und Schwimmsachen sollte man nicht vergessen.

got_493rk

Bottarvegården | 130

In Bottarve können Kinder wie Erwachsene eine kleine Zeitreise unternehmen und beobachten, wie auf einem Bauernhof im 19. Jh. gelebt und gearbeitet wurde. An vielen Tagen im Sommer finden Aktivitäten extra für Kinder statt, dann kann man das Bauernleben auch mal selbst ausprobieren.

got_413lu

Lummelunda-Grotta | 52

Einmal Höhlenforscher sein: Bei dem etwa einstündigen Spaziergang unter Tage erfährt man, witzig aufbereitet, viel über Höhlen und ihre Entstehung. Die ersten Menschen, die die Lummelunda Grotte betraten, waren übrigens Kinder – sie wurde nämlich 1950 von drei 15-jährigen Jungs entdeckt. Passenderweise wurden hier auch einige Sequenzen aus dem Film „Pippi macht einen Ausflug" gedreht.

Die 5 interessantesten Kirchen

got_317rk

Der Dom zu Visby | 33

Der Innenraum des Doms ist nicht besonders spektakulär, trotzdem gehört die größte Kirche der Insel natürlich auf die „Must see"-Liste. Schöner als von innen ist die Kirche nämlich von außen. Deswegen sollte man nach dem Kirchenbesuch unbedingt über die Treppen neben dem Dom zur Anhöhe Klinten hinaufsteigen. Der Blick ist beeindruckend.

got_268rk

Die Kirche von Stånga | 116

Hier beeindruckt vor allem das bemerkenswerte Taufbecken – das noch hundert Jahre älter ist als die im 13. Jh. erbaute Kirche. Die „Stange" (swe. stånga), die an der Eingangstür baumelt, misst exakt 55,5 Zentimeter und entspricht damit einer gotländischen Elle. Sie war hier im Mittelalter als offizielle Längenreferenz für die Bevölkerung angebracht worden.

Wikimedia Commons © Newcastle 2

Die Kirche von Hablingbo | 121

Die Kirche zählt zu den größten Landkirchen auf der Insel. Besonders sehenswert sind die beiden Eingangsportale, auf denen die Geschichten von Kain und Abel und Mariä Verkündigung (stark beschädigt) erzählt werden. Das Innere ist eher schlicht, im Chor befinden sich Reste einer Wandbemalung aus dem 15. Jahrhundert.

got_184rk

Die Kirche von Öja | 125

Diese beeindruckende Kirche hat mit 67 Metern den höchsten Turm aller gotländischen Landkirchen und gilt bei Vielen als schönstes Gotteshaus der Insel. Das reich geschmückte Nordportal, das große Triumphkreuz und die gut erhaltenen Wandmalereien sind nur einige der Highlights.

Wikimedia Commons © Håkan Svensson (Xauva)

Die Kirche von Stenkyrka | 54

Das älteste Gotteshaus im Norden der Insel war Namensgeber für eine ganze Ortschaft – Stenkyrka heißt nichts anderes als Steinkirche. Hier faszinieren vor allem die mittelalterlichen Malereien, ein Taufstein aus dem 12. Jh. und ein Triumphkruzifix aus dem 14. Jh. Schauen Sie sich auch den Bildstein neben der Kirche an – dort wird ganz unchristlich eine Menschenopferszene dargestellt.

5 Gruselmomente für Krimifans

Lojsta Hed | 114

Auf der Lojsta Heide grasen friedlich die „Russ", eine Pferderasse, die typisch für Gotland ist und früher vom Aussterben bedroht war, bevor man sich hier um ihre Erhaltung bemühte. Eigentlich ist es ruhig und idyllisch – doch auch hier lebt man nicht ungefährlich. In *Jungstedts* Krimi „Näher als du denkst" kommt hier die 14-jährige *Fanny Jansson* zu Tode.

got_495ja

Der Leuchtturm von Fårö | 72

Wenn man auf dem Weg zu dem wunderschönen, entlegenen Strand Norsta Auren im äußersten Norden Fårös ist, sollte man vorsichtig sein, besonders auf dem Parkplatz des Leuchtturms „Fårö fyr". Hier ist nämlich schon einmal ein Mord passiert – zumindest in Jungstedts Krimi „Den du nicht siehst", in dem hier die kleine *Emma* erschlagen wird. Man achte besonders auf einen roten Saab, das Auto des Mörders.

got_496rk

Die Kirche von Ala | 102

Ein Mord im Haus Gottes. Das hat sich *Marianne Cedervall* (siehe Foto) für einen ihrer Krimis ausgedacht. Dass ausgerechnet in der Kirche von Ala gemordet wird, liegt vermutlich daran, dass die Schriftstellerin ganz in der Nähe ein Ferienhaus hat – passenderweise in einer umgebauten alten Kapelle.

got_497rk

Stadttor Dalmansporten | 36

Das Dalmansporten, nach einem der Vizegouverneure von Gotland benannt, ist das größte Stadttor in Visby. Die gesamte Stadtmauer mit den Toren ist schon einen Blick wert. Außerdem: In dem Roman „Im Dunkeln der Tod" von *Mari Jungstedt* findet man hier an einem kalten Wintertag den Kunsthändler *Egon Wallin* erhängt.

Wikimedia Commons © Hajotthu

Der Strand von Gustavs | 87

An den Strand südlich von Klintehamn kommt *Mari Jungstedt* immer wieder, um in aller Ruhe zu schreiben. Die Sträucher dort schienen der Autorin der perfekte Platz für ein Verbrechen zu sein. Hier nämlich geschah der erste Mord in ihrem Debütroman. In „Den du nicht siehst" wird *Helena Hillerström* nach einem Streit mit ihrem Freund mit einer Axt erschlagen. Aber ist der Freund auch der Mörder?

Adobe Stock © annaia

got_400rk

1

Visby

»Visby gehört seit 1995 zum Weltkulturerbe und zählt mit seiner nahezu intakt erhaltenen Altstadt, die von einer dreieinhalb Kilometer langen Stadtmauer umgeben wird, zu den beeindruckendsten Städten Nordeuropas. Besonders spektakulär: das Mittelalterfestival im August.

‹ Der Mariendom von Visby

got_401rk

VISBY

Visby, mit 26.000 Einwohnern der bei Weitem größte Ort Gotlands, liegt an einen Hügel geschmiegt am Ufer der Ostsee. Ab dem 12. Jahrhundert war Visby einer der wichtigsten Handelshäfen des Nordens und eine bedeutende Hansestadt. An die Eroberung durch Dänemark im Jahre 1361 erinnert das alljährlich stattfindende Mittelalterfestival. Um alle Sehenswürdigkeiten des Ortes zu „ergehen", empfiehlt es sich, im „Zick-Zack-Kurs" langsam die Anhöhe hinaufzusteigen. 1995 hat die UNESCO die Altstadt von Visby zum Weltkulturerbe ernannt. In der Begründung hieß es u.a.: „Visby ist ein äußerst bedeutendes Beispiel für eine nordeuropäische, von Mauern umschlossene Hansestadt, die auf einzigartige Weise ihr Stadtbild und ihre äußerst wertvolle Bebauung bewahrt hat."

NICHT VERPASSEN!

- **Altstadt von Visby,** seit 1995 UNESCO Weltkulturerbe | 24
- **Gotlands Fornsal,** Regionalmuseum | 26
- **Anhöhe Klinten,** bester Blick über Visby | 34
- **Stadtmauer** von Visby | 35
- **Mittelalterwoche** im August | 37
- **Högklint,** weiter Ausblick von einem 45 m hohen Felsen | 45

Diese Tipps erkennt man an der gelben Markierung.

1

Sehenswertes

Hafengebiet

Den Stadtrundgang beginnt man am besten am Hafen. Hier liegt auch das **Wissenschaftszentrum Fenomenalen**, das sich mit seiner „Mitmachausstellung vor allem an Kinder und Jugendliche wendet. Auf unterhaltsame Weise lernt man hier Wissenswertes aus Technik, Mathematik und Naturwissenschaft.

Viele Besucher kommen aber vor allem wegen der **vielen Restaurants und Kneipen** zum Hafen, in denen man sein Bier entspannt mit Meerblick trinken kann.

Wissenschaftszentrum Fenomenalen: Skeppsbron 4–6, Tel. (0498) 263473, gotland.se/fenomenalen, Öffnungszeiten: Ende März–Mitte Juni Do/Fr 12–16 Uhr, Sa/So 11–16 Uhr, Mitte Juni–Mitte August täglich 10–17 Uhr, Eintritt 90 SEK, Kinder unter 5 Jahren frei. Bei Redaktionsschluss aufgrund von Renovierungsarbeiten geschlossen.

Strandgatan

Die *Strandgatan* – übersetzt Strandstraße – die „erste“ Straße innerhalb der Stadtmauer, trägt ihren Namen völlig zu Recht, auch wenn sie heute etwa 100 Meter vom Meer entfernt liegt. Im Mittelalter schlugen die Wellen der Ostsee direkt vor der Strandgatan gegen die Stadtmauer, und dementsprechend liegen hier auch viele Speicherhäuser, in denen die Waren, welche die Schiffe anlandeten, gelagert wurden. Entlang der Straße liegen einige der größten historischen Sehenswürdigkeiten Visbys, und jeder kulturinteressierte Besucher der Stadt wird hier entlanggehen wollen – aber auch wer weniger an „altem Gemäuer“ und dafür mehr an Essen, Trinken und guter Laune interessiert ist, ist hier richtig. Hier befinden sich auch viele Restaurant, die meisten bieten im Sommer Sitzgelegenheiten im Freien.

Burmeister-Haus/ Burmeisterska Huset

An der Ecke Donnersplats/Strandgatan liegt das Burmeister-Haus aus dem Jahr 1652. Es wurde für einen Lübecker Handelskaufmann errichtet und ist in Visby eine Einmaligkeit. Der Kaufmann passte sein Haus nämlich nicht der einheimischen Bauweise an, sondern ließ es in einem Stil errichten, der damals typisch für Norddeutschland war.

Lange Haus

Dem Burmeister-Haus schräg gegenüber, in der Strandgatan 10, liegt das Lange-Haus aus dem 13./14. Jahrhundert. Von wem dieses große Speichergebäude erbaut wurde, ist nicht bekannt. Seinen Namen hat es jedenfalls nach einer Familie erhalten, die es zwischen 1692 und 1832 besessen hat. Heute ist in dem Haus das 5 **Hotel Visby Börs** untergebracht.

☐ Blick von der Anhöhe Klinten über die Altstadt

Gotlandmuseum/ Gotlands Fornsal

Gleich nebenan befindet sich das Landesmuseum *Gotlands Fornsal,* das die Geschichte der Insel erzählt. Es zählt zu Recht zu den am meisten besuchten Regionalmuseen Schwedens, denn hier wird dem Besucher auf sehr unterhaltsame Weise Gotlands Vergangenheit nähergebracht. Ein besonderes Augenmerk sollte man auf die **Bildsteine** richten, die im Eingangsraum ausgestellt sind. Weiter sehenswert ist ein **Stadtmodell,** das Visby im Mittelalter zeigt. Weiterhin zu sehen sind sakrale Ausstellungsstücke aus den Landkirchen der Insel und **Gold- und Silberschätze** aus der Wikingerzeit. Besonders stolz ist das Museum auf einen Fund, den zwei Jugendliche im Oktober 2006 im Süden Gotlands gemacht hatten. Der Wikinger-Schatz, den die Wissenschaft etwa auf das Jahr 1050 datiert, umfasst 1300 arabische Silbermünzen, fünf Armreifen, eine Halskette und sechs Silberstücke. Er ist ein Hinweis auf die schon damals bestehenden, weit verzweigten, Handelsbeziehungen der Wikinger. Auch Rüstungen, die 1361 während der **dänischen Invasion** getra-

gen wurden sind hier ausgestellt. Spannend: Schon an der Ausrüstung der Soldaten kann man sofort erkennen, dass das gotländische Bauernheer im Kampf gegen die Dänen keine Chance hatte. Auf der einen Seite kämpfte ein hochgerüstetes Invasionsheer mit der modernsten Ausrüstung der damaligen Zeit, auf der anderen kämpften Bauern ohne Kriegserfahrung, deren einziger Schutz Lederwesten waren und die teilweise mit Mistgabeln in den Kampf zogen.

Dem Museum wurde nachträglich auch ein naturkundlicher Teil angegliedert. Der Ausstellungsort könnte nicht

besser gewählt sein, denn das Gebäude blickt auf eine ereignisreiche Geschichte zurück und war im Mittelalter ein großes Handelshaus, danach eine Schnapsbrennerei, eine Kaserne, ein Militärkrankenhaus und schließlich eine Lagerhalle.

Zurzeit ist auch das **Kunstmuseum,** das Werke gotländischer Künstler vom frühen 19. Jahrhundert bis heute ausstellt, hier untergebracht.

■ **Gotlands Fornsal:** Strandgatan 14, www.gotlandsmuseum.se, Mai–Sept. tägl. 10–18 Uhr, sonst 11–16 Uhr, Eintritt: Mai–Sept. 170 SEK, Okt.–April 120 SEK, bis 18 Jahre frei.

Wenige Schritte weiter passiert man das Mitte des 13. Jahrhunderts erbaute **Speicherhaus der Familie Liljehorn** (Strandgatan 16). Seinerzeit gehörte es zu den größten Speichern Nordeuropas; heute ist in dem Haus das asiatische **Restaurant „Lulu“,** untergebracht.

Am **Packhusplan** (dt. Speicherplatz) schlug im Mittelalter das Herz der Stadt. Hier stand das Rathaus, von dem heute allerdings keine Reste mehr erhalten sind, und direkt vor den Stadtmauern lag der alte Hafen, wo die Handelsschiffe aus Lübeck, Nowgorod und den anderen Hansestädten ihre Waren anlieferten. Interessant auch, dass damals deutsche und gotländische Ratsherren gleichberechtigt Entscheidungen trafen – wenn man aber weiß, dass im Mittelalter die Hälfte der Stadtbevölkerung aus deutschen Handelskaufleuten bestand, wird die auf den ersten Blick verwunderliche Tatsache leicht erklärlich.

Das Rathaus wurde damals auch Weinhaus genannt, weil der Weinverkauf ein Privileg der Ratsherren war. Schon damals verstanden es einige Politiker offenbar, sich einträgliche Nebengeschäfte zu verschaffen.

Clematis-Haus

Im nächsten Gebäude aus dem Mittelalter, dem *Clematis*-Haus (Strandgatan 20),

waren im 18. und 19. Jahrhundert eine Tabak- und dann eine Zuckerfabrik untergebracht. Heute lädt hier ein kleines Weinlokal zur Pause während des Stadtrundgangs ein. Der Name des Hauses rührt daher, dass zu Beginn des 20. Jahrhunderts eine riesige Klematis-Pflanze an der Fassade des Hauses rankte.

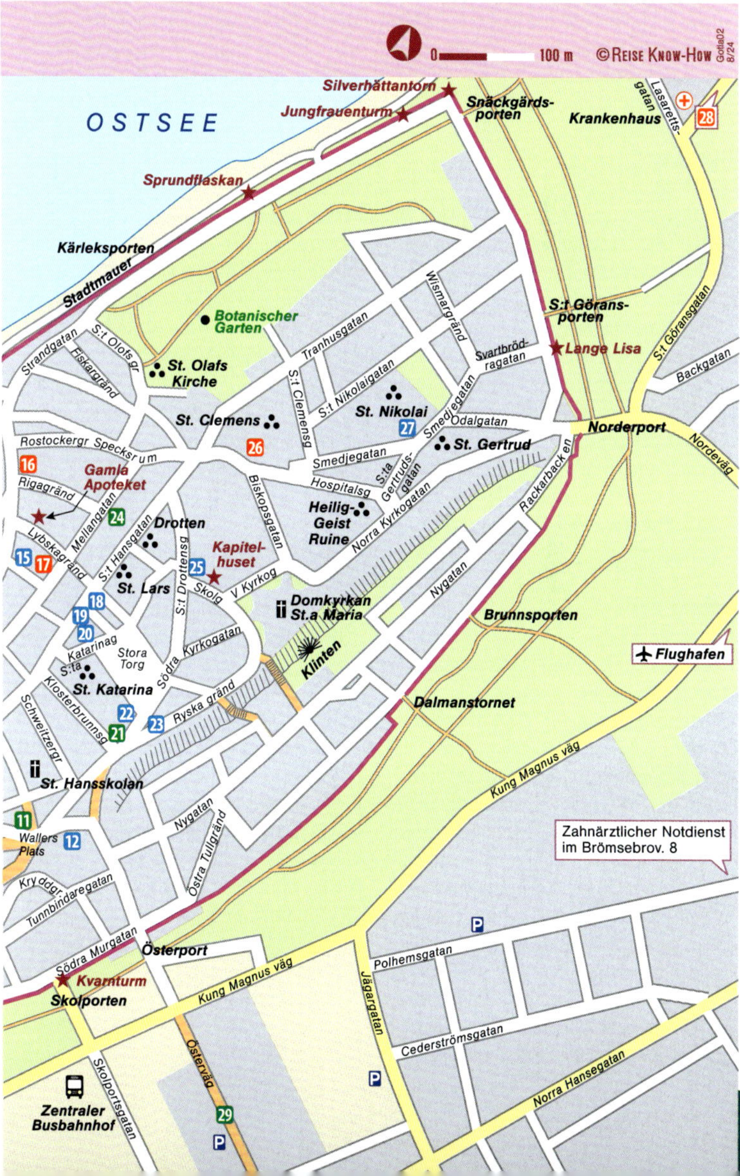

Gamla Apoteket

An der Ecke zur Lybskagränd, der Lübecker Gasse, passiert man die *Gamla Apoteket,* die **alte Apotheke.** Medizin konnte man hier aber erst im 19. Jahrhundert kaufen, vorher war auch die Alte Apotheke ein Lagerhaus.

Kruttorn

Mit dem *Kruttorn* (dt. Pulverturm) erreicht man schließlich den **ältesten Turm der Stadtmauer,** der Mitte des 12. Jahrhunderts errichtet wurde und damit zu den ältesten Profangebäuden Nordeuropas gehört. Seinen Namen bekam er erst im 18. Jahrhundert, als hier Schießpulver gelagert wurde, vorher hieß er Lange Brücke- oder Schafsturm. Wie einige andere Türme der Stadtmauer, wurde auch der Pulverturm im Laufe der Geschichte als Gefängnis benutzt.

Fiskargränd

Nachdem man einige Schritte in der Strandgatan weiter gegangen ist, biegt man rechter Hand in die Fiskargränd, die wohl **schönste Gasse der Stadt,** ein. Hier scheinen die größten Pflanzenliebhaber der Stadt zu wohnen, denn vor den Häuschen wachsen neben vor allem Rosen, viele üppige Blumen, und auch die bunt bemalten Gartenmauern und -zäune können das Grün nicht bändigen. In früheren Zeiten wohnten hier Fischer, vor dem Pulverturm lag der Fischereihafen und Böttcher, die die Fässer für die Lagerung des Fanges lieferten, sowie Gerber und Schuhmacher.

St. Olafs-Ruine

Am Ende der Gasse wendet man sich nach links und steht auch schon vor den Ruinen der **ehemaligen St. Olafs-Kirche.** Diese stammt aus dem frühen 13. Jahrhundert und zählte damals zu den größten der Stadt; sie war dem norwegischen König Olaf dem Heiligen geweiht. Nach dem Mittelalter rissen die Menschen die Kirche ab und nutzten die Steine zum Hausbau. Im Nordosten Visbys standen zunächst nur einfache Holzhütten der ärmeren Bevölkerung, Steinhäuser wurden hier erst errichtet, nachdem St. Olaf zum Abriss freigegeben worden war und die Steine der Kirche zum Bau der Häuser verwendet werden konnten.

Botanischer Garten

An der St.-Olafs-Ruine liegt der Eingang zum Botanischen Garten. Natürlich kann man hier auch Rosen sehen, doch die wachsen überall in der Stadt – nicht umsonst wird Visby **„Stadt der Rosen"** genannt. Viele der anderen Gewächse bekommt man aber sonst nur selten zu sehen, und unter dem grünen Blätterdach von Maulbeerbäumen und Platanen können sich die Besucher von den Anstrengungen der Stadtwanderung erholen. Der Eintritt zum Botanischen Garten ist im Übrigen kostenlos, sodass hier das Picknick im Grünen nicht einmal die Brieftasche belastet.

got_402rk

Mellangatan

Durch die Mellangatan geht es wieder zurück in Richtung Stadtmitte. An der Hausnummer 56 lohnt ein kleiner Zwischenstopp in der **Glasbläserei.** Wenn man Glück hat, kann man hier nicht nur kaufen, sondern auch den Glasbläsern zu-sehen. Einige Schritte weiter liegt auf der rechten Straßenseite das **Krukmakarens Hus** (Hausnummer 21) aus dem 13. Jahrhundert, in dem heute die Heilsarmee ein Café unterhält. Kurz nach Passieren des Hintereingangs von *Gotlands Fornsal,* erreicht man das 5 **Hotel Visby Börs** (Hausnummer 17). Früher war in diesem Gebäude ein Kino untergebracht. Für sprachkundige Filmfreunde ist Schweden übrigens ein ideales Reiseland, denn alle Streifen werden im Original mit Untertiteln gezeigt. An der Ecke Hästgatan biegt man links ab und kommt zum St. Hansplan. Die zusammengebauten **Kirchen St. Hans und St. Peter** bildeten im 13. Jahrhundert das größte Kirchenensemble der Stadt. Wie so viele Gotteshäuser verfielen sie allerdings nach der Reformation im 16. Jahrhundert, und im 18. Jahrhundert wurden die Ruinen schließlich ganz offiziell als „Steinbruch“ freigegeben.

☐ Blick aus Richtung des Lilla Strandporten auf Almedalen

Ruinen St. Lars und Drotten

Am 19 **Munkkällaren** und dem 18 **Gutekällaren** vorbei, zwei Häusern aus dem Mittelalter, in denen heute eine Kneipe und ein Club beheimatet sind, kommt man zu den Ruinen der St. Larskyrka und der Drottenkyrka (Innenbesichtigung nur im Sommer möglich). Man vermutet, dass St. Lars im 13. Jahrhundert im Auftrag der in Visby lebenden Kaufleute der russischen Stadt Nowgorod errichtet wurde. Die Drottenkirche stammt aus demselben Jahrhundert und war ursprünglich die Pfarrkirche der deutschen Gemeinde. „Drotten" ist der altnordische Name für Gott oder Herrscher. Beide Kirchen wurden im Zuge der Reformation im 16. Jahrhundert geschlossen und verfielen im Laufe der Zeit.

Kapitelhuset

Gleich um die Ecke am *Polhem plan* (zu Christopher Polhem → Exkurs S. 209) liegt neben der modernen katholischen Kirche, die eher aussieht wie ein Bungalow, das Kapitelhuset. Früher wohnte in dem Gebäude aus dem 13. Jahrhundert der Bischof, wenn er denn auf der Insel weilte. Damals gehörte Visby nämlich zum Bistum Linköping, einer Stadt, die auf dem Festland in der Provinz Östergötland liegt. Heute kann man im Sommer im schattigen Innenhof des 25 **Restaurants Kapitelhusgården** einen kleinen Snack einnehmen. In den Tagen der Mittelalterwoche Anfang August (→ Exkurs, S. 37) findet hier ein Rittermarkt statt.

Kirchenruinen St. Clemens, St. Nikolai und St. Gertrud

Geht man auf der St. Hansgatan weiter, und biegt in die Tranhusgatan ein, erreicht man bald die nächste Kirchenruine. **St. Clemens** (Innenbesichtigung nur im Sommer) stammt wie nahezu alle Kirchen der Stadt aus dem 13. Jahrhundert und wurde damals nach dem im ersten Jahrhundert herrschenden Papst *Clemens I.* geweiht. Nach der Reformation diente die Kirche zunächst als Stall, dann als Wirtschaftsgebäude. Schließlich wurde das Gemäuer weitgehend abgerissen. Die Steine kamen als Baumaterial zum Einsatz. Die ganz in der Nachbarschaft gelegene St.-Nikolai-Kirche, die durch die Smedjegatan zu erreichen ist, war 1230 von den Dominikanermönchen erbaut worden und damals die größte Klosterkirche Schwedens. Das Kloster wurde 1525 beim Angriff der Lübecker Handelskaufleute schwer in Mitleidenschaft gezogen, die Wohngebäude der Mönche daraufhin abgerissen. Von der Kirche blieben Reste erhalten. Die St.-Nikolai-Ruine ist heute Spielort von Konzerten und beim alljährlich stattfindenden Mittelalterfestival einer der Hauptaufführungsorte.

Schräg gegenüber liegt eine weitere Kirchenruine. Von **St. Gertrud** sind aber so wenige Überreste erhalten, dass Sie schon besonders darauf achten müssen, um sie nicht zu übersehen. Die spärlichen Reste sind durch kein Hinweisschild erklärt. Lediglich ein Relief der heiligen Gertrud über dem Torbogen am Eingang zeigt dem Besucher, dass er richtig ist. Die St.-Gertrud-Kapelle wurde im 15. Jahrhundert von *Ivar*

Axelsson Tott für seine Gemahlin errichtet. *Tott* war zu seiner Zeit einer der einflussreichsten Männer Nordeuropas und von 1467–1487 Lehensherr auf Gotland. Seine Gemahlin *Magdalena Bonde* wiederum war die Tochter des damaligen Königs *Karl Knutsson.*

Die nahe gelegene **Heilig-Geist-Ruine** (Innenbesichtigung nur im Sommer) kann man kaum übersehen. Errichtet um das Jahr 1200, ist die Kirche eine Besonderheit, weil sie als einzige im ganzen Land einen oktogonalen Grundriss hat. 1611 fiel das Gotteshaus einem Brand zum Opfer. Die verbliebenen Reste wurden zunächst als Krankenhaus und danach als Stall genutzt.

St. Marien Dom

Wenn man die Norra Kyrkogatan zurück in Richtung Stadtmitte geht, erreicht man den der Gottesmutter Maria geweihten Dom (tägl. 9–17 Uhr) aus dem späten 12. Jahrhundert. Er ist das einzige noch bestehende mittelalterliche Gotteshaus in Visby und war einst die Kirche der Gotlandfahrer, also der deutschen Seeleute und Händler, die im Mittelalter nach Visby kamen. Später wurde sie dann zur Gemeindekirche der in Visby lebenden deutschen Kaufleute, die auf Gotland lebten. Die praktisch orientierten „Pfeffersäcke" ließen die Kirche bald schon umbauen und im 14. Jahrhundert über dem Mittelschiff einen Zwischenboden einziehen, der als Speicher für Handelswaren diente. Mit Hilfe eines Seilzuges konnten dann die Waren durch Türen am Ostgiebel ein- und ausgeladen werden. Als Gotland ein selbstständiges Bistum wurde, erfolgte die Erhebung der Kirche zum Dom (1572). Das Innere der Kirche ist relativ schlicht gehalten, es fehlen dort die für die Landkirchen auf Gotland so typischen bunten Wandmalereien. Sehenswert ist aber **Gotlands größter Taufstein** aus dem 13. Jahrhundert. Für deutsche Besucher zudem interessant ist die 1684 in Lübeck hergestellte Kanzel.

Blick auf den Dom durch eine der Altstadtgassen

got_403rk

Anhöhe Klinten

MEIN TIPP: Versäumen Sie nicht, die schmale Treppe neben dem Dom nach oben zu steigen, denn von der kleinen Anhöhe hat man einen **beeindruckenden Blick über die Stadt** und auf das Meer. Außerdem bietet sich die seltene Gelegenheit, einmal die Türme einer Kirche quasi auf Augenhöhe anzusehen. Die Anhöhe trägt den Namen Klinten und war, nachdem der Stora Torg (→ unten) für dieses blutige Gewerbe nicht mehr passend schien, eine Zeit lang der Richtplatz des Ortes. Erst von 1850 an wurde das Henkerswerk außerhalb der Stadt ausgeübt – die Anwohner hatten sich über das laute Stöhnen der öffentlich Gefolterten und die Angstschreie der zur Hinrichtung geführten Opfer beschwert. Früher wollte hier oben am Klinten kaum jemand wohnen, heute ist es die teuerste Wohngegend in der Stadt. In dem Haus am Treppenaufstieg zum Klinten lebte der berühmte Barockmaler *Johan Bartsch,* dessen Wandmalereien, u.a. das Burmeister-Haus (→ S. 25) schmücken.

got_404rk

Stora Torg

Vom Dom sind es nur wenige Schritte durch die Södra Kyrkogatan bis zum Stora Torg, dem Großen Platz. Der ist an drei Seiten von Kneipen und Restaurants gesäumt, an der vierten Seite erhebt sich die große **Ruine der Katarinenkirche.** Das gotische Bauwerk wurde Mitte des 13. Jahrhunderts eingeweiht und war damals Teil eines Franziskanerklosters. Nach der Reformation wurden die Mönche vertrieben und das Kloster aufgelöst. Der Stora Torg war nicht immer so gemütlich wie heute, denn im Mittelalter fanden hier Hinrichtungen statt.

Wallers Plats und Adelsgatan

Bergan führt der Weg zum Wallers Plats, an dem einige Galerien liegen. Besonders der Besuch von 11 **Galleri STUK** ist lohnend, da dort einige in Gotland

< Die Stadtmauer mit dem Dalmansturm im Vordergrund

lebende Künstler gemeinsam ausstellen. Günstig kauft man hier mit Sicherheit nicht, dafür wird aber meist sehr gute Qualität geboten. Bevor Sie sich in den Einkaufstrubel der Adelsgatan stürzen, können Sie sich im ausgezeichneten Café 10 **Krönet by Visby** stärken. Das ist besonders im Sommer empfehlenswert, denn von der schönen Freiterrasse hat man einen **guten Blick** über den Südteil der Stadt. Am Ende der Adelsgatan erreicht man schließlich den Södertorg und das **Stadttor Söderport.**

Wenn Sie von hier aus wieder zum Ausgangspunkt des Rundgangs zurückkehren wollen, folgen Sie dem letzten Streckenabschnitt des nachfolgend beschriebenen Rundgangs um die Stadtmauer.

Visbys Stadtmauer

Visby ist stolz auf seine fast komplett erhaltene mittelalterliche Stadtmauer; Besucher sollten unbedingt den etwa 3,5 Kilometer langen Spaziergang die Mauer entlang machen. Dabei kann man immer wieder zwischen „Innen" und „Außen" wechseln und sich das UNESCO-Denkmal von der Stadt- und der Landseite ansehen.

Die Stadtmauer von Visby wurde in ihren ältesten Teilen vermutlich zwischen 1250 und 1288 errichtet und diente der Verteidigung der Stadt gegen die Landbevölkerung; sie war also nicht zur Abwehr von Angriffen äußerer Feinde gedacht.

In der ersten Bauphase war die Mauer noch niedriger als heute und weitgehend ohne Türme. Lediglich der **Kajsartorn** wurde in dieser Bauphase errichtet. Der **Kruttorn** stand sogar schon vor der Mauer und ist das älteste bewahrte Gebäude der Stadt. Schon bald aber stellte man fest, dass eine Mauer ohne Türme Angriffen nur schwer würde standhalten können, denn nur von erhöhten Türmen aus lassen sich Angreifer wirkungsvoll von der Seite beschießen. Schließlich wurden auch die Mauern nochmals aufgestockt. Die stolze Mauer konnte die Stadt aber nicht vor dem Dänenkönig *Waldemar Atterdag* schützen, der 1361 in Visby einzog. Die Legende besagt, dass Atterdags Soldaten ein großes Stück der Stadtmauer eingerissen haben sollen, um so besser in die Stadt zu gelangen. Belege dafür gibt es zwar keine – vermutlich hatten die Stadtbewohner die Tore einfach für das übermächtige dänische Heer geöffnet – doch in der Tat unterscheidet sich ein Mauerteil im Südosten der Stadt in seiner Bauweise grundlegend vom Rest. Dieser Abschnitt wird heute **Valdemars Mauer** genannt.

Spaziergang um die Mauer

Den Spaziergang um die Stadtmauer beginnt man ebenso wie den zuvor beschriebenen Stadtrundgang am besten in der Hamngatan. Man folge dem Weg bis zum Burmeister-Haus (→ S. 25), anstelle aber die Strandgata entlangzugehen, verlässt man die Stadt durch das Donnerstor. Vor der Stadt breitet sich heute ein großer, beliebter Park aus, **Almedalen.** Am Wochenende treffen sich hier Familien zum Picknick. Wenn Sie Menschen beobachten, die ein Wurfspiel spielen, bei dem man mit „Holzklötzchen" wirft, dann handelt es sich hierbei um das typisch schwedische Spiel *Kubb,* das bei uns oft unter dem Namen „Wikingerschach" firmiert. Im Mittelalter reichte die Ostsee bis direkt an die Stadtmauer, und Almedalen war der Hafen der Stadt.

Schlendern Sie quer durch den Park, oder folgen Sie einfach der Stadtmauer. Bald werden Sie den **Kruttorn,** das älteste Gebäude der Stadt erreichen. Bleiben Sie zunächst auf der Außenseite der Stadtmauer, an der ein lauschiger Spazierweg direkt an der Ostsee entlangführt. Nach gut 100 Metern passieren Sie die **Kärleksporten,** das Tor der Liebenden, das erst 1872 in die Mauer gebrochen wurde, um den direkten Zugang zu dem damals neu angelegten Botanischen Garten zu ermöglichen.

Der nächste Turm heißt **Sprundflaskan** und wurde zu Beginn des 15. Jahrhunderts errichtet. Weiter geht es zum **Jungfrutornet,** dem Jungfrauenturm. Über dessen Entstehung gibt es eine ganze Reihe von Spekulationen. Eine Geschichte besagt, dass sich der Name von der Jungfrau ableitet, die 1361 den Dänenkönig *Waldemar Atterdag* und seine Soldaten heimlich in die Stadt gelassen haben soll. Angeblich hatte ihr der Dänenkönig versprochen, sie zur Königin zu machen, wenn sie ihm das Stadttor öffnen würde. Wie man sich denken kann, wurde nichts aus dem Traum vom Königsthron, denn kaum war *Atterdag* in der Stadt, hatte er die Dame auch schon vergessen. Nicht so die Stadtbürger, die die Verräterin aufgriffen und in den Turm einmauerten. Eine schaurige Geschichte – die jedoch nachweislich nicht der Wahrheit entspricht. Denn *Waldemar Atterdags* Einzug in die Stadt fand bekanntlich mit Zustimmung der Bürger von Visby statt, worüber hinaus in dem Turm kein Menschenskelett gefunden wurde. Wahrscheinlicher ist die eher profane Theorie, dass der Jungfrauenturm gar nichts mit einer Jungfrau zu tun hat, sondern sich auf eine kleine schwedische Maßeinheit bezieht. Da der *Jungfrutorn* der kleinste Turm der Stadtmauer ist, scheint diese Erklärung durchaus logisch.

An der Ecke, an der die meerseitige Mauer in die Landmauer übergeht, steht der **Silverhättantorn** (dt. Silberhutturm). Seinen Namen verdankt er dem inzwischen nicht mehr vorhandenen silberglänzenden Dach. Auffällig sind die großen Öffnungen im Turm, die erst im 18. Jahrhundert nachträglich eingefügt wurden, um die ursprünglich für Armbrüste gebauten Schießscharten auch für Kanonen tauglich zu machen.

Als nächstes passiert man einige kleinere Türme, bevor man zur **Langen Lisa,** dem höchsten Turm der Stadtmauer, kommt. Um 1280 wurde das nördliche Stadttor erbaut, das durch ein Fallgitter gesichert war. Gleich daneben liegt die alte Münze. Die folgenden Teile der Mauer sehen noch beinahe so aus wie in der Mitte des 13. Jahrhunderts, zusätzliche Aufstockungen und Turmanbauten wurden hier nicht vorgenommen.

Der nächste größere Turm ist der **Dalmansturm,** durch dessen Tor (*Dalmansporten*) man in die Stadt gelangen kann. Das **Osttor,** *Österport,* war im Mittelalter das Haupttor, durch das die Landbevölkerung Zutritt zur Stadt hatte. Heute geht die Haupteinkaufsstraße durch das Tor, und der Busbahnhof liegt ebenfalls hier. Der **Kvarnturm** (dt. Mühlenturm) ist daran zu erkennen, dass er als einziger der Stadtmauer nach außen hin „halbrund" ist. Der Mauerdurchbruch neben dem Turm stammt

Mittelalterwoche in Visby

Visby ist immer eine Reise wert. Besonders lohnend ist ein Besuch in der Hauptstadt Gotlands aber **im Juli,** wenn die Mittelalterwoche stattfindet. Die ganze Stadt begibt sich in dieser Woche auf eine Zeitreise ungefähr 750 Jahre zurück. Nicht nur die Akteure, die bei den verschiedenen Veranstaltungen auftreten, sondern auch die meisten Bewohner spazieren dann in mittelalterliche Kleidung gehüllt durch die Stadt, die mit ihren zahlreichen historischen Gebäuden den perfekten Hintergrund für das Spektakel bildet. Da im Sommer der Autoverkehr in der Innenstadt ohnehin verboten ist, gibt es nichts, was die Stimmung auf dieser Zeitreise stören könnte. Der Anlass des Festes ist eigentlich ein trauriger, nämlich der **Einzug des dänischen Heeres in Visby 1361.** Dieses Ereignis wird Jahr für Jahr nachgestellt und bildet den Auftakt einer Woche voller Feste und Feiern. Auf dem Turnierplatz treten tapfere Ritter gegeneinander an, die Bogenschützen suchen im Wettkampf den Teilnehmer mit der ruhigsten Hand, Gaukler verzaubern das Publikum mit Kunststücken, Troubadoure halten ein Ständchen für ihre Liebste. In alten Kirchenruinen werden Theaterstücke aufgeführt, oder man kann dort Vorträge anhören, die sich mit Themen beschäftigen wie „Die Waffen des Mittelalters", „So baut man eine Rüstung" oder „Schießen mit der Armbrust".

Auf dem **Mittelaltermarkt** gibt es Souvenirs, die einen später, wenn man in die Moderne zurückgekehrt ist, an die Zeitreise ins Mittelalter erinnern. Plastikspielzeug, Billigvasen aus China und Batiktücher sucht man hier vergebens, dafür kann man aber Holzschwerter, Kerzenständer aus schwerem Eisen oder Hemden aus Hanf kaufen, natürlich alles handgemacht. Die Veranstalter achten sehr darauf, dass das Mittelalterspektakel nicht allzu sehr verkitscht und kommerzialisiert wird. Rummelatmosphäre soll hier nicht entstehen. Trotzdem kommt der Spaß nicht zu kurz, wenn beispielsweise beim „Mönchsball" zwei in Mönchskutten gekleidete Mannschaften gegeneinander Fußball spielen. Für Kinder ist das Mittelalterfest eine besondere Attraktion, denn wo sonst kann man eine Woche lang als Ritter oder Burgfräulein unterwegs sein?

Verkaufsgespräche auf dem Mittelaltermarkt

got_405rk

von 1892, als vor den Toren der Stadt eine Schule erbaut wurde. Durch das Loch in der Mauer konnten die Schüler schneller zur Schule kommen.

Der nächste größere Turm ist der **Kajsartor.** Er wurde als einziger der Landmauer zusammen mit der Mauer errichtet und nicht erst nachträglich angebaut. Der ursprünglich fünf Stockwerke hohe Turm war von 1681–1859 das Stadtgefängnis. Heute befindet sich hier ein kleines **Gefängnismuseum** (nur im Sommer Do–So 10–15 Uhr geöffnet). Im Untergeschoss kann man alte Zellen besichtigen. Im Obergeschoss erfährt man mehr über die Gefängnisgeschichte und vor allem interessante Details über das Gefängniswesen im Mittelalter, so zum Beispiel, dass das „Schwänzen" des Sonntagsgottesdienstes mit öffentlichem Auspeitschen bestraft wurde. Dass Sodomie die Todesstrafe nach sich zog, verwundert in Anbetracht der damaligen Zeit zunächst wenig, dass aber auch das geschändete Tier öffentlich hingerichtet wurde, löst dann schon etwas Irritation aus. Leider sind die Erklärungen nur auf Englisch und Schwedisch angebracht, wer keine der beiden Sprachen spricht, muss auf diese verzichten.

Nach dem Kajsartor beginnt der Teil der Mauer, den man **Valdemars Mauer** nennt, weil man annimmt, dass er erst nach dem Einzug der Dänen in Visby errichtet wurde. Schließlich erreicht man das südliche Stadttor, **Söderport** und die **Skansporten,** die 1712 erbaut wurde, um Visby auf einen möglichen russischen Angriff vorzubereiten. An den sehr spärlichen Resten der **Festung Visborg** vorbei, die 1411 auf den Befehl von *Erich von Pommern* erbaut wurde, geht man die Straße hinab zum Hafen.

Praktische Tipps

Touristinfo

- **Visby Turistbyrå,** Donners plats 1 (im Donnerska huset), 62125 Visby, Tel. (0498) 201700, www.gotland.com, Mo–Fr 9–17 Uhr, Sa 10–16 Uhr.

Übernachtung

Hotels und Jugendherbergen

2 Jugendherberge Visby Fängelse ①

Skeppsbron 1, 62157 Visby, Tel. (0498) 206050, www.visbyfangelse.se. Jugendherberge in einem alten Gefängnis, in dem die Zellen fast noch im Original erhalten sind, sogar die Gitter sind noch vor dem Fenster. Die Unterkunft ist inzwischen etwas in die Jahre gekommen und für längere Aufenthalte nur bedingt zu empfehlen. Wegen der Lage gegenüber dem Fähranleger ist Visby Fängelse aber nach wie vor perfekt für die erste Nacht nach Ankunft mit der Spätfähre.

7 Rosas ②

Sankt Hansgatan 22, Tel. (070) 491 38 65, www.rosaspensionat.se. Kleines Boutiquehotel in einem Haus aus dem Mittelalter direkt im Zentrum gelegen. Typisch skandinavische, helle, modern eingerichtete Zimmer. Keine Kinder unter 10 Jahren. Ein kleines, gleichnamiges Bistro ist angeschlossen. DZ um die 2200 SEK, Mindestaufenthaltsdauer 2 Tage.

3 Clarion Hotel Wisby ②

Strandgatan 6, Box 1319, 62157 Visby, Tel. (0498) 257500, www.strawberryhotels.com/hotels/sweden/visby/clarion-hotel-wisby. Klassiker mit 212 Zimmern, in einem historischen und entsprechend verwinkelten Gebäude gelegen. Eines der besten Brunchbuffets in der Stadt. Das **3 Hotelrestaurant** ist auch bei Einheimischen beliebt. Ausschließlich Kreditkartenzahlung. DZ um die 2500 SEK.

17 Hotell Gute ②
Mellangatan 29, 62156 Visby, Tel. (0498) 202260, www.hotellgute.se. Zentrale Lage in der Nähe von Kaffeehäusern, Restaurants und Museen. Gemütliche Zimmer, sowohl mit Doppelbetten als auch zwei Einzelbetten. Sauna inklusive. Oft günstige Angebote an weniger gebuchten Reisezeiten. DZ um 2200 SEK.

1 Scandic Visby ②
Färjeleden 3, 62158 Visby, Tel. (0498) 201250, www.scandichotels.com/hotels/sweden/visby/scandic-visby. Mit 509 Betten ist das Hotel das größte Haus auf der Insel. Perfekte Lage für „Neuankömmlinge" direkt am Hafen. Das **Hotelrestaurant** ist besonders lobenswert. Kleiner Luxus: Der Whirlpool unter freiem Himmel. DZ um 2500 SEK, Sparfüchse buchen für etwa 2000 SEK die „Cabin Rooms", Doppelzimmer ohne Fenster.

5 Visby Börs ②
Strandgatan 10, Tel. (0498) 779177, www.visbybors.se. Das 4-Sterne-Hotel für den etwas anderen Geschmack. In dem 1867 erbauten Gebäude war schon einmal ein Hotel, das dann zu einem Kino wurde, nur um viele Jahre später wieder seinem ursprünglichen Zweck zugeführt zu werden. Wer sich hier einbucht, begibt sich auf eine Zeitreise zurück ins 19. Jh., denn die Suiten im Altbau sind im Stil dieser Zeit eingerichtet. Die renovierten Zimmer im Erweiterungsbau sind nordisch modern eingerichtet, die „Classic-zimmer" allerdings relativ klein. DZ um 2600 SEK.

4 Villa Alma ③
Strandvägen 8, 62155 Visby, Tel. (0498) 206100, https://villaalma.se. Familiengeführtes Boutiquehotel mit 21 geschmackvoll eingerichteten Zimmern, direkt am Meer am Rande des Almedalen-Parks gelegen. Ausgezeichnetes Frühstück, freundliches Personal. Im **4 Sommerrestaurant** des Hotels sitzt, wer will, draußen und genießt asiatische Küche mit Meerblick. DZ um 4000 Sek, Mindestaufenthalt 3 Nächte.

16 Best Western Strand Hotel ③
Strandgatan 34, 62156 Visby, Tel. (0498) 258800, www.strandhotel.net. Perfekte Lage im Herzen der Altstadt. Die 124 Zimmer des Hotels verteilen sich über mehrere mittelalterliche Gebäude, u.a. eine ehemalige Brauerei. Entsprechend unterschiedlich ist deren Größe und Ausstattung. Auch kann der Weg zu einigen der Zimmer etwas kompliziert sein. Wer spezielle Wünsche hat, sollte diese deswegen schon bei der Buchung angeben. Entspannung findet man, je nach Temperament, entweder in einer der beiden Saunen oder in der Bar auf der Dachterrasse mit Blick aufs Meer. DZ um 2700 SEK.

26 Hotell St. Clemens ③
Smedjegatan 3, 62155 Visby, Tel. (0498) 219000, www.clemenshotell.se. Familiäres Hotel mit 30 Zimmern, verteilt auf mehrere mittelalterliche Gebäude, in unmittelbarer Nachbarschaft der St. Clemens Ruine. Weil die vom Hotel verwaltet wird, haben Hotelgäste dort exklusiven Zutritt. Teilen müssen sie sich das alte Gemäuer nur mit den Bienen, die hier fleißig arbeiten, damit auf dem Frühstücksbuffet auch der hoteleigene Honig angeboten werden kann. Umweltaspekte stehen hier ganz oben auf der Agenda, entsprechend wurde das Haus schon mehrfach für nachhaltiges Wirken ausgezeichnet. Hunde sind hier willkommen – für zusätzlich 150 SEK/Nacht. DZ um 2800 SEK, Mindestaufenthaltsdauer 2 Nächte.

Camping

28 Visby Strandby
Snäckgärdsvägen 32, 621 41 Visby; Tel. (0498) 212157, visbystrandby.se. Etwa 2 Kilometer vor den Toren der Stadt liegt Visbys Campingplatz. Mehr oder weniger Luxus? Hier entscheidet der Gast selbst. Von Mai bis September kann man entweder einen Stellplatz für Wohnmobil, Wohnwagen oder Zelt buchen oder sich in eines der Luxuszelte zum Glamping einmieten: Das ist naturnaher Urlaub mit allem Komfort. Im 15 qm^2 großen Glampingzelt schläft man nicht nur im weichen Bett, sondern genießt auch sonst jeglichen Komfort eines Hotelzimmers – einschließlich Strom und (falls nötig) Heizung. Allerdings muss man, anders als bei vielen anderen Glampinganbietern, Handtücher und Bettzeug mit-

bringen. Auch dass man vor der Abfahrt sein Zelt selbst putzen muss (oder für dessen Reinigung bezahlen muss) mindert ein wenig den Luxuscharakter.

Essen und Trinken

In Visby gibt es unendlich viele Restaurants, Kneipen und Cafés. Im Sommer kann man nahezu an jeder Straßenecke gemütlich essen gehen, in der Nebensaison haben jedoch einige Gaststätten geschlossen. Besonders viele Restaurants liegen in der Strandgatan, in der Gegend um den Stora Torget und am Hafen.

Restaurants

12 La Fontana ②
Hästgatan 18A, Tel. (0498) 214812, www.lafontana.nu. Visbys erster Italiener: Das La Fontana eröffnete 1995 und hat sich inzwischen von der einfachen Pizzakarte in Richtung der gehobeneren Küche entwickelt. Für das Rind- oder Lammfilet zahlt man umgerechnet ab 30 Euro, wobei der Italienbezug der meisten Hauptgerichte nur noch durch deren kreative Namensgebung gegeben ist. Darüber hinaus gibt es aber sehr gute Pastagerichte für umgerechnet etwa 20–25 Euro.

14 Volare ②
Strandgatan 20, Tel. (0498) 21 01 19, volarevisby.se. Gemütliches Weinlokal im historischen Clematis Haus. Neben der vermutlich besten Weinauswahl der Insel findet man auf der Speisekarte viele kleinere aber auch ein paar größere Gerichte. Wer bei der Vielfalt des Angebotenen den Überblick verliert, dem hilft das sachkundige Personal bei der Getränkeauswahl gerne weiter. Regelmäßig finden Weinverkostungen statt.

got_406rk

19 Munkkällaren ②
Stora Torget 1, Tel. (0498) 271400, www.munkkallaren.se. Restaurant, Nachtclub, mehrere Bars und Live-Veranstaltungen in einem historischen Gebäude. Im Sommer kann man auf einer der drei Freiterrassen, eine davon zum Hauptplatz hin, draußen sitzen. Beliebt bei Touristen und Einheimischen gleichermaßen, in der Hochsaison sollte man deswegen reservieren. Do–Sa ab 18 Uhr. Für die Bar bzw. den Nachtclub gilt die Altersbeschränkung 20+. Ganzjährig geöffnet.

20 Bakfickan ②
Stora Torget 1, Tel. (0498) 271807, www.bakfickanvisby.se. Der Laden für Fischfans. Ausgezeichnete Fischsuppe. Shrimps mit einem traumhaften Dip, exzellent gebratener Hering (grätenfrei!) auf Kartoffelpüree mit Preiselbeeren – das Essen lässt keine Wünsche offen. Wegen der Topküche kann es manchmal aber eng werden und man muss mit angezogenen Ellenbogen sein Essen verzehren. Wer das vermeiden will: Alles, was im Bakfickan zubereitet wird, kann man auch mitnehmen.

22 Rosengården ②
Södra Kyrkogatan 9, Tel. (0737)154613. Das Restaurant mit schöner Freiterrasse, erfreut sich bester Lage am Stora Torget neben der St.-Karins-Ruine. Es überzeugt mit einer Küche ohne Schnörkel. Hamburger für 225 SEK, schwedische Fleischklößchen für 260 SEK oder ein Wiener Schnitzel für 265 SEK. Die Speisekarte verspricht zwar keine hoch ambitionierte Küche, was angeboten wird ist aber gut gemacht. Die Lage am Hauptplatz hat aber auch ihre Nachteile: oft voll, viele Touristen und ein manchmal überfordertes Personal.

15 Värdshuset Lindgården ③
Strandgatan 26, Tel. (0498) 218700, www.lindgarden.com. Regionale gotländische Küche, die sich an den Rohwaren der Saison orientiert. Dass es sich

dabei um kein leeres Versprechen handelt, erkennt man daran, dass auf der Karte die Herkunft der benutzten Lebensmittel konkret genannt wird. Im Winter sitzt man drinnen im nostalgisch eingerichteten Gästeraum, im Sommer draußen unter Maulbeer- und Walnussbäumen. Die Weinkarte ist lang und mit sehr viel Kenntnis zusammengestellt. Mancher kommt aber trotz allem nicht zum Essen hierher, sondern allein, um die auf der ganzen Insel bekannte **Ginbar** (Mi–So 17–24 Uhr) zu besuchen.

6 Underbar Visby ②

St. Hansgatan 15, Tel. (0498) 27 83 80, underbarvisby.se, nur im Sommer geöffnet. Um Libanesisch zu essen, wird kaum einer nach Gotland fahren. Trotzdem ist das Restaurant im Zentrum für jeden, der die Mittelmeerküche mag, eine Empfehlung. Extrem freundlicher Service, große Portionen und wer sich nach dem Studium der Speiskarte nicht entscheiden kann, nimmt einfach das Spezial-Menü mit 14 warmen und kalten Speisen für 450 SEK. Sitzen kann man je nach Laune und Wetter drinnen oder draußen an der Straße.

23 Gamla Masters ③

Södra Kyrkogatan 10, Tel. (0498) 216655, www.gamlamasters.se. In dem bei Einheimischen beliebten Restaurant kocht man nach der Devise „wie zu Hause, nur besser". Es wurde in der Vergangenheit bereits unter die besten Restaurants der Insel gewählt. Tägl. 18–2 Uhr.

27 Frimis Krog ②

Smedjegatan 17, Tel. (0498) 21 03 60, www.frimisvisby.se. Sommerrestaurant und -café an der Ruine der St.-Nikolai-Kirche. Der Fisch kommt aus der eigenen Räucherei, jeden Sommerabend Grillbuffet, u.a. mit Lamm am Spieß. Aber auch Vegetarier finden hier fleischfreie Alternativen.

Cafés und Bars

10 Krönet by Visby

Adelsgatan 41, www.kronetbyvisby.se. Ins Krönet kommt man vor allem wegen der Aussicht, denn von hier aus genießt man einen Paradeblick über die Stadt. An lauen Sommerabenden ist die Freiterrasse überfüllt mit Menschen, die hier einen Drink und einen kleinen Snack genießen. Im Sommer ab 11 Uhr geöffnet, Tischreservierungen sind nicht möglich.

6 Ett rum för resande

St. Hansgatan 15, Tel. (0498) 218140, www.ettrumforresandecafe.com, Mo–Sa 10–15 Uhr. Hier ist der Name Programm: „Ein Zimmer für Reisende", ist ein kleines, gemütliches Café, das hausgebackene Kuchen anbietet. Außerdem gibt es Pasta, Salate und andere Kleinigkeiten. Extrem freundlicher Service. Man setzt auf zwischenmenschlichen Kontakt – Laptops und Smartphones sind unerwünscht.

8 H10 Bar & Café

Hästgatan 10B, Tel. (0498) 212210, www.h10barcafe.se. Das moderne Tagescafé in der Visbyer Innenstadt bringt Großstadtfeeling nach Gotland. Es gibt selbstgebackenes Brot, Smoothies, frische Salate und Kaffee in verschiedensten Variationen. Großes veganes und vegetarisches Angebot. Ab 8.30 Uhr (am Wochenende ab 9 Uhr) wird Frühstück serviert.

13 Krukmakarens Hus Kafé

Mellangatan 21, Tel. (0498) 8211224, www.fralsningsarmen.se/visby/krukmakarens-hus-visby, Di–Fr 11–16 Uhr. Das Café im Töpferhaus wird von der Heilsarmee geführt. Im Sommer sitzt man draußen im Rosengarten und genießt Fairtrade Kaffee und hausgemachtes Backwerk. Außerdem gibt es einfache und preisgünstige Mittagsgerichte.

9 Crêperie & Logi

Wallérs Plats 3, Tel. (0730) 870506, www.creperielogi.se, tgl. geöffnet ab 11 Uhr. Die gemütliche Crêperie liegt im Zentrum von Visby in dem wohl meist fotografierten Haus der Stadt. Wegen seiner Form nennen es die Einheimischen Strykjärnhuset – Bügeleisenhaus. 9 Über dem Restaurant liegt eine 60 qm² große **Ferienwohnung** mit 3 Räumen, die durchaus zurecht als Suite vermarktet wird. High-

◁ Gemütlich: Kaffeepause in einer Ruine

light ist der Balkon mit Blick aufs Meer. Von Sept.–Mai bezahlen 2 Personen inkl. Frühstück 1950 SEK, ansonsten 2950 SEK.

Einkaufen

29 Einkaufsstraße Österväg

In der kleinen Fußgängerzone im Österväg, gleich jenseits des Stadttors Österport gelegen, findet man eine Apotheke, eine Bank, das Alkoholgeschäft Systembolaget sowie weitere Geschäfte des täglichen Bedarfs. Läden wie *H&M,* die man aus anderen Städten kennt, sind hier auch zu finden.

11 Galleri STUK

Wallérs Plats 5, Tel. (0498) 210349, stukgotland.se, geöffnet Do, Fr 12–17, Sa 11–15 Uhr. Gotländische Künstler stellen hier ihre Werke aus. Kunsthandwerk auf höchstem Niveau. Vor allem wer sich für Keramik und Töpferwaren interessiert, sollte hier einen Besuch einplanen.

24 Visby Glasblåseri

Mellangatan 56, Tel. (0498) 24 78 50, www.visbyglasblaseri.se, Mo–Sa 10–17 Uhr. Kerzenhalter, Gläser, Vasen, Weinkaraffen oder Figuren: In der Glasbläserei Visby gibt es eine große Auswahl an handgeblasenen Produkten. Hier können die Besucher nicht nur einkaufen, sondern auch den Glasbläsern bei der Arbeit zusehen oder selbst ihr Talent an der Glasmacherpfeife unter Beweis stellen (nur mit Voranmeldung!). Die Glasbläser arbeiten ausschließlich mit Altglas, was die Handwerker selbst bei den benachbarten Restaurants einsammeln. Das ist nicht nur gut für die Umwelt, sondern verleiht den Werken auch einen ganz besonderen Touch.

21 Karamellboden

Södra Kyrkogatan 7, Tel (0498) 21 01 52, www.karamellboden.se. Für alle mit einem süßen Zahn. Karamellboden ist ein herrlich altmodischer Laden, in dem Bonbons jeder Art verkauft werden. Natürlich gibt es auch typisch schwedische *Polkagrisar,* die rot-weißen Zuckerstangen. Nur im Sommer geöffnet.

▷ Nur für Einheimische erlaubt: Mit dem Auto durch die Altstadt

▽ Am Stora Torget liegt ein Restaurant neben dem anderen

got_407rk

Autoverleih

Wegen der Insellage und der eingeschränkten Konkurrenz ist das Mieten eines Autos auf Gotland relativ teuer. Umso mehr lohnt sich ein Preisvergleich.

- **Avis:** Am Flughafen und Donners plats 2, 62157 Visby, Tel. (0498) 219810, www.avis.se.
- **Europcar:** Am Flughafen und am Hafen, Tel. (0498) 215010, www.europcar.se.
- **Hertz:** Am Flughafen und am Hafen, Tel. (0498) 248550, www.hertz.se.
- **Billiger Mietwagen:** Das Portal bietet einen direkten Preisvergleich aller internationalen und lokalen Anbieter vor Ort, www.billiger-mietwagen.de

Taxi

Taxis sind auf Gotland relativ teuer. Für die kurze Fahrt vom Flughafen ins Stadtzentrum muss man mit 200–290 SEK rechnen. Die Taxiunternehmen in Schweden unterliegen keiner Preisregulierung. Der Preisvergleich ist allerdings leicht möglich – außen am Fahrzeug, meist am hinteren Fenster der Beifahrerseite, hängt ein Schild, das anzeigt, was eine 10 km lange Strecke (15 Min.) kostet.

- **Taxiruf:** (0498) 200200, www.taxigotland.se oder (0498) 50000, www.sverigetaxi.se/visby.

Busbahnhof

Der zentrale Busbahnhof liegt einige Schritte außerhalb des Österports am Kung Magnus Väg 1, Tel. (0498) 269000, www.gotland.se/kollektivtrafiken.

Flughafen

Vom Flughafen in Visby starten mehrmals täglich Linienflüge nach Stockholm Bromma, außerdem an einigen Tagen der Woche nach Stockholm Arlanda, Göteborg und Malmö. Gotlands *Länstrafik* der Linie 61 hält auch am Flughafen. In der Nebensaison stoppt der Bus hier jedoch von Mo bis Fr nur 2x täglich, um 9.30 und 18.30 Uhr. Weitere Haltestellen am nahe gelegenen *Flyplatsvägen* (www.gotland.se/busstider). Die Fahrt mit den *Flygbussarna* ist teurer, dafür aber den Flugzeiten angepasst. Allerdings fahren diese Busse nur während der Hauptreisezeit im Sommer.

- **Flughafen:** Tel. 010 1095200, www.swedavia.se/visby.
- **Flughafenbus:** www.flygbussarna.se/visby

Wichtige Adressen

- **Krankenhaus,** Visby lasarett, St. Göransgatan 3, Tel. (0498) 269000.
- **Zahnärztlicher Notdienst,** Visby Tandvård, Adelsgatan 13, Tel. (0498) 216116, Visby-Korpen, Brömsebrov. 8, Tel. (0498) 268813.
- **Polizei,** Norra Hansegatan 2a, Tel. (0771) 141400, im Notfall wählt man die 112 bzw. 11414.

got_408rk

Ausflüge in die Umgebung

Südlich von Visby

Södra Hällarna

Das kleine Naturreservat am Stadtrand – ein ehemaliger Militärschießplatz – ist eines der bevorzugten Ausflugsziele für die Bewohner von Visby. Hier trifft man sich zum Spaziergang, auf eine kleine Wanderung oder zur Joggingrunde. Im Wesentlichen kann man sich zwischen zwei Touren entscheiden, entweder oben am Klippenrand oder unten am Meer entlang. Dorthin gelangt man an einigen Stellen über Treppen. Unten erwartet einen dann nicht nur ein Felsstrand, auf dem sich häufig Fossilien finden lassen, sondern auch ein kleiner Zauberwald mit einem Wasserfall und seltenen Orchideen. Es gibt zwei Zugänge zu Södra Hällarna. Sowohl beim **Rastplatz „Träffpunkt Gotland"** am Färjeleden in Visby als auch beim **Haupteingang,** zu dem man gelangt, indem man der Toftavägen 2–3 Kilometer aus der Stadt hinaus folgt und sich von dort nach der Ausschilderung „Södra Hällarna" richtet. Der **Spazierweg** von Visby zum Naturreservat ist etwa 3 Kilometer lang, von dort zum Högklint sind es weitere 4,5 Kilometer. Ein großer Grill steht hier der Allgemeinheit zur Verfügung.

Am Steinstrand von Ygne

Kneippbyn Sommarland

Kneippbyn, etwa 3 Kilometer vor den Toren Visbys gelegen, ist eine der am meisten besuchten Sehenswürdigkeiten der Insel, zumindest bei Familien mit Kindern. Der **Freizeitpark** im „Klein-Disneyland-Format" bietet neben den üblichen Fahr-geschäften eine riesige Wasserrutsche, viele Shows und vor allem die **Villa Villekulla,** wie man in Schweden zu *Pippi Langstrumpfs* „Villa Kunterbunt" sagt. Teile der Pippi-Langstrumpf-Filme wurden auf Gotland gedreht, und als man sich auf die Suche nach Schauplätzen machte, entdeckte man ein zerfallenes Häuschen, das man dann für den Film herrichtete. Nach Ende der Dreharbeiten drohte die Villa Villekulla, die auf einem Militärgelände stand, zu verfallen. Schließlich wurde das Haus in den Kneippbyn-Vergnügungspark „verpflanzt", wo es heute die größte Sehenswürdigkeit darstellt.

Im benachbarten **Vattenland** geht es über Wasserrutschen und Halfpipes hinein in die Pools. Wem es so gut gefällt, dass er länger bleiben will: zum Kneippbyn gehören auch ein Hotel, ein Bed & Breakfast und ein Campingplatz.

■ **Kneippbyn,** Tel. (0498) 296150, www.kneippbyn.se, Mitte Mai–Ende August von 10–18 (17) Uhr, Pippi-Langstrumpf-Show in der Hauptsaison tägl. um 15 Uhr. Im Sommer Pendelbusverkehr vom Hafen, Eintritt je nach Saison für Erwachsene und Kinder ab 345 SEK, Kinder unter 3 Jahren frei.

Oldtimer-Museum

Das Automuseum (mit angeschlossener Go-Kart-Bahn), in dem viele Oldtimer ausgestellt sind, liegt ganz in der Nähe des Kneippbyn (Kneippbygatan 8, Tel. (0498) 26 46 66, www.bilmuseum.se). Das älteste Fahrzeug, das man dort sehen kann, stammt aus dem Jahre 1907, das jüngste von 1970. Außerdem kann man mit ferngesteuerten Autos und Schiffen seinen Spaß haben. Geöffnet tägl. 12–16 Uhr, Eintritt: 80 SEK.

Fridhem

Fridhem, das Sommerhaus der Prinzessin *Eugénie,* wurde 1861 errichtet und ist heute ein beliebtes Ausflugsziel vor den Toren Visbys. Man kann hier einen gemütlichen Nachmittagskaffee trinken und die herrliche Aussicht auf den Högklint genießen. Auch übernachten kann man in einem der behaglich eingerichteten Doppelzimmer der Villa. Ab 1240 SEK pro Nacht können Gäste dort einchecken (Fridhems Pensionat, Tel. (0498) 296018, fridhemgotland.se). Achtung: Für Hotel- und Cafégäste gibt es unterschiedliche Zufahrten.

Högklint

Der 48 Meter fast senkrecht zum Meer abfallende Felsen bietet einen herrlichen Blick zurück nach Visby und hinüber nach Fridhem. Oben vom Aussichtspunkt führt eine Treppe zum „Getsväl-tan“ hinab, einem kleinen Vorsprung, zu dem hinab sich früher immer wieder mal Ziegen „verstiegen“ haben. Dort waren sie dann gefangen und dem Hungertod ausgeliefert. Nichts anderes als „Ziegen verhungern“ heißt Getsvältan entsprechend auch. Ein Wanderweg führt von hier zum Naturschutzgebiet Södra Hällarna und weiter nach Visby.

Ygne

MEIN TIPP: Nur 2 Kilometer sind es zu Fuß von Högklint zur Fiskeläge von Ygne, einem meiner Lieblingsplätze auf Gotland. Mit seinen Fischerhütten, dem Steinstrand und dem Ausblick auf die Steilküste ist es das perfekte Ziel für einen Spaziergang bei Sonnenuntergang. Alternativ zum Wanderweg kann man mit dem Auto die Straße 140 in Richtung Klintehamn fahren und in Västerhejde rechts in den Västerhejde Ygnevägen abbiegen. Allerdings gelangt man so nicht ganz bis zu den Hütten. Eine Schranke stoppt irgendwann alle Autofahrer und zwingt sie zu einem kleinen Spaziergang hinab zur Ostsee.

got_409rk

Nördlich von Visby

Galgberget

Das Naturreservat Galgberget grenzt unmittelbar an Visby und ist vom Stadtzentrum aus in maximal 30 gemächlichen Spazierminuten zu erreichen. Wie der Name schon vermuten lässt, lag hier einst die Hinrichtungsstätte der Stadt, die noch bis ins 19. Jahrhundert hinein benutzt wurde. Sogar die originalen Galgen stehen noch – einmalig in Schweden! Sollte eine Hinrichtung stattfinden, wurden die drei Steinpfeiler mithilfe von Querbalken verbunden, an denen der Henker dann die Schlinge befestigte. Der Ort mit freier Sicht aufs Meer und auf die Stadt (heute versperren Bäume den Blick) wurde bewusst gewählt. Hinrichtungen dienten nämlich nicht nur der Bestrafung, sondern auch der Abschreckungen. Somit war es Teil der schaurigen Inszenierung, dass die Bürger aus ihren Fenstern aber auch die Schiffsbesatzungen, die sich der Stadt näherten, die am Galgen baumelnden Verurteilten schon von Weitem sehen konnten.

Die Mauer, die den Galgen umgibt, ist wesentlich jünger als die Steinpfeiler. Man nimmt an, dass sie dazu gebaut wurde, als man begann, die Verurteilten nicht mehr zu hängen, sondern sie zu köpfen. Und weil das ein sehr blutiges Handwerk war, musste der Scharfrichter die Zuschauer auf Abstand halten.

Die weite Aussicht ist es auch heute noch, die das Naturreservat zu einem beliebten Spaziergangsziel für die Einwohner von Visby macht – schließlich kann man sie heute ganz ohne blutiges Schauspiel einfach genießen.

■ **Galgberget:** Wer mit dem Auto kommt, nimmt den Lummelundsväg stadtauswärts und biegt unmittelbar hinter den letzten Häusern der Stadt links ab. Das Naturreservat liegt einige 100 m vor dem Flughafen (stadtauswärts der Beschilderung dorthin folgen).

☐ Aussicht vom Högklint auf die Steilküste

got_410rk

Villa Muramaris

Die Villa Muramaris liegt nur 5 Kilometer nördlich von Visby und ist ein ideales Ausflugsziel für eine kurze Fahrradtour oder ein Sonntagspicknick. Man merkt der Villa an, dass sie einst im Auftrag eines Künstlerehepaars errichtet wurde. *Johnny Roosval*, der erste Professor für Kunstgeschichte in Schweden, und seine Frau *Ellen*, die Malerin, Bildhauerin und Musikerin war, zogen hier 1917 ein. Das Haus erinnert mit seiner offenen Loggia und seinem Barockgarten an Italien. Am 18. Januar 2013 brannte die Villa Muramaris durch Brandstiftung völlig aus, wurde aber inzwischen wieder neu aufgebaut. Die Villa selbst kann man nicht mehr besuchen, der Park mit den Skulpturen von *Ellen Roosval* ist aber für die Öffentlichkeit zugänglich.

Villa Muramaris, Lummelundsväg, 165, 621 41 Visby.

Brucebo und Själso

Nur einen bzw. zwei Kilometer entfernt von Muramaris liegen die ehemalige Künstlerresidenz Brucebo und der pittoreske Fischerort Själso mit seinen bunten Häuschen und dem historischen Hafen. Die örtliche Bäckerei (Själsövägen 10, sjalsobageri.se, im Sommer tgl. geöffnet, in der Nebensaison nur Fr–So) ist inselweit für ihr Brot bekannt. Man kann die Backwaren hier nicht nur zum Mitnehmen kaufen, sondern sich die Leckereien im Gartencafé mit Meerblick servieren lassen. Ebenso bietet sich natürlich ein Picknick im Garten von Brucebo an. In dem Landsitz lebten Anfang des 20. Jahrhunderts der kanadische Maler *William Blair Bruce* und seine Frau *Carolina Benedicks-Bruce,* eine zur damaligen Zeit sehr bekannte schwedische Bildhauerin. Später diente Brucebo als Wohnhaus für Kunststipendiaten und danach mietete sich der schwedische Filmproduzent und Regisseur *Torbjörn Axelman* hier ein. Das wäre nicht weiter bemerkenswert, hätte der sich nicht 2008 bei der Räumung des Hauses – *Axelmann* konnte die Miete nicht mehr bezahlen – einen hollywoodreifen Schusswechsel mit der Polizei geliefert. Heute ist Brucebo ein Museum, das sich mit der Kunst von *William Blair Bruce* und *Carolina Benedicks-Bruce* auseinandersetzt.

Brucebo, Själsövägen 5, 622 76 Visby, www.brucebo.se, Eintritt: 140 SEK. Nur im Sommer geöffnet, dann ausgezeichnete geführte Touren, der große Garten ist immer zugänglich.

Östlich von Visby

Die Kirchen von Hejdeby und Ekeby

Die kleine Kirche von **Hejdeby** wirkt von außen recht schmucklos. Doch das äußerlich „hässliche Entlein" verwandelt sich im Innern zu einem „ansehnlichen Schwan". Die Wände sind mit ungewöhnlich reichhaltigen Wandmalereien aus dem späten 13. Jahrhundert geschmückt. Über dem Triumphbogen wird die Krönung Mariä dargestellt. Die ursprünglichen Malereien wurden teilweise im 15. Jahrhundert übermalt und durch Darstellungen aus der Leidensgeschichte Jesu ersetzt. An einigen Stellen wurden die alten Bilder aber auch in die neuen Gemälde miteingefügt. Weiter sehenswert sind das Triumphkruzifix und das Taufbecken, beide aus dem 13. Jahrhundert.

Die Kirche in der Nachbargemeinde **Ekeby** (13. Jahrhundert) hat ebenfalls schöne Kalkmalereien zu bieten. Schauen Sie sich aber trotzdem einmal die Kirchenbänke genauer an. Na? Entdecken Sie was? Der Baumeister scheint auf Sitzkomfort Wert gelegt zu haben, denn die Bänke wurden der Größe der Betenden angepasst und haben für Frauen und Männer unterschiedliche Höhen.

got_411rk

2

Nordgotland

»Im Norden zeigt sich Gotland von einer etwas raueren Seite. Große Raukgebiete mit bizarren Felsformationen zeichnen die Region aus. Ein besonderes Highlight ist die Insel Fårö im äußersten Norden.

‹ Raukfelsen auf Fårö

got_412rk

NORDGOTLAND

Je weiter man in den Norden der Insel kommt, desto wilder wird die Natur. Obwohl man von Visby nach Fårösund nur 55 Kilometer unterwegs ist, merkt man doch, dass sich die Landschaft verändert. Die Küsten werden wilder, die Klippen steiler und die Strände felsiger. Die meisten Seen der Insel liegen im Norden und auch die Mehrzahl der insgesamt 153 Naturreservate Gotlands findet man hier. Wer genau hinschaut, stellt fest, dass die Wälder lichter werden und sich vermehrt Wacholderbäume zu den sonst vorherrschenden Kiefern gesellen. Fårö wiederum ist eine magische Insel, ein Land der Raukar und der wilden Strände. Man würde sich nicht wundern, tauchten hier Elfen zwischen den bizarren Felsformationen auf und begegneten einem im Wald Zauberer auf der Suche nach Heilkräutern. Weil viele Künstler aus dem nahen Stockholm hier ihr Sommerdomizil aufgeschlagen haben, findet man viel Großstädtisches – Galerien, Handwerksläden und gemütliche Cafés sind auch hier vertreten.

Routen in den Norden

Drei große Straßen führen in den Norden der Insel. Das sind einmal die 149, die im Wesentlichen die Westküste entlangführt, die 148, die mittig über die Insel führt und schließlich die 147, deren Endstück an der Ostküste entlang in den Norden Gotlands führt. Zur besseren Orientierung sind die folgenden Ortsbeschreibungen an die Straßenführung angelehnt.

Entlang der Westküste in Richtung Norden (Straße 149)

Krusmyntagården

Ein beliebtes Ziel ist der Krusmyntagården, den man etwa 10 km nördlich von Visby erreicht. Die eigentliche Attraktion ist der **Kräutergarten.** Die meisten besuchen aber auch das kleine **Café** mit herrlichem Meerblick. Dass die Speisen, die auf der Karte geboten werden, wirklich von vorzüglicher Qualität sind, ist ein zusätzlicher Bonus. Toiletten werden zwar im Allgemeinen nicht als Sehenswürdigkeit angepriesen, doch selbst wenn Sie gerade keinen Drang verspüren, sollten Sie hier austreten – und nicht nur einmal, denn so individuell eingerichtete Toiletten bekommt man nicht alle Tage zu sehen. Wenn Ihnen Lamm schmeckt und Sie den **typisch gotländischen Saffranspannkaka** (→ Essen und Trinken, S. 152) probieren wollen, können Sie von Juli bis Mitte August immer mittwochs bis samstags ab 17 Uhr am Grillabend teilnehmen. Eine Vorausbuchung ist notwendig.

■ **Krusmyntagården,** Krusmyntavägen 4, Visby, Tel. (0498) 296900, www.krusmynta.se, Öffnungszeiten: Im Mai tägl. 10–16, Anfang–Mitte Juni 10–18, Mitte Juni–Mitte Aug. 10–20, Mitte–Ende Aug. 10–18 und Sept. 10–16 Uhr. Im Winter ist der Krusmyntagården Do–So 11–16 Uhr geöffnet, das Restaurant empfängt dann aber nur am Wochenende Gäste.

☒ Die alten Fischerhütten von Helgumannen

NICHT VERPASSEN!

Diese Tipps erkennt man an der gelben Markierung.

Lummelunda

Die kleine Gemeinde Lummelunda zählt gerade einmal einhundert Einwohner, mit der Lummelunda-Grotta beheimatet sie aber die meistbesuchte Sehenswürdigkeit der ganzen Insel. Auch die Ortskirche lohnt einen Blick.

Lummelunda-Grotta

Weil Gotland zu großen Teilen aus Kalkstein besteht, ist die Insel ziemlich „höhlenreich". Kalkstein ist ein Stein, der sehr leicht verwittert. Im Laufe der Zeit dringt Regenwasser in die Ritzen des Gesteins ein. Durch den vorherigen Kontakt mit der Luft beinhaltet das Wasser Kohlendioxid und wirkt deshalb wie eine leichte Säure. So höhlt es im Laufe vieler Jahrtausende den Stein aus, schafft Spalten und Löcher und schließlich ganze Höhlen.

Auf einer Strecke von fast anderthalb Kilometern fließt der Fluss **Lummelundaån** durch die Höhle, die mit einer beachtlichen Länge von 4 Kilometern die **größte Höhle Gotlands** und eine der längsten Höhlen Schwedens ist. Und mit mehr als 100.000 Besuchern pro Jahr ist die Lummelunda-Grotta eine vielbesuchte Touristenattraktion. Die Besucher lernen auf dem 30-minütigen geführten Rundgang allerdings nur einen kleinen Teil der gesamten Höhle kennen. Wer mehr sehen will, meldet sich zum *stora grottäventyret,* dem großen Höhlenabenteuer, an (Mindestalter 15 Jahre). Dann erforscht man mit Helm, Grubenlampe, Gummistiefeln und wasserabweisendem Overall ausgerüstet robbend und kriechend auch die entlegenen Höhlenabschnitte. Für diese Abenteuerführung muss man sich vorab anmelden.

- **Lummelunda Grotta,** Tel. (0498) 27 30 50, lummelundagrottan.se, Mai und Sept. tägl. 10–15 Uhr, Juni–Aug. 9–18 Uhr, Führung um 10 Uhr. Eintritt: 190 SEK, Kinder bis 12 J. 110 SEK.

Lummelundas Ortskirche

Die ältesten Teile der Kirche von Lummelunda, das Langhaus und der Turm, wurden ungefähr um das Jahr 1200 und dementsprechend im Stil der Romanik erbaut. Der gotische Chor kam Mitte des 14. Jahrhunderts hinzu. Er wirkt im Vergleich zum Rest der Kirche übergroß. Das liegt daran, dass er eigentlich für einen geplanten Neubau gedacht war. Langhaus und Turm hätten später neu und größer hinzugebaut werden sollen: Durch den Einmarsch der dänischen Truppen im Jahre 1361 kam jede Bautätigkeit auf der Insel zum Erliegen, die geplanten Arbeiten wurden nie ausgeführt. An den Portalen kann man sehr schön die unterschiedlichen Baustile erkennen. Die romanischen Portale im Süden und am Turm sind ohne jede Ausschmückung, während das gotische Portal am Chor reich verziert ist. An der Südwand erkennt man Paulus mit dem Schwert, an der Nordwand eine Darstellung des Jüngsten Gerichts. Die Malereien im Langhaus erzählen, wie in vielen anderen Kirchen auf der Insel auch, die Leidensgeschichte Jesu. Die ältesten Malereien in der Kirche findet man im Turmbogen, die bunten Quadermalereien stammen aus dem Jahr 1250.

[>] Höhlenführung in Lummelunda

Übernachtung

■ **Lummelunda Stugor** ①, Nyhamn, Lummelunda, Tel. (070) 20 77 115, lummelundastugor.se. Lage statt Luxus. Kleine, einfache Ferienhütten in unmittelbarer Ostseenähe. In den 40 qm² großen Hütten finden bis zu 4 Personen Platz. Die Übernachtung für 2 Personen kostet je nach Saison zwischen 800 und 1200 SEK, für mehr als 2 Personen wird pro Person und Tag ein Aufpreis von 100 SEK berechnet (Handtücher und Bettwäsche extra).

Martebo

Kaum mehr als einen Steinwurf von Lummelunda entfernt kommt man schon zum nächsten Gotteshaus. Die drei prachtvoll geschmückten Portale der dem Heiligen Dionysius geweihten Kirche von Martebo (14. Jahrhundert) sind ein herausragendes Beispiel für die gotländische Bildhauerkunst der Hochgotik. Besonders beeindruckend ist die Darstellung am östlichen Kapitellband des Langhauses, die Jesus im Totenreich zeigt. Man nimmt an, dass alle Steinmetzarbeiten von der Werkstatt des Meisters *Egypticus* ausgeführt wurden. Obwohl viele Wandmalereien zerstört wurden, hat die Kirche auch im Innern einige Schmuckstücke zu bieten. Die Kanzel aus der Mitte des 16. Jahrhunderts mit gemalten Evangelistensymbolen zählt zu den ältesten in Schweden. Der Altaraufsatz von 1675 stammt von *Jacob Blåss* (†1683) und erzählt die Auferstehungsgeschichte. Im Turmraum ist ein Bildstein aus dem 5. Jahrhundert aufbewahrt.

Wenn Sie in der Nähe von Martebo unterwegs sind, achten Sie doch mal darauf, ob Sie das **Marteboljus** entdecken, ein unerklärliches **Lichtphänomen,** das hier angeblich immer wieder auftreten soll. Einige halten es für ein Signal von Außerirdischen, andere verweisen auf

got_413lu

eine Legende, die besagt, dass Ungläubige durch das Licht ans Wasser gelockt werden sollen, um dort getauft zu werden. Wer für diese Erklärungen hingegen nicht die nötige Fantasie besitzt, führt das Phänomen auf die Lichtspiegelungen von Autoscheinwerfern zurück, die hier durch die besondere Landschaftsform besonders stark wirken.

Nett zu wissen: Nach dem winzigen Dorf auf Gotland ist auch ein Asteroid benannt. Das liegt daran, dass dessen Entdecker *Claes-Ingvar Lagerkvist* seine Sommerferien gerne in Martebo verbrachte.

Stenkyrka

Die Kirche von Stenkyrka ist die älteste im Norden Gotlands. Als sie erbaut wurde, war eine Kirche aus Stein noch etwas Besonderes und Unverwechselbares. Deswegen nannte man das neue Bauwerk und das umliegende Dorf fortan einfach Stenkyrka, Steinkirche. Ihr heutiges Aussehen bekam die Kirche bei umfassenden Umbauarbeiten zu Beginn des 13. Jahrhunderts. Das **Triumphkruzifix** aus der ersten Hälfte des 14. Jahrhunderts und das Taufbecken aus dem 12. Jahrhundert gehören zu den größten

got_204rk

Schätzen der Kirche. Die **Wandmalereien** stammen aus drei unterschiedlichen Zeitperioden. Die stilisierten Reben und die Quadermalerei sind aus der ersten Hälfte des 13. Jahrhunderts. Etwa 50 Jahre jünger sind die stilisierten Gemälde im Turmboden und die Darstellung des kämpfenden Drachens über dem Westeingang. Die restlichen Bilder im Chor, Langhaus und Turmraum stammen vom Ende des 14. Jahrhunderts. Machen Sie sich im Chor auf Spurensuche, und schauen Sie, ob Sie an der Südmauer die Darstellung des Heiligen Dionysius finden, wie dieser zusammen mit seinen Mitgefangenen die Messe liest. Sie müssen aber genau hinsehen, denn allzu gut ist dieses Gemälde nicht erhalten. Auch die Gemälde im Langhaus sind teilweise in schlechtem Zustand. Im Turmraum fällt die Interpretation dann schon wieder leichter. Deutlich zu erkennen ist ein Gemälde, das Mariä Krönung zeigt. An der Südwand wird eine Seelenwägung mit dem Erzengel Michael gezeigt, die sehr an die Darstellung in der Kirche von Vamlingbo (→ S. 131) erinnert.

Am Rande der Hauptstraße liegt der **Stenkyrka djurpark,** ein kleiner Tierpark mit insgesamt 200 Tieren. Der Besuch lohnt sich vor allem für Familien mit kleinen Kindern, denn hier kann man auf Kamelen und Ponys reiten und Kaninchen, Ziegen und Schafe streicheln.

■ **Stenkyrka djurpark,** Stenkyrka Hälge 127, www.stenkyrkadjurpark.se, Tel. (072) 0471276, Mitte Juni–Mitte Aug. tgl. 11–16 Uhr.

☐ Der Rauk Jungfrun ist der größte der Insel

Übernachtung

■ **Stenkyrka Mejeriet** ①, Stenkyrka, Austergårds 143, Tel. (0498) 272210, Facebook: Mejeriet. Das kleine Bed & Breakfast ist nur im Sommer geöffnet. Günstige Preise ab etwa 50 €/Person. Bettwäsche und Handtücher sind allerdings nicht im Zimmerpreis enthalten. Das Restaurant ist wegen seiner Pizzen in der Region bekannt, allerdings meist nur am Wochenende geöffnet. Ab und an finden auch kleinere Veranstaltungen statt. Über alle bekannten Plattformen buchbar.

Lickershamn

Lickershamn sollte bei jeder Tour in den Norden der Insel auf dem Programm stehen. Zum einen lädt der Strand zu einem Bad im Meer ein, zum anderen ist der **malerische Fischerhafen** ein schönes Fotomotiv. Nördlich von Lickershamn liegt die **Bucht von Ireviken** (oft auch Ihreviken) mit dem schönen, aber im Sommer auch vielbesuchten Sandstrand.

Rauk Jungfrun

MEIN TIPP: Eine etwa halbstündige **Wanderung** führt vom Parkplatz bei Lickershamn zum Rauk Jungfrun. Der Spaziergang ist einfach, führt an der Steilküste entlang und bietet immer wieder schöne Ausblicke. Am beeindruckendsten ist aber Jungfrun selbst. Der Rauk (Felsen) steht am Rande der Steilküste und ist mit einer Höhe von 12 Metern der größte der Insel. Gehen Sie nach Erreichen des Felsens unbedingt noch weiter, denn auf dem folgenden Plateau haben Sie eine wunderbare Aussicht. In diesem Buch werden zwar einige **Picknickplätze** erwähnt, doch dies ist einer der schönsten. Ein warmer und windstiller Sommerabend in der Nähe des Rauk Jungfrun – etwas Schöneres kann man auf Gotland kaum erleben.

Um den Stein rankt sich eine **tragische Legende.** Einst lebte auf Gotland ein reicher Mann, der von einem Kriegszug einen Jungen, den Sohn eines mächtigen Fürsten, als Gefangenen mitbrachte. Der Knabe lebte bei der Familie, und mit der Zeit verliebte er sich in die junge und schöne Tochter des Hausherrn. Diese erwiderte seine Gefühle, sehr zum Missfallen des strengen Vaters. Um zu verhindern, dass die beiden ein Paar werden, griff der Alte zu einer üblen List. Er sprach eine große Einladung zu einem Treffen auf der Rasenfläche vor dem Rauk aus. Seine Tochter ließ er vorab mit Hilfe von Leitern und Stangen auf die Spitze des unbesteigbaren Felsens bugsieren. Dann verkündete er, dass derjenige, dem es gelänge, seine Tochter von dem Felsen herunterzuholen, sie auf der Stelle zur Braut bekäme. Natürlich hatte der alte Fiesling damit gerechnet, dass der junge Fürstensohn bei dem Versuch, zu seiner Geliebten hinaufzusteigen, abstürzen würde. Doch offenbar hatte er noch nie davon gehört, dass Liebe Flügel verleiht. Und so kletterte der Junge behände zu seiner Auserwählten hinauf, umfasste sie und stieg mit ihr in den Armen hinab. Wie man sich vorstellen kann, war der Vater davon wenig begeistert und griff zu Pfeil und Bogen. Mit einem gezielten Schuss traf er den Jüngling in den Kopf, der daraufhin mit seiner Liebsten im Arm ins Meer stürzte. Beide kamen ums Leben, und da so das Mädchen unberührt blieb und als Jungfrau starb, wurde der Felsen entsprechend benannt.

Die Kirchenruinen von Elinghem und Gann

Für romantische Herzen sind Kirchenruinen genau das Richtige. Davon gibt es in der **Umgebung von Lickershamn** gleich zwei. Sowohl in Elinghem als auch in Gann kann man die Reste von Gotteshäusern aus dem 13. Jahrhundert besuchen. In beiden Ruinen wird im Sommer manchmal ein **Gottesdienst unter freiem Himmel** abgehalten, und auch **Konzerte** finden ab und an statt. Sehr beliebt sind die beiden Kirchen für Hochzeiten.

Hangvar und Hall

In der Kirche von Hangvar sind das **Triumphkruzifix** aus dem 12. und der Taufstein aus dem 13. Jahrhundert sehenswert, in der von Hall lohnt ein Blick auf die reichhaltigen **Wandmalereien.** Aus der dürren Beschreibung erkennen Sie schon, dass diese beiden Kirchen allenfalls für echte Kirchen-Liebhaber einen Besuch wert sind.

Allerdings gibt es vor Ort genügend anderes Sehenswertes. So sollte man unbedingt zum alten **Leuchtturm von Hall** spazieren. Der ist zwar klein und zudem nicht mehr in Betrieb, liegt aber oben auf der Steilküste, von wo man weite Blicke hinaus aufs Meer genießen kann. Auch die beiden **Fiskelägen Sigsarvestrand und Häftingsstadar,** gehören zur Gemeinde Hall. Zwar stehen in der einen nur fünf, in der anderen sogar nur drei Hütten, dafür zählt eine davon aber zu den ältesten Holzgebäuden der Insel – und wenn ein Platz für ein romantisches Picknick am Abend gesucht wird, ist man hier ohnehin richtig.

MEIN TIPP: Im **Naturreservat Hall-Hangvar** kann man herrliche Spaziergänge unternehmen, an einsamen Stränden vor sich hinträumen und seltene Blumen bestaunen. Wer Glück hat, sieht hier auch See- und Steinadler. Lohnend ist der Ausflug zum **Häftings Klint,** einem steil ins Meer abfallenden Felsen. Hier oben liegen die spärlichen Überreste einer frühzeitlichen Befestigungsanlage. Schon die ersten Menschen, die auf der Insel lebten, zogen sich auf die steile Klippe zurück, wenn sie sich verteidigen wollten.

Von **Hallshuk** im äußersten Norden der Landspitze führt der **Klintekustleden** in 30 Kilometern zum **Naturreservat Björkume.** Wer hier geht, ist auf königlichen Spuren unterwegs. 2018 ist Kronprinzessin *Viktoria* den Weg, der größtenteils an der Steilküste oberhalb des Meeres entlangführt, gewandert.

got_414rk

Kappelshamn

Kappelshamn hat schon mal bessere Zeiten gesehen. *Carl von Linné* zeigte sich auf seiner Reise durch Gotland im Jahre 1741 beeindruckt vom geschäftigen Leben, das hier herrschte. Der Kalksteinabbau und der sichere Hafen machten Kappelshamn damals reich. Inzwischen ist davon nichts mehr zu spüren: In den sechziger Jahren des 20. Jahrhunderts wurden die Schule, der Einkaufsladen und das letzte Restaurant geschlossen, und seitdem gibt es hier kaum noch etwas – doch genau das macht für manche den Reiz aus: Wer Ruhe und Meeresnähe sucht, ist hier richtig.

☒ Der Natternkopf ist weit verbreitet

Lauter geht es auf dem **Gotland Ring** (gotlandring.com) zu, einer Autorennstrecke wenige Kilometer von Kappelshamn entfernt. Wer will, kann hier – nach Vorausbuchung – im Sportwagen seine Runden drehen.

Übernachtung/ Essen und Trinken

■ **Kappelshamns Veranda** ①, Flenvikevägen 59, Tel. (072) 739 22 22, www.kappelshamnsveranda.se, im Sommer Mo–Sa 11–23, So 11–21 Uhr, KV (*KoWe*) – so sagt man auf Gotland „richtig" – ist eine Mischung aus **Restaurant, Sportplatz, Badestrand, Open-Air-Bühne** und, in gewisser Weise, Bürgerzentrum. Im Sommer ist die „Veranda von Kappelshamn" eines der beliebtesten (Wochenends-)Ausflugsziele der Insel und so mancher bleibt dann den ganzen Tag. Man kommt zum Mittagsessen, geht Baden, spielt Padel, Boule oder Lawnbowl und wohnt anschließend dem abendlichen Konzert oder Pub-Quiz bei. Übernachten kann man entweder in der zugehörigen Pension (DZ je nach Saison 900-1200 SEK) oder den einfachen Ferienhäusern (900 -1400 SEK, bis zu 4 Personen). Eines der Häuser ist sogar behindertengerecht ausgestattet.

Entlang der Straße 148 in Richtung Norden

Väskinde

Die Ortschaft Väskinde liegt etwa zehn Kilometer von der Hauptstadt Visby entfernt. In der Nähe der Kirche des Orts steht ein **Bildstein** aus dem 4. bis 6. Jh. mit einem Wirbelradmotiv. Auf dem Friedhof liegen die beiden Künstler *William Blair Bruce* und *Carolina Benedicks-Bruce* (→ Brucebo, S. 47) begraben.

got_208rk

Wer sich für **Keramik** interessiert, dem sei ein Abstecher ins Atelier von *Maria Kaungs* empfohlen (Väskinde Stora Klintegårde 524, Tel. (0730) 792705).

Bro

Zwischen Bro und Tingstäde passiert man einen 3,50 Meter hohen **Grabhügel aus der Bronzezeit,** der direkt am Rande der Straße Nummer 148 steht. Nur ein paar Meter von dem großen Hügel entfernt erkennt man zwei kleinere Steinhügel, die zwar nicht besonders spektakulär sind, um die sich aber eine lehrhafte Geschichte rankt. Als die Kirche von Bro noch eine bekannte Wallfahrtskirche war, machte sich ein Bauer mit seinen zwei blinden Söhnen auf den Weg zu ihr. Im Schlepptau hatte er auch zwei Ochsen, die er opfern wollte, falls seine Kinder ihre Sehkraft wiedererlangen würden. Gott schien jedoch mit seiner Heilkraft etwas voreilig zu sein, denn beide Söhne erhielten ihr Augenlicht zurück, bevor sie überhaupt die Kirche erreichten. Daraufhin hatte der Bauer die vermeintlich schlaue Idee kehrtzumachen, ohne die Ochsen zu opfern. Doch umsonst gibt es keine Wunder: Folglich wurden die Ochsen auf der Stelle zu Steinhaufen verwandelt. Sie stehen noch heute am Wegesrand und mahnen die Pilger, ehrlich zu sein.

Kirche von Bro

Die Kirche von Bro, die der besagte Bauer nie erreichte, sollten Sie unbedingt zu Ihrem Ziel machen. Sie gehört nämlich zu den **schönsten der Insel.** Warum dies so ist, lässt sich leicht erklären. Nicht jeder Wallfahrer war so knauserig wie der Bauer mit den Ochsen. Oft wurde großzügig gespendet, und dieses Geld konnte dann zur Ausschmückung des Gotteshauses verwendet werden. Von dem ursprünglich romanischen Bau aus dem späten 12. Jahrhundert steht nur noch der Turm. Der Chor kam erst 1236, das Langhaus um 1300 hinzu. Am Kapitellband des Südportals sind Szenen aus der Kindheit Jesu, der Auferstehungsgeschichte und dem Totenreich dargestellt. Wenn man genau hinsieht, kann man auch noch Reste der Bemalung aus dem Mittelalter erkennen. Damals waren die Portale nämlich bunt bemalt. Die **Kalkmalereien** über dem Triumphbogen zeigen Jesus als Weltenrichter. Ihm zur Seite gestellt sind auf der einen Seite Maria und der Apostel Johannes, auf der anderen der Apostel Bartholomäus und der Heilige Olaf (zu erkennen an der Axt). Die Gemälde im Langhaus zeigen unter anderem die Leidensgeschichte. Der **Taufstein** wurde Ende des 12. Jahrhunderts vom berühmten Meister *Sigrafr* geschaffen, bemalt wurde er erst im 18. Jahrhundert. Das **Triumphkruzifix** über dem nördlichen Seitenaltar ist aus dem 12. Jahrhundert.

Hinweis: Durch die kleine, immer geöffnete Tür links neben dem Haupteingang betreten Pilger auf dem St. Olafsweg (→ St. Olofsholm, S. 65) eine kleine ehemalige Büßerzelle, in der bis zu zwei Pilger übernachten können. Hinter der Kirche besteht auch eine Zeltmöglichkeit.

got_207rk

[>] Taufstein in der Kirche von Bro

[<] Die Kirche von Tingstäde mit ihrem mächtigen Turm

Tingstäde

Einige Kilometer nordöstlich von Bro erreicht man Tingstäde am gleichnamigen See, dem **Tingstädeträsk.** Ein kleiner **Strand** lädt zum Baden ein. Aber der See ist nicht nur zum Schwimmen da, er birgt auch ein Geheimnis. Auf seinem Grund ruhen die Reste einer großen **Holzfestung** mit Namen **Bulverk.** Sehen kann man sie nur dann, wenn sich im Winter durchsichtiges Eis auf die Wasseroberfläche legt. Dann erahnt man – etwa einen halben Kilometer vom Land entfernt – tief unter sich eine Holzfestung. Sie besteht aus einer mächtigen quadratischen Holzkonstruktion mit etwa 170 Meter Kantenlänge, die aus Pfählen gebaut wurde und von einer Palisade umgeben war. In der Mitte des Quadrats war freie Seefläche. Irgendwann einmal ragte es gut einen Meter aus dem Wasser heraus und hatte einen hölzernen Boden, der hunderte kleiner Häuser tragen konnte. Wer hat die Festung erbaut und warum? Man weiß es nicht. Klar ist lediglich, dass hier während der Wikingerzeit und im Mittelalter Menschen lebten, und dass die Festung durch einen Brand zerstört wurde. Dieser Brand ging übrigens in den Schatz schwedischer Spruchweisheiten ein. Denn wenn jemand sehr alt wird, sagt man, dass er älter sei als das Feuer auf dem Tingstädesee.

Oberhalb des Sees liegt die **Kirche von Tingstäde** mit ihrem 55 Meter hohen Turm. Der untere Teil des Turms stammt ebenso wie das Langhaus aus dem späten 12. Jahrhundert. Im 13. Jahrhundert wurden dann der Chor und die Sakristei angefügt, und auch der Turm wurde aufgestockt. Seine endgültige Höhe erhielt er aber erst im dritten Anlauf im 14. Jahrhundert. Im Vergleich zu den meisten anderen Kirchen der Insel hat die von Tingstäde nur sehr wenige Kalkmalereien zu bieten. Die beiden größten Sehenswürdigkeiten der Kirche sind das **Taufbecken** aus dem 12. und das **Triumphkruzifix** aus dem 14. Jahrhundert. Das Portal auf dem Kirchhof war früher wahrscheinlich der Zugang zum Pfarrhof.

Gotländisches Militärmuseum

Von der Kirche sind es knapp 400 Meter zum ersten Teil des Gotländischen Militärmuseums oder, wie es wörtlich heißt, Verteidigungsmuseums. Hier ist der Bereich untergebracht, der sich mit der **Geschichte der Armee** auseinandersetzt. Wer sich für **Luftwaffe und Marine** interessiert, findet die entsprechende Ausstellung im zweiten Teil des Museums knapp zwei Kilometer südlich des Ortes am Rande der Landstraße 148.

⊡ Am Tingstädeträsk

■ **Gotlands Försvarsmuseum,** Fårradsvägen 4 und Tingstädevägen 4, Tel. (0498) 274357, www.gotlandsforsvarsmuseum.se, Juni und Mitte–Ende Aug. Fr/Sa 10–16 Uhr, Juli–Mitte Aug. Mo–Sa 10–17 Uhr, Sept.–Okt. Mi 10–14 Uhr. Eintritt 120 SEK, Jugendliche zwischen 12 und 18 Jahren 69 SEK, Kinder bis 11 Jahre frei.

Tingstäde Fästning

Nur einen knappen halben Kilometer von der Kirche entfernt liegt nördlich die **Festung Tingstäde** an der Hauptstraße 148 in Richtung Fårösund. Die Befestigungsanlage wurde zwischen 1904 und 1914 erbaut. Sie ist weit abseits der Küste gelegen, weil man verhindern wollte, dass sie von einem feindlichen Schiff unter Beschuss genommen werden kann. Die riesige Verteidigungsanlage wurde so angelegt, dass sich dort fünftausend Soldaten für dreißig Tage ohne Hilfe von außen verteidigen konnten. Heute ist die Festung ein **Museum.** Im Sommer kann man Teile von Tingstäde Fästning besichtigen und u.a. durch Teile der unterirdischen Gänge spazieren.

■ **Tingstäde Fästning,** Tel. (070) 6615944, www.tingstadefastning.se, nur im Sommer geöffnet Di–So 11–16 Uhr, Führungen um 11.30 Uhr, 13 Uhr und 14.30 Uhr, Eintritt 80 SEK, Kinder unter 15 Jahre haben freien Eintritt.

Othem und Lärbro

Über Othem, wo eine Kirche mit interessanten Wandmalereien aus dem 13., 14. und 15. Jahrhundert steht, erreicht man Lärbro. (**Hinweis:** In dem Schuppen am Wendeplatz in Othem, ca. 50

Meter von der Kirche entfernt, befindet sich ein kostenloser Schlafplatz für Pilger auf dem St. Olofsweg → St. Olofsholm, S. 65).

Neben Slite ist Lärbro der **wichtigste Ort im Norden der Insel.** Die Kirche ist wegen ihres **achteckigen Turms** einzigartig auf Gotland. Der wurde im 14. Jahrhundert von Meister *Egypticus* und seinen Bauleuten errichtet. Ein Jahrhundert älter sind das Langhaus und der Chor. Sehenswert sind vor allem die Portale. Im Innern sind Reste von Wandmalereien aus dem 13. Jahrhundert zu sehen. Der Altarschrein entstand um das Jahr 1400, die Kanzel ist von 1718. Direkt neben der Kirche steht ein Wehrturm aus dem 12. Jahrhundert.

In der Nähe der Kirche liegt die Jugendherberge Grannen mit Gotlands größtem Fitnesscenter, dem **Action Club Gym.** Wer im Urlaub etwas zu viel rumgesessen hat, kann hier seine überschüssige Energie loswerden. Auf dem Gelände von Grannen liegt auch das kleine **Kriegskrankenhausmuseum.** Hier werden u.a. die dramatischen Ereignisse unmittelbar nach dem Ende des Zweiten Weltkriegs beschrieben, als in Lärbro gleichzeitig Überlebende aus deutschen Konzentrationslagern und verletzte deutsche Wehrmachtssoldaten behandelt und gepflegt wurden. Im **Heimatmuseum** ist man besonders stolz auf einen Oldtimer der Marke Oldsmobile aus dem Jahre 1904 und Handwerkzeuge aus den vergangenen beiden Jahrhunderten (beide Museen nur im Sommer und dann sonntags und mittwochs am Nachmittag geöffnet).

Übernachtung

■ **Jugendherberge Grannen** ①, Norrvangevägen 1, 62452 Lärbro, Tel. (0498) 225030, www.grannen.se. Fußball- und Tennisplatz, Kraftraum, EZ 550–600 SEK, DZ 710–810 SEK, Familienzimmer ab 1000 SEK, Preise ohne Bettwäsche und Endreinigung. Frühstück 75 SEK.

got_415rk

Slite

0 500 m

Übernachtung
1 Slite Strand Resort
Essen und Trinken
1 Restaurant Slite Strand Resort
2 Bonden & Bönorna
3 Fiskbaren am Hafen
Lärbro
Othem
Visby
Lärbrovägen
Stjärnvägen
Österbyv
ÖSTERBY
Othemsvägen
Skyttevägen
Kråsvägen
NÄRS
Lännavägen
Grubbens väg
Sören Norrbys väg
Mörtvätsvägen
Ugglevägen
Oskarsvägen
Paul Fries väg
LÄNNA
Solklintsvägen
Storgatan
Aussichtsplattform über Abbaugrube
Steinbruch
Steinbruch
Vikhagsvägen
Gotland Bike Park
Sportvägen
Heidelberg Materials
Skolgatan
Lillhagsvägen
Mellangatan
Apoteksg.
VIKHAGEN
Sporthalle
Bredviksvägen
Seefahrtsmuseum
Östervalla-gatan
Fåhreausv.
Solåkersvägen
Torget
Lotsbacken
Kronbrunns-gatan
Stations-gatan
Badhusg
Storgatan
Windmühle am Wasserturm
Strandvägen
Strand
Vinstigen
Storgatan
Strandvägen
Garvaregr.
Solklintsvägen
Bogevik
OSTSEE

Entlang der Straße 147 nach Norden

Bäl und Boge

Wie nahezu jede gotländische Landgemeinde haben auch Bäl und Boge ihre Kirchen. Die in Bäl ist durchaus sehenswert, vor allem, weil dort *Johan Bartsch* – der wichtigste gotländische Künstler seiner Zeit – 1664 den Altar bemalte. Boge hat dafür zwei lohnende Ausflugsziele zu bieten, die beide ein paar Kilometer südlich des Ortes liegen. Da wäre einmal der **Bogeklinten** (auch als Klinteklinten bekannt), ein Gebiet von Raukfelsen, dessen größter Raukar über acht Meter in die Höhe ragt. Dank Tisch und Bänken ist hier ein toller Platz für ein Picknick. Da das Raukgebiet 20 Meter erhöht liegt, hat man einen weiten Blick bis hinüber nach Slite.

Sieben Kilometer südlich von Boge liegt etwa 1,5 Kilometer abseits der Straße 146 die 18 Meter lange und bis zu 5 Meter breite **Schiffssetzung Tjelvars Grav.** Hier soll der Gota-Sage zufolge der erste Gotländer Tjelvar begraben liegen (→ Ardre und Gunnfjaun, S. 103). Zwar fand man bei der Freilegung der Begräbnisstätte im Jahre 1938 eine bereits geplünderte Kiste, die verbrannte Knochen und einige Scherben enthielt, Tjelvar war der Tote aber nicht.

Slite

Slite ist mit knapp 1000 Einwohnern die **viertgrößte Gemeinde** Gotlands. Schon zur Wikingerzeit war hier ein wichtiger Hafen. An diese lange Geschichte erinnert das **Seefahrtsmuseum** am Hafen (im Sommer tgl. 14–17, sonst nur Mo 18–21 Uhr, Kronbrunnsgatan 5, Tel. (070) 3865470, slite-sjoefartsmuseum.se).

Das Zementwerk Slites, das von dem Unternehmen *Heidelberg Materials* betrieben wird, versorgt Schweden mit drei Viertel seines Zementbedarfs und ist eines der größten seiner Art in Nordeuropa. Von einer **Aussichtsplattform** am Rande des Solklintsvägen kann man einen Blick in die Abbaugrube werfen. Besonders spektakulär ist dies, wenn gerade Sprengungen vorgenommen werden. Die Termine dafür werden an der Anschlagstafel an der Aussichtsplattform bekannt gegeben.

Die **Ortskirche** wurde 1960 nach Plänen des dänischen Architekten *Holger Jensen* (1918–2004) erbaut und ist weniger wegen ihrer architektonischen Ausgestaltung interessant, sondern weil sie das erste Gotteshaus ist, das seit dem 14. Jahrhundert auf Gotland errichtet wurde. Nachdem im Mittelalter innerhalb kürzester Zeit mehr als hundert Kirchen erbaut worden waren, ruhte für einen Zeitraum von 600 Jahren jede Kirchenbautätigkeit. Von der **Windmühle am Wasserturm** (*Lotsbacken*) hat man einen schönen Blick aufs Meer und die vorgelagerten Inseln.

Ein kurzer Ausflug führt, via Hammars, etwa zehn Kilometer hinaus zur **Insel Asunden** (über eine Brücke erreichbar) mit einem der schönsten Raukgebiete an der Ostküste Gotlands. Der größte der skurril geformten Kalksteinfelsen ist über neun Meter hoch. Vogelfreunde können hier u.a. Kampfläufer, Küstenseeschwalben und Alpenstrandläufer beobachten.

Anreise

■ **Mit dem Bus:** 40 Minuten Fahrtzeit von Visby mit den Linien 20, 22 und 61.

Übernachtung

1 Slite Strand Resort ①-②

Strandvägen 4, 62448 Slite, Tel. (0498) 652630, www.slitestrand.se. Von der einfachen Unterkunft in der Strandhütte bis zum Luxusferienhaus oder einem Zimmer im Bed and Breakfast (ab 1295 SEK/Person/Tag) – im Strand Resort hat man eine große Auswahl. Sogar einen Glampingurlaub kann man machen und in Luxuszelten wohnen, die mehr einem Zimmer im Sternehotel ähneln. Auf dem Gelände kann man rund um die Uhr **Fahrräder und Kajaks** aus dem „Automaten" (www.kayakomat.com) leihen. Im Sommer schwimmt man ein paar Runden im Pool oder man faulenzt gleich nebenan am großen Strand. Wer mag, spielt Minigolf oder dessen „größeres" Pendant: In unmittelbarer Nähe gibt es einen **18-Loch-Golfplatz.** Das **1 Restaurant** im Strand Resort ist nur im Sommer geöffnet. Im Sommer bietet das Resort tägliche **Schiffstouren** zur Insel Enholmen und der Festung Karlswärd an (185 SEK).

got_416rk

Essen und Trinken

2 Bonden & Bönorna ②

Storgatan 80, 62448 Slite, Tel. (070) 3553890, www.bankenochbonden.se, Mai–Dez. geöffnet (in der Nebensaison nur an bestimmten Tagen). Der Name des Restaurants ist ein kleines Wortspiel. Übersetzt heißt er zunächst einmal Bauer und Bohnen, ein durchaus passender Hinweis auf die regionalen Zutaten, die man hier verwendet. Gleichzeitig sind „Bönorna" im gotländischen Dialekt aber auch „Mädchen". Das passt ebenfalls, denn das Lokal ist fest in Frauenhand. Die Küche ist exklusiv, die Speisekarte klein und an die Jahreszeiten angepasst. Meist gibt es je ein Fleisch- oder Fischgericht, sowie eine vegetarische Option zu Preisen um 300 SEK. Ebenfalls klein aber exzellent zusammengestellt ist die Weinkarte. In dem kleinen Ort ist Bonden & Bönorna weit mehr als nur ein Restaurant – es ist gleichzeitig Kaffeehaus und Bar.

3 Fiskbaren am Hafen ①

Im Sommer ist die *Fiskbaren* am Hafen für Snacks wie Fish and Chips eine gute Alternative.

Sport- und Freizeitaktivitäten

■ **Gotland Bike Park,** Cementa Arena, Vikhagsvägen 4, Slite, www.gotlandbikepark.se. Mountainbiker finden im Gotland Bike Park über 200 km Wege für alle Kenntnisstufen vom Anfänger bis zum Profi. Eine Übersicht der genauen Routen findet man unter: www.trailforks.com/region/gotland-bike-park-20872.

◁ Slite: Die Windmühle beim Wasserturm

Der äußerste Norden Gotlands

Auf den folgenden Seiten werden die Orte beschrieben, die im äußersten Norden Gotlands liegen, dort wo die Straßen 149, 148 und 147 zusammenlaufen.

St. Olofsholm

Nur wenige Kilometer von Slite und Lärbro entfernt, vorbei an den **Schiffssetzungen von Domarlunden** und der mittelalterlichen **Kirche von Hellvi,** erreicht man St. Olofsholm. Hier soll der Gota-Sage zufolge im Jahr 1029 der norwegische König Olaf Haraldsson (später Olaf der Heilige oder auch Olaf der Dicke) an Land gestiegen sein und den Gotländern das Christentum gebracht haben. Zur Erinnerung daran wurde damals eine Kirche errichtet, deren Reste angeblich in das Lagerhaus, das man auf St. Olofsholm sehen kann, eingebaut sind. Ob die Geschichte vom Heiligen Olaf der Wahrheit entspricht, ist eher zweifelhaft, sicher weiß man jedoch, dass hier im 17. Jahrhundert Kalk abgebaut und exportiert wurde.

Heute ist St. Olofsholm ein **Naturreservat,** das sich hervorragend für kurze Spaziergänge oder gemütliche Picknicks mit Blick übers Meer eignet. An der Nordostseite des Reservats liegt ein **Raukgebiet mit 15 Felsen,** von hier aus hat man auch einen schönen Blick auf die 500 Meter vor der Küste liegende **Insel Ytterholmen.**

Hinweis: In St. Olofsholm beginnt der gotländische Olafsweg, der in 55 Kilometern zum Dom von Visby führt. Sehr einfache und kostenlose Pilgerherbergen findet man in bzw. nahe den Kirchen von Othem, Bro und Hejnum. Weitere Infos zum Weg und dessen Etappen gibt es online: paxwalk.se/en/tour/pilgrim-trail/s-t-olofsleden-st.-olofs-trail-gotland/58182873/.

Malms Kyllaj

Nur wenige Kilometer entfernt liegt ein weiteres **Naturschutzgebiet**. In Malms Kyllaj stehen am Osthang eines Hügels **50 Raukar.** Hier kann man wieder einmal deutlich sehen, wie sich die Küstenlinie im Laufe der Zeit verändert hat, denn einst standen die mächtigen Felsen direkt am Meer. Auch in Malms Kyllaj wurde früher Kalk abgebaut, und da dies ein großes Geschäft war, zählten die Firmenbetreiber, die sogenannten Kalkbarone, auch zu den reichsten Männern auf der Insel. Daran erinnert noch heute der **Strandridaregården,** der im 18. Jahrhundert der Wohnsitz eines der Kalkbarone war. Nachdem das Haus lange ein Museum war, ist es heute im Privatbesitz und kann nicht mehr besichtigt werden. Lohnend ist aber der Spazierweg, der oberhalb des Anwesens zum Raukgebiet führt.

Nett zu wissen: *Carl von Linné* übernachtete während seines Besuchs auf Gotland im Jahr 1741 im Strandridaregården.

See Fardumeträsk

Knapp fünf Kilometer weiter nördlich erreicht man (ein kleiner Feldweg führt zu einem Aussichtspunkt und einer Infotafel) den See Fardumeträsk. Er ist zum größten Teil mit Schilf zugewachsen und bietet deswegen Brutstätten für viele Vögel.

In der nahen Ortschaft **Valleviken** lohnt ein kleiner Zwischenstopp am Ostseehafen beim **Sommerrestaurant Sjökrogen.** Auf dem nahegelegenen Bauernhof **Risungs Gård** kann man sich im Herbst auf Trüffelsuche machen (→ Exkurs, S. 68).

Lergrav und Furillen

In Lergrav gibt es eine **Räucherei,** in der man sich mit fangfrischem Fisch versorgen kann. Oder aber man steigt den dahinterliegenden Hügel hinauf und spaziert durch ein **Raukgebiet,** in dem 60 der bizarr geformten Felsen stehen. Von der Anhöhe hat man einen schönen Blick hinab aufs Meer. Auf dem Weg zur Insel Furillen lohnt sich ein Stopp in dem kleinen **Naturreservat Husken** mit tollen Aussichtspunkten aufs Meer.

Die **Insel Furillen** (oft auch Furilden geschrieben) erreicht man wenige Kilometer weiter über eine Brücke. Bis in die 1970er-Jahre wurde hier Kalk abgebaut, danach war auf der Insel eine Radarstation untergebracht und der Zugang verboten. Heute ist das Kleinod der ideale Platz für Fahrradtouren und einsame Wanderungen am Strand.

▷ Das Raukgebiet bei Malms Kyllaj

Übernachtung

■ **Fabriken Furillen** ③, Rute Furilden 870, 624 58 Lärbro, Tel. (0498) 223040, www.furillen.com. Bis zu den Vor-Corona-Jahren war mit Fabriken Furillen eines der aufregendsten Hotels in ganz Schweden auf der Insel beheimatet. Bis zuletzt war es geschlossen, hat aber unter neuer Leitung im Sommer 2024 neu eröffnet. Wenn es gelingt, an die Vergangenheit anzuknüpfen, könnte das Hotel erneut zu einem Insel-Highlight werden. Für die einfachsten Zimmer muss man als Paar umgerechnet etwa 300 Euro ausgeben. Die ehemalige Kalkfabrik ist aber nicht nur für potentielle Hotelgäste besuchenswert: Fotografen finden rund um das Gebäude besondere Fotomotive.

Fleringe

Auf der anderen Seite der Halbinsel lohnt in der Gemeinde Fleringe der **Groddagården** einen Besuch. Ende des 18. Jahrhunderts eröffnete hier ein Bauer ein Wirtshaus, das bald zu einem Treffpunkt für den ganzen Norden der Insel wurde. „Schuld" daran war aber nicht nur die gute Verköstigung, sondern auch die Musikalität des Bauern und seiner Söhne. Regelmäßig wurde hier zum Tanz aufgespielt und das oft nach eigenen Weisen, denn die drei Bauern konnten nicht nur Fidel spielen, sondern waren auch tüchtige Komponisten. Heute kann Groddagården im Sommer besichtigt werden (immer zugänglich, wenn der Schlüssel steckt). Regelmäßig finden hier immer noch Veranstaltungen mit traditioneller gotländischer Volksmusik statt.

Fährt man von Fleringe weiter nach Norden passiert man den **See Bästeträsk.** In der Nähe seines Nordufers liegt in einem ehemaligen Kalksteinbruch, der sich mit Wasser gefüllt hat, die **Blaue**

got_417rk

Lagune. Den Namen hat sich das Wasserloch verdient, denn die Färbung des Wassers ist südseeblau. Aktuell gibt es Bemühungen den Bästeträsk zum Nationalpark zu erheben. Fischer schätzen den See aufgrund seines Forellenreichtums. Ausreichend Parkplätze und Toiletten sind vorhanden.

Bläse

Museum zum Kalkabbau

Der Kalkabbau war in Gotland über lange Jahre der wichtigste Industriezweig. Wer sich dafür interessiert, auf welche Weise dieses Gestein abgebaut und verarbeitet wurde, dem sei ein Besuch in Bläse empfohlen. Die alte Kalkfabrik, in der noch bis 1945 gearbeitet wurde, ist heute als Museum (*Kalkbruk*) zugänglich. Südlich von Bläse liegt das **Naturreservat Grodd**e mit seinem Klappersteinstrand.

- **Bläse Kalkbruk,** Bläse 325, Tel. (0498) 224662, www.blase.se, Mitte Juni–Mitte Aug. tägl. 11–17 Uhr (Eintritt 60 SEK, Zugfahrt 20 SEK), kann man an Führungen über das Fabrikgelände teilnehmen oder sich dreimal täglich auf einer Mineneisenbahn über das Betriebsgelände fahren lassen. Hin- und Rückfahrt dauert 30–40 Minuten.

Bunge

Noch heute erinnern die hohen Friedhofsmauern und die vier mittelalterlichen Portale daran, dass man es in Bunge mit einer **Wehrkirche** zu tun hat, in die sich die Bauern bei Gefahr zurückzogen. Wenn Sie die schwere hölzerne Eingangstür genau ansehen, können Sie sogar noch Einschusslöcher von Armbrustpfeilen entdecken. Die Kirche wurde Anfang des 14. Jahrhunderts im Stil der Hochgotik errichtet und ist besonders wegen des reich geschmückten Südportals besuchenswert, das – für die

Gotlandtrüffel: Auf der Jagd nach der Knolle

Wenn Pontus und Aragon loslegen, gibt es kein Halten mehr. Kaum sind die beiden Hunde der Rasse Lagotto Romagnolo aus dem Auto gesprungen geht es im Vollsprint Richtung Wald. Die zwei sind Spezialisten für die Trüffelsuche und zusammen mit ihren beiden „Chefinnen" *Carina Ahlqvist* und *Jane Ekström* unterwegs. Die Frauen betreiben gemeinsam Risungs Gård, eine Schaffarm, auf der seit einigen Jahren auch Trüffeljagden angeboten werden. „Es heißt Jagd und nicht Suche", erklärt *Ahlqvist* lachend und fügt hinzu: „Eigentlich kann fast jeder Hund Trüffel erschnüffeln". Die Hunde anderer Rassen würden aber schnell die Lust am „Jagen" verlieren. Anders Pontus und Aragon: Die beiden flitzen wie wild zwischen den Bäumen hin und her – und das, wenn sie dürfen, den ganzen Tag lang. Schon bald bleibt Aragon vor einer Fundstelle stehen und fängt an zu graben. Die Hunde würden die Trüffel zwar auch fressen, diese schmeckten ihnen aber nicht besser als Hundekuchen. Deswegen lassen sich die haarigen Trüffeljäger ihre Funde auch leicht im Tausch gegen ein Leckerli und eine Streicheleinheit abnehmen.

got_418rk

Im Oktober und November ist die Hauptsaison für Trüffel. Dann sind *Carina Ahlqvist* und *Jane Ekström* zusammen mit ihren Hunden an sechs Tagen der Woche im Wald unterwegs. Manchmal nehmen sie auch Gäste mit und der Spaziergang durchs Unterholz wird zur unterhaltsamen Lektion in Sachen Trüffel: Man erfährt beispielsweise, dass die Knollen zu den teuersten Lebensmitteln weltweit gehören und deswegen auch „das schwarze Gold des Waldes" genannt werden. Für ein Kilo Trüffel muss man, je nach Art, tausend Euro oder mehr auf den Tisch blättern. „Das größte Stück, das Aragon je erschnüffelt hat, hat 450 Gramm gewogen", erinnert sich *Jane Ekström*.

Trüffelfestival im Herbst

Anfänglich herrschte noch Skepsis, was die Qualität des schwedischen Trüffels anging. Niemand wollte ihn kaufen, bis sich zeigte, dass die Gotländer auf internationalen Wettbewerben und bei Blindverkostungen problemlos gegen die berühmte Konkurrenz aus Frankreich und Italien bestehen konnten. In Gotland zelebriert man den Trüffel entsprechend: Jedes Jahr im November lädt die lokale Trüffelvereinigung zu einer Trüffelwoche inklusive Trüffelakademie, Trüffelbankett und Trüffelzeremonie im Dom der Inselhauptstadt Visby ein. Auch der Trüffelkoch des Jahres wird dann ausgezeichnet.

- **Risungs Gård:** Rute, Tel. (070) 891 18 26, www.risungsgard.com
- **Gotlands Trüffelfestival:** www.tryffel.se

damalige Zeit typisch – die Auferstehung Christi zum Motiv hat. Im Innern sind besonders die Wandmalereien aus dem späten 14. Jahrhundert sehenswert, die sich durch ihren eigenen Stil von denen in den übrigen Inselkirchen Gotlands deutlich unterscheiden. Sie sind von einem damals in Böhmen üblichen Malstil inspiriert, man nimmt deswegen an, dass der Künstler von dort stammte oder dort gearbeitet hat. Auf der linken Seite des Chores sind einige Apostel dargestellt. Nicht alle Gemälde sind noch erhalten, erkennbar sind aber Petrus ganz links sowie Paulus und Johannes der Täufer ganz rechts. Auf der gegenüberliegenden Wand ist der Apostel Johannes abgebildet. Nordöstlich der Kirche liegt die Ruine des Pfarrhofes, der zusammen mit der Kirche im 14. Jahrhundert errichtet worden war.

Gegenüber der Kirche kann man das **Schulmuseum** besuchen. Von dem Gebäude aus der Mitte des 19. Jahrhunderts sind zwei Klassenzimmer erhalten – eines von 1840 und eines von 1910. Das kleine Museum ist Teil des **Freilichtmuseums,** das man einige Schritte weiter erreicht. Das Museum von Bunge ist eines der größten seiner Art in Schweden und wurde 1908 gegründet, als der örtliche Volksschullehrer einige historische Gebäude, die abgerissen wurden, hierher „verpflanzen" ließ. Beim Spaziergang durch die drei großen Bauernhöfe aus dem 17., 18. und 19. Jahrhundert sehen Besucher, wie sich die Lebensbedingungen im Laufe der Zeit verändert haben. Achten Sie zudem einmal auf die bemalten Fenster im Bauernhof Lunderhage aus dem 17. Jahrhundert. Damals war es Tradition, dass die Gäste zur Einweihungsfeier Glasmalereien als Geschenk mitbrachten, die dann in das vorbereitete Bleigitter eingesetzt wurden.

Wenn Sie nach dem Rundgang durch das Freilichtmuseum vor der Weiterfahrt eine kleine Stärkung zu sich nehmen oder das Gesehene in Ruhe auf sich wirken lassen wollen, bietet sich das **Museumscafé** für eine Pause an.

■ **Bungemuseet,** Tel. (070) 776 27 29, www.bungemuseet.se, Mitte Juni–Mitte Aug. tägl. 10–17, ab Mitte Mai und bis Mitte Sept. Do–So 11–16 Uhr, Eintritt: 130 SEK, unter 18 Jahren frei.

Übernachtung

■ **Jugendherberge Bunge** ①, Bunge Änge 512, Tel. (0498) 221490, www.bungevandrarhem.com. DZ ab ca. 400–500 SEK/Pers. Die Jugendherberge Bunge wurde schon einmal zur beliebtesten Jugendherberge Schwedens gekürt. Ausschlaggebend dafür waren unter anderem die persönliche Atmosphäre des Hostels und das von Juni bis August im Preis inbegriffene hausgemachte, leckere Frühstück. Das Hostel verfügt in sechs Gebäuden über 109 Betten, die auf Zimmer mit je einem, zwei oder vier Betten aufgeteilt sind.

☐ Gotländische Trüffel sind eine hoch bezahlte Delikatesse

Fårösund

Fårösund liegt sehr schön an der gleichnamigen Wasserstraße, die Gotland von Fårö trennt. Eigentliche Sehenswürdigkeiten gibt es hier keine; die meisten Besucher sehen nur die Anlegestelle, von der aus die kostenlosen Autofähren nach Fårö ablegen.

Fähre

Abfahrtszeiten der Fähre **Richtung Fårö** Juni–Aug. zwischen 9 und 18.30 Uhr im Viertelstundentakt, teilweise noch häufiger und zwischen 19 und 9 Uhr zur vollen und halben Stunde, Sept.–Mai ebenfalls rund um die Uhr, aber etwas seltener. Der Fahrplan ist online abrufbar: www.trafikverket.se/resa-och-trafik/farjetrafik/farosundsleden.

Übernachtung

2 Fårösunds Fästning ①-②
Bungenäs, Tel. (0498) 221022, farosundsfastning.com. Drei Kilometer außerhalb gelegenes Designhotel in einer ehemaligen Festung, erbaut Ende des 17. Jahrhunderts, nur 100 Meter von der Ostseeküste entfernt. Es gibt zwei Arten von Zimmern, zum einen in der Festung selbst und zum anderen im modernen Anbau. 14 DZ und 2 EZ. 1800–2000 SEK, geöffnet von Juni bis August. Das **Restaurant** bietet ausgezeichnete Küche mit einer Mischung aus einfacheren Gerichten wie Hamburger und Pizza und gehobeneren Hauptspeisen (250–300 SEK) wie Lachs, Lamm oder Steak.

1 Fårösunds Semesterby ①
Strandvägen 80, Tel. (0498) 232300, gotlandsboenden.se/stugor/farosunds-semesterby. Größtenteils einfache Hütten in einer großen Anlage, nur 200 m vom Meer und eineinhalb Kilometer von Fårösund entfernt. Gutes Preis-Leistungsverhältnis, Handtücher und Bettwäsche nicht inklusive. Geöffnet Juni–Aug.

Essen und Trinken

3 Prima Gård ①-②
Bunge Ducker 405, Tel. (0733) 200336, im Sommer Mo–Fr 9–17 Uhr, www.primagard.se. Drei Kilometer außerhalb von Fårösund liegt Prima Gård, eine Kombination aus Café (mit selbst geröstetem ökologischen Kaffee) und Galerie. Wer mag, kauft von der Besitzerin gefertigte Töpferwaren oder nimmt im Café einen kleinen Imbiss zu sich. Dort verwendet der Koch ausschließlich regionale Biolebensmittel.

Fårö

Fårö gehört verwaltungstechnisch zwar zu Gotland, doch trotzdem betritt man nach der kurzen Fährüberfahrt eine ganz andere Welt. Mit einer Fläche von 113,3 km² ist Fårö Schwedens achtgrößte Insel. Die Natur verändert sich, die Menschen ebenso, und selbst die Sprache ist nicht die gleiche, denn hier spricht man einen anderen Dialekt als auf der gotländischen Hauptinsel. Lange Jahre konnten Ausländer das militärische Sperrgebiet nur im Rahmen von Führungen besuchen. Diese Zeiten sind aber vorbei, heute sind auch Touristen aus dem Ausland herzlich willkommen.

Fårö war schon immer ein **beliebtes Ferienziel** der Schweden; *Olof Palme* beispielsweise verbrachte hier seine Ferien, *Ingmar Bergman* hat sich auf seine alten Tage hierher zurückgezogen. Auf dem Friedhof liegt der 2007 verstorbene Regisseur begraben. **Filmfreunde aufgepasst:** Jedes Jahr Ende Juni findet auf Fårö die **Bergman-Woche** statt.

Nachdem man die Fähre verlassen hat, erreicht man nach wenigen Fahrmi-

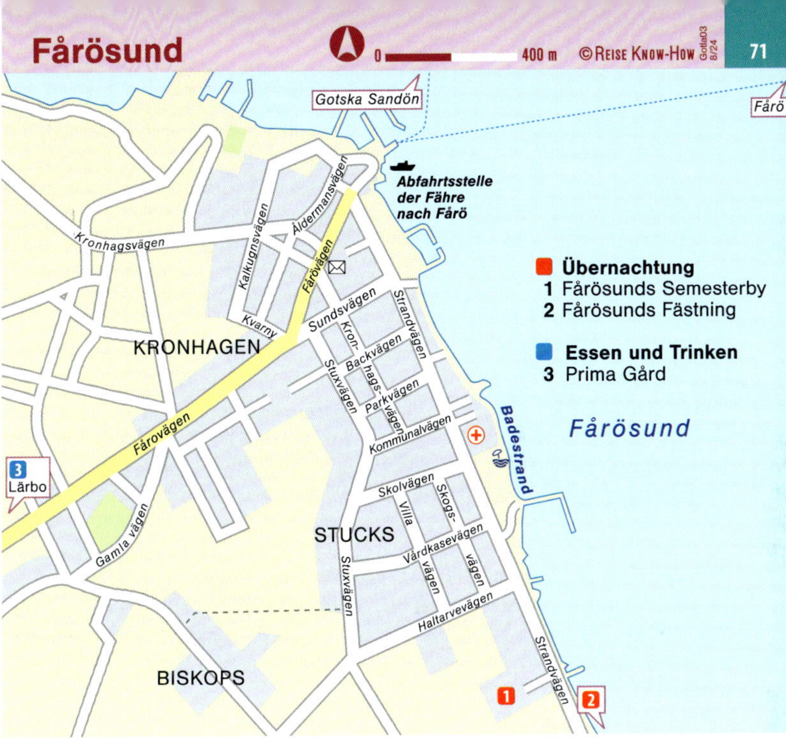

nuten die Inselkirche. Sie wurde mehrfach umgebaut, sodass ihr mittelalterlicher Charakter kaum noch erkennbar ist. Eine Besonderheit ist die „Kutatafel", eine Votivtafel aus dem Jahr 1618, linker Hand, wenn man den Kirchenraum betritt. Sie wurde der Kirche von dankbaren Seehundjägern geschenkt, die auf einer Eisscholle, die sich gelöst hatte, hilflos im Meer trieben. Da sie aus der scheinbar ausweglosen Lage gerettet wurden, vermachten sie der Kirche die Votivtafel. Auf ihr sieht man in der Mitte die Jäger auf der Eisscholle, rechts die Stadt Visby und auf der linken Seite das Schloss Visborg. Das ist deshalb erwähnenswert, weil es nur sehr wenige Darstellungen des Schlosses gibt.

Ungewöhnliches: Bis ins 19. Jahrhundert hinein war die Robbenjagd ein wichtiger Wirtschaftszweig auf Gotland. Ein Jäger der sein erstes Tier erlegt hatte, wurde von Kopf bis Fuß mit dessen Blut eingerieben.

In Sichtweite der Kirche liegt das **Fårö Hantverkshus,** in dem lokale Künstler im Sommer ihre Werke verkaufen.

Neben dem **Fårö-Museum** mit wechselnden Ausstellungen zur Lokalgeschichte findet man das dem verstorbenen Regisseur gewidmete **Bergman-Center. Nett zu wissen:** Auf der Vorderseite des 200 Kronen-Scheines ist das Konterfei von *Ingmar Bergman* abgebildet, auf der Rückseite das Raukgebiet von Langhaar.

■ **Fårö-Museum,** im Sommer tgl. 11–17 Uhr, Tel. (0706) 733481, Eintritt 50 SEK.

■ **Bergmann-Center,** www.bergmancenter.se/en, Mai und Sept. Do–So 12–16 Uhr, Juni–Aug. tägl. 11–17 Uhr, Eintritt 100 SEK, Kinder bis 15 Jahre frei.

Ulla Hau

Schließlich geht es weiter zum Dünenreservat Ulla Hau (alternative Schreibweise Ulla hau). Die ehemalige Wanderdüne ist heute bewachsen und ein beliebtes Ausflugsziel für Spaziergänger. Im Herbst ist hier der ideale Ort, um Pilze zu sammeln.

Einen kleinen Superlativ kann Ulla Hau für sich beanspruchen, denn sie ist die größte Parabeldüne Schwedens. Was das ist? Eine Parabeldüne entsteht, wenn stetiger Wind aus einer Richtung den Sand vor sich hertreibt und so einen parabelförmigen Dünenbogen schafft. Im Falle von Ulla Hau ist der stolze 1,3 km lang.

Sudersand

Sand, soweit das Auge reicht, und reichlich Platz. Sudersand gehört zu den **schönsten Stränden der Insel.** Das sehen auch die Leser der großen Tageszeitung *Dagens Nyheter* so, die Sudersand jedes Jahr aufs Neue unter die Top 5 in ganz Schweden wählen. Hier verbrachte auch *Olof Palme* seine letzten Ferien, kurz bevor er im Februar 1986 ermordet wurde. Eine **Gedenktafel** (ausgeschildert als *Olof Palmes minnesmärke*) erinnert an den ehemaligen schwedischen Ministerpräsidenten.

In der Nähe, auf dem Hof Ava, steht eine stolze **tausendjährige Eiche** mit einem Umfang von sechs Metern. Sie hat schon *Carl von Linné* während seines Gotlandbesuchs 1741 beschrieben.

Den 30 Meter hohen **Leuchtturm von Fårö,** erbaut 1846/47, darf man zwar nur an ganz besonderen Tagen – wie dem internationalen Tag des Leuchtturms – besteigen, ein Spaziergang um die Nordostspitze Gotlands lohnt aber schon allein wegen der rauen Landschaft.

Zum nördlichsten Punkt Fårös, der **Halbinsel Norsholmen**, gelangt man nur zu Fuß. Die kleine Wanderung dorthin zahlt sich vor allem für Vogel- und Pflanzenfreunde aus, denn hier brüten seltene Vögel und wachsen ebenso seltene Pflanzen. Seit 1967 ist Norsholmen ein **Vogelschutzgebiet.** Deswegen darf man die Halbinsel abseits der Wege vom 15. März bis zum 15. Juli nicht betreten.

Zu Beginn des 20. Jahrhunderts baute man auf Norsholmen einen Verladehafen für gotländischen Kalkstein. Die Anlage wurde aber bereits nach einer Betriebszeit von nur wenigen Jahren stillgelegt. Deren Reste kann man heute noch sehen und sie bieten Fotomotive für all jene, die sich für Industrieruinen interessieren.

Nur wenige Schritte vom steinigen Strand entfernt, ragt der rostige **Bug des deutschen Frachtschiffs Fortuna** in den schwedischen Himmel. Das Schiff war in einem Herbststurm im Jahr 1969 gesunken. Übrigens kein Einzelschicksal, denn im tückischen Gewässer vor der Nordküste Gotlands sind schon viele Schiffe untergegangen. Doch um deren Wracks zu sehen, müsste man eher mit dem Taucheranzug als mit Wanderschuhen unterwegs sein. Ob es wohl ohne den Leuchtturm, der weit draußen auf der Landspitze liegt, noch mehr Schiffshavarien gegeben hätte?

Kinokönig auf Gotland

Fast jeder Schwede wusste, dass *Ingmar Bergman* auf Gotland lebte. Dort gesehen haben ihn aber nur die wenigsten. Bergman, einer der wohl berühmtesten Regisseure unserer Zeit, verbrachte seine letzten Jahrzehnte auf Fårö, der kleinen Insel vor der Nordküste Gotlands. Dorthin hatte er sich zurückgezogen, um der Hektik der Filmwelt zu entkommen und um in aller Ruhe an seinen Filmen arbeiten zu können. Fårö wurde zunehmend auch zur Hauptdarstellerin in seinen Filmen. Denn viele Szenen wurden hier gedreht – oft nur einen Steinwurf von *Bergmans* Haus entfernt.

Interviews gab er in seinen letzten Lebensjahren nur noch selten. Ohnehin war sein Verhältnis zu seiner schwedischen Heimat schwierig geworden, seit er Mitte der 1970er Jahre unter dem Verdacht der Steuerhinterziehung festgenommen worden war.

Auf Fårö entstand 2003 auch Bergmans letzter Film: „Sarabande", die Fortsetzung des 30 Jahre vorher entstanden Films „Szenen einer Ehe". Vier Jahre nach Abschluss der Dreharbeiten starb *Bergman* am 30. Juli 2007 auf der von ihm so geliebten Insel, und dort liegt er auch begraben. Gotland ehrt den Regisseur heute mit einem alljährlichen Festival, bei dem Fans viele seiner Filme wiedersehen können.

■ **Infos online unter:** www.bergmancenter.se/en

Das Bergman-Center ist ein Muss für Filmfans

got_419ja

Die **Raukgebiete von Langhammaren und Digerhuvud** gehören zu den schönsten Gotlands. Allein in Digerhuvud stehen auf einer Strecke von dreieinhalb Kilometern Hunderte solcher von der Natur geformten Steinskulpturen. MEIN TIPP: Auf einem kleinen Fahrweg, der auch ideal zum Fahrradfahren ist, geht es die Küste entlang. Irgendwann tauchen dann die Fischerhütten von **Helgumannen** (Fiskeläge) vor einem auf. Früher war dies ein sehr wichtiges Zentrum der Fischerei. Heute fährt man zwar nicht mehr zum Fischen hinaus, doch die Holzhüttchen am Meer vermitteln noch immer die Stimmung der alten Zeit – ein traumhafter Platz für ein Picknick. An der Bucht **Lautervik** passiert man den alten **Herrschaftshof Kalkpatrongården**, in dem Ende des 18. Jahrhunderts einer der sogenannten „Kalkbarone" gewohnt hat.

got_420rk

Lauter und Gamla Hamn

In Lauter empfängt **Lauters Café** im Sommer Gäste (lauters.se, Mitte Juni–August, tägl. 11–17 Uhr). Wenn die Sonne scheint, speist man unter den Bäumen im Garten, und den Meerblick gibt es bei jeder Bestellung gratis dazu. Fast neben Lauter – und zu Fuß von dort auch zu erreichen – liegt das **Raukgebiet am Gamla Hamn.** Mit dem Auto muss man einen kleinen Bogen um den Franaviksee fahren, sodass man 10 bis 15 Minuten unterwegs ist. Der *Gamla Hamn* (dt. Alter Hafen) war im Mittelalter ein lebhafter Handelsplatz, heute ist er verlandet, und dem „Tümpel", der übrig blieb, sieht man seine Vergangenheit als Hafenbecken nicht mehr an. In der Nähe liegen die Überreste einer dem Heiligen Olaf geweihten Kapelle, auch hier ist der ursprüngliche Zustand nur noch mit Fantasie zu erahnen. Fantasie braucht es ebenso bei der Interpretation der Formen der Raukfelsen. Welcher der Raukar, die sich aus dem Meer erheben, den Namen „Kaffeetasse" trägt, werden Sie vielleicht selbst herausfinden. Falls nicht, hier eine kleine Hilfestellung: Er wird auch als „Hund" bezeichnet – viel Erfolg bei der Suche!

Übernachtung/Essen und Trinken

MEIN TIPP: **Kutens Bensin & Crêperie Tati,** Fårö Broskogs 1156, Fårö, Tel. (070) 2038924, Facebook: Kutens Bensin, Mitte Mai–Sept. tägl. 11–20 Uhr, in der Nebensaison mitunter nur am Wochenende 11–16 Uhr. *Kutens Bensin* und die dazu gehö-

< Hund oder Kaffeetasse?
Dieser Rauk ist unter beiden Namen bekannt

rende *Crêperie Tati* sind Kult. *Thomas,* der Eigentümer, ist Fan von alten amerikanischen Autos, Rock 'n' Roll Musik und *James Dean* – all das merkt man sofort; wenn man „the territory" – wie *Thomas* sein Reich selbst nennt – betritt. Überall stehen rostige Oldtimer herum, an den Wänden hängen Poster seiner Helden und aus der Jukebox tönt der Sound der 1950er und 1960er. *Thomas'* ganzer Stolz ist der vor sich hin rostende Krankenwagen, der als zweiter am Ort von *James Deans* tödlichem Unfall war. Da das Auto, in dem der Schauspieler 1955 ins Krankenhaus gefahren wurde, schon lange verschrottet ist, hat der *Buick Roadmaster,* Baujahr 1952, der bei *Kutens Bensin* steht, durchaus Kultcharakter. Durch seine Verbindungen zu Musikern weltweit haben in dem zur Konzerthalle umfunktionierten Geräteschuppen schon Größen wie *Billy Riley* gespielt. Deswegen: Wenn während Ihres Gotlandbesuchs ein Konzert bei *Kutens Besin* stattfindet – unbedingt hingehen. Egal, wer dort spielt, die Stimmung ist einmalig. Essen kann man in der *Crêperie Tati* – dort gibt es natürlich die namensgebenden Crêpes und legendäre Galettes. Und wer sich nicht losreißen kann von der Traumwelt, die *Thomas* in seinem „territory" geschaffen hat, mietet sich einfach in seinem Bed & Breakfast ein. Buchungsanfragen: booking@slow-train.se.

■ **Stora Gåsemora Gård,** Fårö Stora Gåsmora 4200, Tel. (0498) 22 37 26, www.gasemora.se. Im Stora Gåsemora Gård gibt es 75 Betten in den unterschiedlichsten Unterkunftsarten. Neben „normalen" modernen Hotelzimmern gibt es auch Räume in einem alten Bauernhaus aus dem 18. Jahrhundert, in einer Mühle oder einer Strandhütte. Egal welche Unterkunft: Im Sommer wird nur wochenweise vermietet. Das macht Sinn, denn Fårö hat genug für einen längeren Aufenthalt zu bieten. Und da das Hotel nicht weit von der Ostsee entfernt liegt, kann man an schönen Tagen auch einfach am Strand entspannen. Weitere Ausflüge macht man mit dem Fahrrad, das man an der Rezeption mieten kann. Bettlaken und Handtücher kosten extra. Im Sommer finden auf der Bühne vor dem Hotel ab und an Konzerte statt. Das hoteleigene **Restaurant** ist für jedermann zugänglich, bietet konsequent regionale Küche und passt seine Speisekarte deswegen den Jahreszeiten und dem Angebot lokaler Bauern an.

Camping

■ **Sudersands Resort** ①, Fårö Sudersand 5650, Tel. (0498) 223536, www.sudersand.se. Großes Feriendorf an einem drei Kilometer langen Sandstrand. Wer Einsamkeit liebt, ist hier fehl am Platz. Zumindest in der Hochsaison im Sommer gehört der Strand zu den meistbesuchten der Insel. Hüttenvermietung, je nach Größe und Jahreszeit ab ca. 8000 SEK/Woche, komfortable Strandhäuser kosten ab 18000 SEK pro Woche und ein Wohnmobilstellplatz oder Zeltplatz ab 2800 SEK/Woche.

■ **Solhaga Camping** ①, Öde Hoburga, Tel. (070) 3423117, solhagacamping.se. Der 3-Sterne-Campingplatz liegt etwa 700 Meter vom Meer entfernt. Einfache, aber saubere Anlage. Auch in der Hochsaison nur selten überlaufen. Freundliches Personal. Sehr preisgünstig, geöffnet von Anfang Juni bis Ende August. Zelt 180 SEK plus 20 SEK/Person, Wohnwagen für 240 SEK/Tag plus 50 SEK Strom. Hütten für 4 Personen ab 500 SEK/Tag.

Einkaufen

■ **Fårö Hantverkshus,** Fårö Svens 1075, Tel. (0498) 223860, Facebook: Fårö Hantverkshus. In der Nähe der Kirche liegt ein kleines weißes Holzhaus, in dem Künstler und Kunsthandwerker aus Fårö im Sommer ihre Produkte ausstellen und verkaufen. Der perfekte Ort für ein originelles Souvenir.

Feste

Am dritten Wochenende im September findet die **Fårönatta,** die Fårönacht, statt – dann feiert die kleine Insel zwei Tage sich selbst. Alle Geschäfte, Galerien, Ausstellungen, Cafés und Restaurants haben bis spät in die Nacht geöffnet und es finden Konzerte statt. Damit man möglichst viele Veranstaltungen besuchen kann, sind **kostenlose Shuttlebusse** unterwegs. Wer sich wundert, warum man zwei Nächte feiert, aber das Wort nur im Singular benutzt: Ursprünglich war die Fårönatta tatsächlich nur ein „Eine-Nacht-Event". Das hat man geändert, den Namen aber belassen.

Gotska Sandön

Der **Nationalpark** Gotska Sandön liegt 38 Kilometer nördlich von Fårö und 95 Kilometer südöstlich vom schwedischen Festland. Wenn man mit der Fähre auf die „Gotländische Sandinsel" fährt, weiß man zwar immer, wo man losfährt, aber nie genau, wo man ankommt: Da es auf der Insel keinen Hafen gibt, hängt es von Wind, Wetter und Wasserstand ab, an welchem Strand das Boot anlegen kann. Bei der Rückreise verfährt man ebenso. Am Morgen des Abreisetages kann man einer Anschlagtafel am „Lagerplatz" entnehmen, wo das Schiff ablegen soll. Allerdings heißt das nicht, dass es dann auch wirklich dort anlanden kann. Das kann manchmal eine kilometerlange Wanderung am Strand entlang bedeuten, bis das Boot einen Platz findet, an dem es ankern kann. Da eine Verlegung meist bei schlechtem Wetter aktuell wird, muss man dann bei Wind und Regen den Strand entlanggehen. Immerhin: Das Gepäck brauchen die Passagiere nicht selbst zu tragen, das wird von einem Traktor zur Ablegestelle gebracht. Schon An- und Abreise sind also ein kleines Abenteuer.

Übernachten darf man auf der Insel nur am **1 Lägerplats.** Hier kann man entweder sein eigenes Zelt aufschlagen oder sich ein Bett in einer der Hütten mieten. Kochgelegenheiten gibt es auch, aber zum Einkaufen besteht keine Möglichkeit. Alles, was man auf der Insel es-

sen will, muss man also im Gepäck dabeihaben. Nicht einmal Duschen sind vorhanden, und im Waschraum kommt nur kaltes Wasser aus dem Hahn. Die Gotska Sandön ist also im wahrsten Sinne des Wortes nichts für Warmduscher. Wer hierher kommt, darf **keinerlei Komfort** erwarten. Die ganzen Entbehrungen lohnen sich aber, denn man trifft auf absolut **unberührte Natur.** Die endlos langen Sandstrände und die Sonnenuntergänge sind legendär.

Nur wenige Meter vom Zeltplatz entfernt liegt **Bredsand,** der breiteste und schönste Strand der Insel. In seinem südlichen Dünengürtel blühen im Frühjahr riesige Blumenfelder. Vogelfreunde sollten einen Feldstecher nicht vergessen, denn hier gibt es viel zu sehen. Wenn Sie die Insel umrunden wollen, müssen Sie dafür 9 bis 10 Stunden einrechnen. Auf jeden Fall sollten Sie auch zum **Schipkasset,** dem mit 40 Metern höchsten Punkt der Insel, „hinaufsteigen". Bevor Sie sich aber auf den Weg machen, sehen Sie sich unbedingt das **Inselmuseum in Fyrbyn** an, denn da erfahren Sie alles, was Sie für Ihren Aufenthalt auf der Insel wissen müssen. Dort erfahren Sie auch mehr über die Seehundkolonie bei Säludden.

Nett zu wissen: Gotska Sandön ist Schauplatz des Kriminalromans Sommerzeit von *Mari Jungstedt.*

Fähren

Der Fährverkehr besteht nur im Sommer. Da der Fahrplan starken Änderungen unterliegt und das Boot an manchen Tagen gar nicht fährt, ist dringend angeraten, sich vorab über den aktuellen Fahrplan zu informieren.

- **Buchung und Infos:** Tel. (016) 150565, www.sandoresor.se oder www.gotskasandon.se. Überfahrten von Ende Mai bis September 4–5-mal die Woche von Nynäshamn und 2–3-mal von Fårösund, unbedingt vorab buchen. Gepäckstücke dürfen nicht schwerer als 15 kg sein. Tagesausflüge sind möglich, falls sieben Tage vor Abreise noch Plätze auf dem Schiff verfügbar sind. Preise: Fårösund–Gotska Sandön hin und zurück ab ca. 1250 SEK, Nynäshamn–Gotska Sandön hin und zurück ab ca. 1650 SEK (als Tagestour nur 780 SEK, die kann aber erst sieben Tage vor der Fahrt gebucht werden).

Übernachtung

1 Lägerplats ①

Auf dem Zeltplatz mit eigenem Zelt 100 SEK/Pers., Hütten je nach Größe 2200–2700 SEK. Mietzelt mit zwei Betten 1300 SEK/Zelt. Dreibett-Zimmer Jugendherberge 1400 SEK/Zimmer, Vierbett-Zimmer 1800 SEK/Zimmer. Es gibt weitere Übernachtungsmöglichkeiten, die alle, wie auch die Fähren, nur über die Seite www.sandoresor.se gebucht werden können.

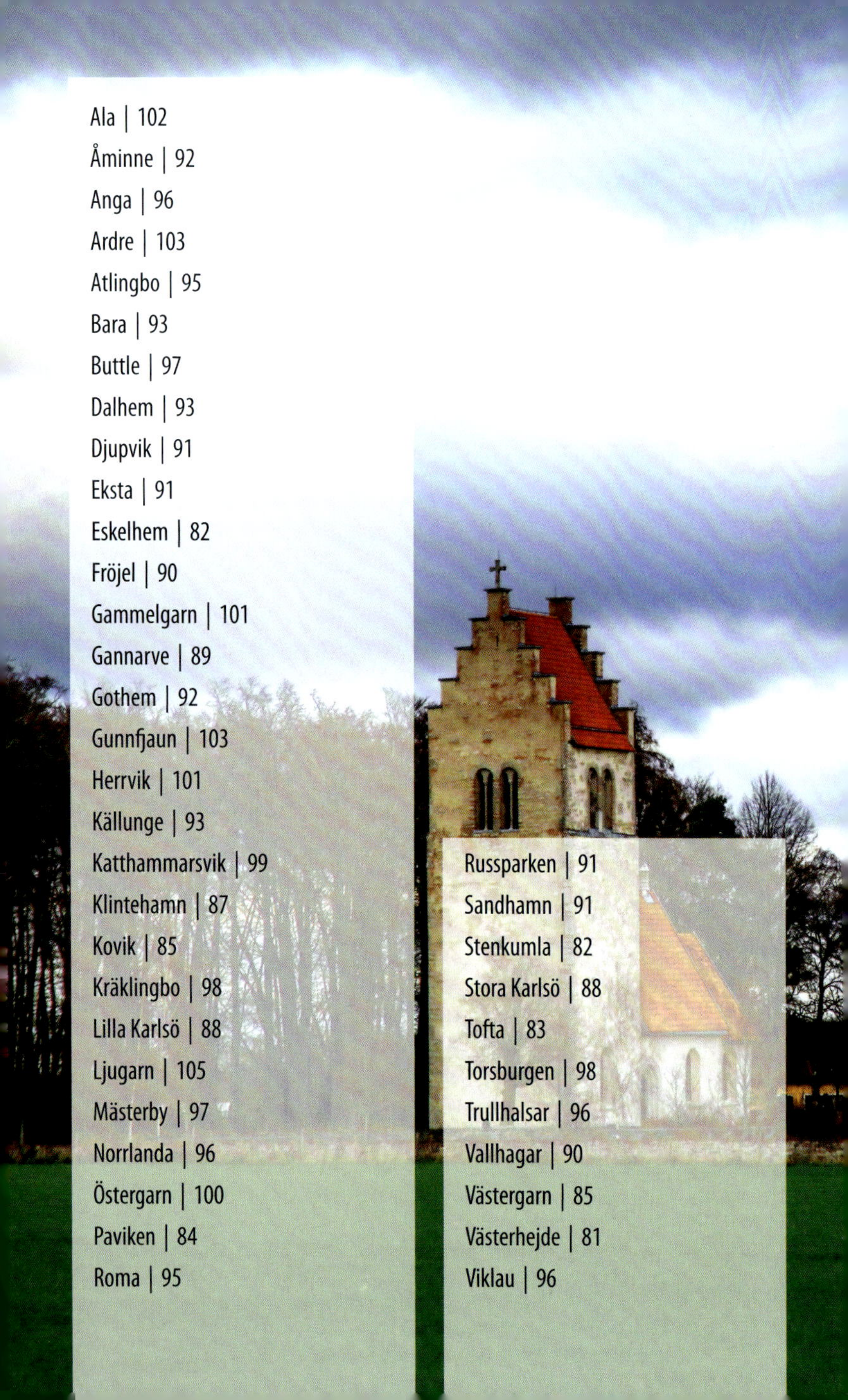

got_421rk

3

Zentralgotland

»Gotlands wilde Wiesen, die Ängen, sind das Markenzeichen der Inselmitte. An den Küsten glänzt Zentralgotland mit langen Sandstränden.

Die Kirche von Västerhejde

got_422rk

ZENTRAL-GOTLAND

Ackerland, Wälder und Wiesen prägen die Landschaft im Zentrum Gotlands. Wobei die gotländischen Wiesen, die „Ängen" etwas ganz Besonderes sind. Es handelt sich hierbei um extensiv bewirtschaftete Lebensräume, in denen Bäume nicht gefällt und Steine nicht weggeräumt werden. Auf vielen „Ängen" liegen historische Stätten wie Schiffssetzungen oder alte Grabfelder. Heute sind diese Wiesen ein wichtiger Naturraum, hier wachsen seltene Pflanzen und auch Vögel fühlen sich wohl. Um die 200 Ängen gibt es noch auf Gotland, viele davon im Zentrum der Insel. Sie werden auch heute zu großen Teilen noch genutzt, die Bauern mähen sie, um Winterfutter für ihr Vieh zu gewinnen. Viele Ängen wurden aber im Laufe der Zeit bereinigt, umgepflügt und in Äcker verwandelt, andere wurden sich selbst überlassen und sind inzwischen zu kleinen Wäldern geworden. Das Landesinnere wird von Touristen weniger besucht, und doch gibt es neben der besonderen Landschaft weitere Gründe, hierher einen Abstecher zu machen. So haben sich viele Künstler abseits der Küste niedergelassen und manch kleiner Ort überrascht die Besucher mit einer spannenden Galerie. Die Küste in Zentralgotland ist ohnehin konkurrenzlos, die Sandstrände von Tofta an der Westküste und Ljugarn im Osten gehören zu den schönsten der Insel.

Im Zentrum der Insel

Västerhejde

In Västerhejde steht eine sehr gut erhaltene romanische Kirche aus der Mitte des 12. Jahrhunderts. Das große Ölgemälde im Innern ist nicht unbedingt wegen seines künstlerischen Wertes sehenswert, sondern weil es der Gemeinde von Prinzessin *Eugénie* (1830–1889), die Gotland häufig besuchte, geschenkt wurde.

Essen und Trinken

Lilla Bjers Gårdskrog, Västerhejde, Lilla Bjers 410 (Abzweigung an der Kirche von Västerhejde), Tel. (0498) 65 24 40, www.lillabjers.se. Mehr Bio geht nicht. Hier wird alles auf dem eigenen Hof produziert und im eigenen Restaurant gekocht, lediglich das sparsam verwendete Fleisch kommt nicht von hier, sondern von zertifizierten Bauernhöfen der Insel. Sogar die Getränke stellt man selbst her oder kauft sie – im Fall von Bier und Schnaps – von lokalen Produzenten zu. Einzige Ausnahme: Der Wein – der kommt bisher noch nicht von der Insel. Weil die Speisekarte der Ernte angepasst wird, ändert sich diese nahezu täglich. Fisch und Meeresfrüchte sucht man auf der Karte vergebens, denn auf *Lilla Bjers* serviert man aus ökologischen Gründen keinen Ostseefisch. *Lilla Bjers* wurde schon mehrfach ausgezeichnet und u.a. 2022 zum besten Ökorestaurant der EU gewählt. Während das Restaurant nur in der Hauptsaison im Sommer (und an Weihnachten) geöffnet ist, kann man die Lebensmittel des Gutshofes ganzjährig im **Hofladen** kaufen. Die Hühner auf dem Hof werden übrigens mit dem Gemüseabfall aus der Restaurantküche gefüttert. Wer sich über die besondere Form der Landwirtschaft informieren möchte, den führt man nach Voranmeldung gerne über den Hof.

Café Kubanen, Lunds Allé 11, Tel. (076) 107 64 00, cafekubanen.se. Wie es der Name verrät, befindet sich das Restaurant in kubanischer Hand und serviert, leicht schwedisch beeinflusst, die Küche des karibischen Inselstaats. Aber es gibt auch einheimische Spezialitäten, wie den gotländischen Saffranspannkaka, eine Art Käsekuchen mit Safran. Dass der Koch was kann, hat er sozusagen offiziell bestätigt bekommen: Vor einigen Jahren gewann er eine bekannte Kochshow im schwedischen Fernsehen. Die Einrichtung besteht aus einer charmanten Mischung aus Antiquitäten und vor dem Sperrmüll geretteten Schätzen. Im Sommer kann man auch draußen sitzen, der Garten ist groß genug. Dort wo heute gekocht und gegessen wird, wurden früher Autos repariert.

NICHT VERPASSEN!

- **Tofta**– langer Sandstrand und Dünen | 83
- **Stora Karlsö,** die Vogelinsel ist das zweitälteste Naturschutzgebiet der Welt | 88
- **Torsburgen,** die größte Verteidigungsanlage des Nordens aus dem ersten Jahrtausend | 98
- **Herrvik,** eines der schönsten Fischerdörfer ist Ausgangspunkt für eine spektakuläre Wanderung | 101
- **Ljugarn,** der älteste Touristenort Gotlands mit einem langen Sandstrand und einem Raukgebiet | 105

Diese Tipps erkennt man an der gelben Markierung.

Gemütliche Pause in Lilla Bjers

Stenkumla

Die Kirche im benachbarten Stenkumla stammt aus dem 13. Jahrhundert. Bekannt ist sie unter anderem wegen des 800 Jahre alten **Triumphkruzifixes,** das den Gekreuzigten mit „Schuhen“ zeigt, eine Art der Darstellung, die man sonst eher selten findet. Der Altaraufsatz aus Sandstein wurde erst während der Barockzeit in die Kirche eingebracht. Bemalt wurde er von *Johan Bartsch,* der unter anderem auch die beeindruckenden Wandmalereien im Burmeister-Haus in Visby angefertigt hat. Die **farbenprächtigen Kalkmalereien** im Innenraum stammen aus dem 13. und 15. Jahrhundert. Die Gemälde im Chor sind so alt wie das Kirchengebäude und zeigen unter anderem an der Ostwand den Heiligen Laurentius, den Schutzheiligen der Kirche. Ihn erkennt man an dem Rost, das er in der einen, und dem Buch, das er in der anderen Hand hält. Das Rost erinnert daran, dass er auf einem glühenden Rost zu Tode gefoltert wurde, das Buch an die Tatsache, dass er der Schutzheilige der Bibliothekare ist. Weiter dargestellt sind der Heilige Petrus mit dem Schlüssel, der Heilige Bartholomäus mit dem Messer und Paulus mit dem Schwert. Über dem Fenster ist eine Christus-Darstellung zu sehen. Die Gemälde an der Nordmauer zeigen Christus als Weltenherrscher und stammen aus dem 15. Jahrhundert. Aus dieser Zeit sind auch die Malereien im Langhaus. Auf ihnen sind die Heilige Birgitta als Pilgerin, die Heilige Elisabeth von Thüringen und die Heiligen Barbara, Katharina und Margareta abgebildet. Auf der anderen Seite sieht man – wie in so vielen Inselkirchen – die Leidensgeschichte Christi.

Notiz am Rande: In Stenkumla fand die letzte öffentliche Hinrichtung in Schweden statt. Am 18. Mai 1876 wurde der Mörder *Conrad Pettersson Lundqvist Tecktor* mit dem Schwert hingerichtet. Er liegt im Nordteil des Friedhofes begraben. Eine schlichte Grabplatte erinnert dort an ihn.

[>] Die Schiffssetzung von Gnisvärd

Eskelhem

In Eskelhem wurde die Kirche im frühen 13. Jahrhundert auf dem Fundament einer älteren Stabkirche errichtet. Die meisten Wandmalereien stammen aus der Zeit des Kirchenbaus. Besonders bemerkenswert ist das Bild vom Namenspatron der Kirche, dem Heiligen Michael mit dem Drachen. Interessant ist auch das **Gemälde im Turmraum.** Es stellt die Welt dar, auf der zuoberst Christus thront. Das Taufbecken von 1196 stammt aus der Werkstatt des Meisters *Byzantinos* und zeigt unter anderem den gekreuzigten Jesus mit Maria und Josef. Das Triumphkruzifix wurde Mitte des 13. Jahrhunderts vom so genannten Tingstädemeister hergestellt.

In Eskelhem liegt auch **Gotlands Tierpark** (gotlandsdjurpark.se). In dem kleinen Zoo kommt man den Tieren richtig nahe und viele von ihnen kann man auch streicheln. Ein kleines Paradies für Kinder – da Gotlands djurpark bis 2026/2027 umgebaut und erweitert wird, kann es bis dahin immer wieder mal zu Einschränkungen kommen.

Tofta

Tofta ist einer der beliebtesten **Badeorte** Gotlands mit einem großen Sandstrand und Dünen. Während man hier in der Vor- und Nebensaison kilometerlange Strände für sich allein hat, kann es in der Hauptsaison von Anfang Juli bis Anfang August schon mal recht voll werden. Sowohl Badegäste als auch **Windsurfer** kommen gerne hierher.

MEIN TIPP: Von Visby kommend passiert man zunächst die Kirche, deren älteste Teile aus dem 12. Jahrhundert stammen. Wenig später biegt rechter Hand ein Fahrweg nach **Gnisvärd** ab. Unmittelbar neben dem Gnisvärdsvägen liegt eine **Schiffssetzung.** Mit 45 Metern Länge und 7 Metern Breite ist sie die größte und zusätzlich eine der besterhaltenen der Insel. Eine weitere Schiffssetzung, allerdings wesentlich schlechter erhalten, liegt nur wenige Meter entfernt auf der anderen Seite der Landstraße. Von einer dritten Schiffssetzung, die sich etwas weiter abseits der Straße befindet, sind nur noch spärliche Reste übrig.

Gnisvärd war früher ein bedeutendes Dorf mit vielen Geschäften und einer Kneipe. Sehenswert sind heute die alten **Fischerhütten** direkt am Meer: Von den ursprünglich über 80 Fischerhütten sind noch 40 erhalten. Solche kleinen Fischerdörfer, die auf der ganzen Insel verteilt stehen, nennt man *fiskelägen.* In den bunten Hütten am Strand bewahr(t)en die Fischer ihre Gerätschaften auf. Bei südöstlichem Wind ist das Meer vor Gnisvärd ein beliebter **Surfspot.**

Übernachtung

- **Tofta Strandpensionat** ①, Solbacksvägen 19, Tel. (0498) 297060, www.toftastrand.se. Hier ist die Lage direkt am Strand das entscheidende Kriterium. Egal, ob im Hotel, der Pension oder in den Ferienhütten, die Unterkünfte sind sehr einfach. Ein DZ kostet in der Hochsaison ab 1390 SEK, in der Nebensaison 995 SEK. Da in Gotland inzwischen absolutes Bauverbot in Strandnähe herrscht, ist dieses Haus, das vor Erlass dieser Vorschriften erbaut wurde, sehr beliebt.
- **Toftagården** ①-③, Spireavägen 14, Tel. (0498) 297000, www.toftagarden.se. Die Hotelanlage bietet ein breites Unterkunftsspektrum, das von luxuriösen Doppelzimmern über Ferienhäuser bis zu einfachen Hütten reicht. Die Benutzung des Swimmingpools und einer (sehr einfachen) Sauna ist im Preis inbegriffen. Das Hotel liegt gut einen Kilometer vom Strand entfernt am Rande des Toftavägen. Das **Hotelrestaurant** hat auf der Insel einen guten Ruf,

got_423rk

gehört preislich aber zur gehobenen Kategorie. Fahrradvermietung in der Unterkunft. Wie die meisten Hotels abseits von Visby nur in der Sommersaison geöffnet – das Besondere: im Toftagården beginnt die Hauptsaison schon ab März.

MEIN TIPP: **Surflogiet** ②-③, Toftavägen 374, Tel. (0498) 297955, www.surflogiet.com. Glamping! Die Surflogiet bietet Campingurlaub auf „High-End-Niveau". Allein der Blick aus den großen Luxuszelten hinaus aufs Meer würde den Begriff „Glamping" rechtfertigen. Drinnen hat die Einrichtung dann ohnehin nichts mehr mit einem Zelt zu tun. Da stehen bequeme Betten, ein Nachttisch, ein Sofa und natürlich hat man auch Stromanschluss. Traumhaft ist die kleine Sauna mit Ostseeblick. Essen oder einen Cocktail schlürfen kann man in der Surflogiet ebenfalls, auch wenn man hier keine Übernachtung gebucht hat. Trotz des Namens ist der Meeresabschnitt vor der Surflogiet kein besonders guter Surfspot – für Anfänger, Kinder und Stand-Up-Paddler ist das Revier aber durchaus geeignet. Alles, was man für den Wassersport braucht, kann man in der Surflogiet leihen, Fahrräder (E-Bikes) werden ebenfalls vermietet. Günstig ist das Luxuszelten allerdings nicht – zwischen 2500 und 6000 SEK/Tag und Paar sollte man rechnen.

got_424rk

Essen und Trinken

■ **Tofta Beach House,** Tofta Strand/Malmundevägen, Tel. (0498) 29 71 06, www.toftabeachhouse.com. Unmittelbar am Strand und nur ein paar hundert Meter von der *Surflogiet* entfernt, liegt das Restaurant *Tofta Beach House.* Ein bisschen fühlt man sich wie in Thailand, wenn man dort seine Drinks auf bequemen Strandliegen schlürft und draußen mit Meerblick isst. Wenn das Wetter einmal nicht mitspielt, schaut man durch eine große Glasfront aufs Wasser. Die Küche ist international mit schwedischem Touch und reicht von Steak bis hin zu erlesenen Meeresfrüchten. **Tipp:** Das Tofta Beach House ist der perfekte Ort für ein Dinner bei Sonnenuntergang.

■ **Broman & Son,** Gnisvardsvägen 110, Gnisvärd, Tel. (0498) 265163, www.bromanmedson.se. Der Name ist Programm. Vater und Sohn führen dieses Restaurant gemeinsam und bieten ihren Gästen ausgezeichnete schwedische bzw. nordische Küche. Viel gelobt sind die Fischgerichte, überzeugend auch das gotländische Lamm. Mit der Speisekarte kann auch der Blick mithalten, der Gastgarten liegt nämlich nur wenige Meter vom Ufer der Ostsee entfernt. Wer im Herbst unterwegs ist, hat gute Chancen trotzdem bedient zu werden – im Gegensatz zu den meisten Gaststätten auf dem Land bieten die beiden Bromans häufig auch im September und Oktober warme Küche an. Dann aber unbedingt vorbestellen!

Paviken

Fährt man von Tofta weiter Richtung Süden, passiert man nach wenigen Kilometern linker Hand ein Gewässer, das man zunächst für einen See halten mag. Doch Paviken war in früheren Zeiten ein großer und geschützter **Ostseehafen,** dessen Einfahrt über 100 Meter breit war. Bei Ausgrabungen hat man unzählige Fundstücke ans Tageslicht befördert und unter anderem nachweisen können, dass hier früher eine große Werft war. Um das Jahr 1000 wurde der Hafen aus unbekannten Gründen aufgegeben. Bei Paviken steht auch ein **Vogelbeobachtungsturm.**

Västergarn

Die kleine **Kirche** von Västergarn stammt aus dem 13. Jahrhundert und besteht eigentlich nur aus dem Chor. Der ursprünglich geplante Weiterbau wurde wegen des Bürgerkriegs von 1288 nie verwirklicht. Heute wird Västergarn vor allem wegen seiner beiden **Golfplätze** (beide über den Visby Golfklubb organisiert) besucht.

Übernachtung/Essen und Trinken

Hotel und Restaurant Stelor ②, Västergarn, Stelor 117 (und in unmittelbarer Nähe des Toftavägen), Tel. (0498) 245006, www.stelor.se. Das kleine Hotel mit nur sieben Zimmern, ein jedes davon individuell von einem gotländischen Künstler eingerichtet, liegt in einem charmanten Bauernhof aus dem 18. Jahrhundert in der Nähe des Golfplatzes. Hotel und Restaurant sind mehrfach wegen ihres ökologischen und regionalen Ansatzes ausgezeichnet, der sich auch in Details widerspiegelt. So wurden beispielsweise die Kaffeetassen von einem lokalen Künstler hergestellt und die Bettwäsche ist aus gotländischer Produktion. Zum Frühstück gibt es keinen Orangensaft, dafür selbstgemachten Apfelsaft, und die Marmeladen werden entweder aus Früchten der eigenen Ernte oder dem aussortierten Obst des lokalen Supermarkts hergestellt. Die Speisekarte im Restaurant richtet sich streng nach regionalen Verfügbarkeiten und ändert sich deswegen täglich. Vom 15. Juni bis 31. August lädt man jeden Abend um 18.30 Uhr (Voranmeldung empfohlen, vegetarische Alternativen vorhanden) zum 3-Gänge-Menü. Das Hotel und das Restaurant sind von Ende Juni bis Ende August geöffnet. Wer danach in Stelor übernachten will, kann das ganze Haus mieten – perfekt für Familienfeste und Hochzeiten.

Sport- und Freizeitaktivitäten

Visby Golfklubb Västergarn, Kronholmen 415, 622 30 Västergarn, Tel. (0498) 200930, www.visbygk.com. Schon mehrfach unter die besten Golfplätze Schwedens gewählt. Online findet man die Spielzeiten für Nicht-Mitglieder sowie die jeweiligen Greenfee-Preise für den 9- und den 18-Loch-Platz. Zum Golfplatz gehört ein **Restaurant,** von dem aus man über den Golfplatz und hinaus aufs Meer, mit der **Insel Västergarns Utholme** im Vordergrund, schauen kann.

Kovik

Die Fiskeläge Kovik mit **Fischereimuseum** (www.hembygd.se/gotlands-fiskerimuseum-kovik) liegt beinahe nebenan und ist allein schon wegen seiner schönen Lage auf einer schmalen Sandbank mit Buchten zu jeder Seite einen Besuch wert. In dem Museum sind Fischerhütten und Boote aus ganz Gotland ausgestellt. Der Eintritt ist kostenlos. Von innen kann man die Gebäude aber nur an wenigen Tagen im Jahr besichtigen, die auf der zugehörigen Infotafel angeschlagen werden.

☐ Die Surflogiet ist der perfekte Ort für einen Urlaub am Meer

Klintehamn
0 200 m
1 Visby
Sanda
OSTSEE
2
Strand
3 Stora Karlsö
Abfahrtsstelle der Boote nach Stora Karlsö und Lilla Karlsö
Fußgänger-brücke
Hamnvägen
140
Norra Kustvägen
Klause-vägen
Loggarvevägen
Klaves hage
Snickaregatan
Valldammsvägen
Agatan
Verkstads-gatan
Donnerska Huset
Lingström-svägen
Torget
Skolgatan
Brov
4
Donners-gatan
Kustvägen
Skolkvior
Ekvägen
Järnvägsgatan
Herlitzgatan
Lamellvägen
Strand
Södra
Smitterbergsvägen
Garvaregatan
Barlastv
Kalkungsvägen
Skansvägen
Mattshagevägen
Södra Kustvägen
5 Burgsvik

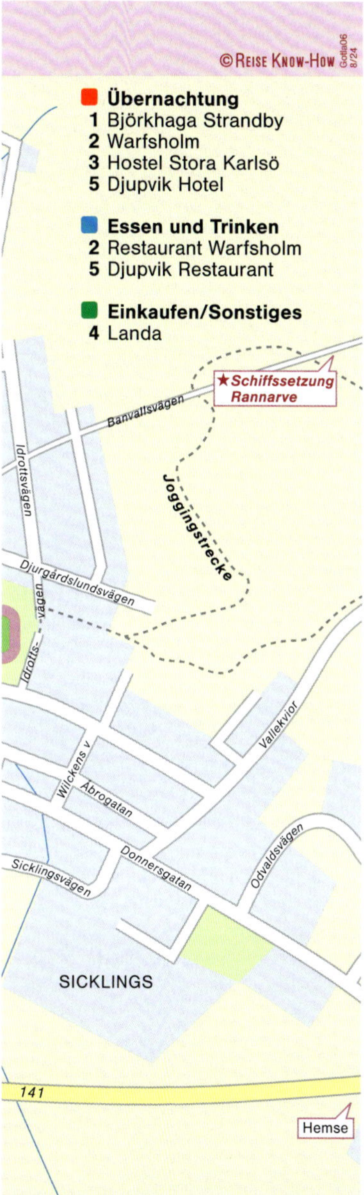

Klintehamn

Klintehamn liegt etwa 35 Kilometer südlich der Inselhauptstadt Visby. Mit seinen 1500 Einwohnern gehört es zu den größeren Ortschaften Gotlands, und dementsprechend findet man hier auch eine **gute Infrastruktur.** Egal ob Sie tanken, Geld abheben wollen oder Lebensmittel einkaufen wollen – hier können Sie es tun. Auch einen Baumarkt und eine Autowerkstatt gibt es hier.

Kurz bevor man Klintehamn erreicht, biegt rechter Hand eine Straße nach **Warfsholm** ab. Landschaftlich schön auf einer Landspitze liegt hier ein 2 **Hotelkomplex.** Auch für Besucher, die nicht übernachten wollen, lohnt sich der Abstecher, denn in dem dazugehörigen 2 **Café** kann man eine kleine Ruhepause mit Meeresblick einlegen. Bei Einheimischen ist Warfsholm als **Ort für Hochzeitsfeiern** sehr beliebt. Kein Wunder, denn die Landschaft ist wirklich sagenhaft – zumindest in drei Himmelsrichtungen: In die vierte blickt man auf ein Sägewerk und die großen Container am Hafen von Klintehamn. Über den **Hafen** hatte sich *Carl von Linné* schon 1741 beeindruckt geäußert; der schrieb: „In Klintehamn liegen mehr Schiffe als in jedem anderen gotländischen Hafen vor Anker und sie werden dort mit Kalk, Balken und Brettern beladen." Gut beobachtet von Herrn von Linné, nur die Schiffe mit Teer scheinen ihm entgangen zu sein, denn das war schon damals ein wichtiger Exportartikel.

Im **Zentrum** von Klintehamn gibt es keine großen Sehenswürdigkeiten, allenfalls lohnt das ehemalige **Kontor** des gotländischen Großreeders Donner

(*Donnerska Huset*) aus dem 19. Jahrhundert einen kurzen Blick (Norra kustvägen 2). Am Ortsrand liegen in einer Reihe die **Schiffssetzungen von Rannarve** aus der Bronzezeit. In deren unmittelbarer Nachbarschaft kann man ein **Steinhügelgrab** aus derselben Periode besichtigen.

Übernachtung/Essen und Trinken

■ **Für Wohnmobile** gibt es einige einfache Stellplätze direkt am Hafen.

2 Warfsholm ①-③

Klinte Varvsholm 612, Tel. (0498) 240010, www.warfsholm.se. In dem Hotelkomplex findet man Unterkünfte in allen Preisklassen, man kann Zimmer im Hotel (DZ 900–2000 SEK/Pers.) oder in den Ferienhütten buchen. Dem Pensionat ist ein für schwedische Verhältnisse preisgünstiges **2 Restaurant und Café** angeschlossen (Hauptspeisen gibt es ab 120 SEK). Besonders schön ist es hier, wenn man im Sommer sein Essen draußen auf der Terrasse einnehmen kann. Nur in der Sommersaison (ab April) geöffnet.

1 Björkhaga Strandby ②

Sanda Stora Varbos 840 A (am Norra Kustvägen, einige Kilometer nördlich von Klintehamn) Tel. (0498) 241900, www.bjorkhagastrandby.se. Strandnaher 4-Sterne-Campingplatz mit 17 Stellplätzen für Wohnmobile bzw. Wohnwagen, alle Plätze mit Stromanschluss. Auch Zelte. Behindertenfreundlich. Restaurant, Pool, Duschen, Koch- und Waschmöglichkeiten. Ferienhausvermietung (in der HS nur für 3 Tage oder eine Woche, Preis 9000–14000 SEK).

Einkaufen

4 Landa

Norra Kustvägen 2 A, Klintehamn, Tel. (070) 4448056, landagotland.se. Spannende Mischung aus Antiquitätengeschäft und einem Laden für (hochwertige) Haushaltswaren und Möbel. Außerdem wird auch Kinderspielzeug verkauft. Für alle, die gern nach Besonderem stöbern, lohnt ein kurzer Stopp.

Stora Karlsö und Lilla Karlsö

Vom Hafen in Klintehamn verkehren von Anfang Mai bis Mitte September **Ausflugsboote** zur **Vogelinsel Stora Karlsö,** dem, nach dem Yellowstone Nationalpark in den USA, zweitältesten Naturschutzgebiet der Welt.

Die *Stora Karlsö* liegt 6,5 Kilometer vor der Küste, ist 2,5 Quadratkilometer groß und ein Hochplateau mit der höchsten Stelle von knapp 52 Metern. Auf der Großen Karls-Insel kann man nicht nur Vögel beobachten – hier liegt eines der größten Brutgebiete der Trottellumme – sondern auch Höhlenwanderungen unternehmen, vom Leuchtturm die Aussicht genießen oder einen stillgelegten Kalksteinbruch besichtigen. Ein kleines **Museum** verrät Details über die lange Geschichte der Insel. Im **Restaurant** wird Hausmannskost serviert, die Aussicht über das Meer ist einmalig. Was man nicht darf, zumindest von Mitte März bis Mitte August, ist baden, denn dann sind die Strände gesperrt, damit die Vögel unter sich bleiben können.

Von Klintehamn kann man im Sommer auch nach **Lilla Karlsö,** der kleinen Karlsinsel, übersetzen (storakarlso.se/resa-till-stora-karlso/lilla-karlso). *Lilla Karlsö,* liegt 3 Kilometer vor der Küste, ist 1,3 Quadratkilometer groß und ein fast kreisrundes Hochplateau, das sich bis zu 66 Meter aus dem Meer erhebt.

☒ Entlang der Ekstaküste – am Horizont zu erkennen: die Vogelinsel Stora Karlsö

Wie ihre etwas größere Schwester ist auch sie besonders bei Seevögeln beliebt.

Nett zu wissen: Selma Lagerlöf beschrieb Lilla Karlsö in ihrem Roman „Die wunderbare Reise des kleinen Nils Holgersson mit den Wildgänsen".

Anreise

■ **Abfahrt:** von Mai bis ca. Ende Juni täglich 9.30 und 14 Uhr, Ende Juni bis ca. Mitte August 9.30, 11.30 und 16.10 Uhr, Mitte August bis 1. September 9.30, 14 Uhr (die Tage variieren von Jahr zu Jahr, daher empfiehlt es sich, unter www.storakarlso.se den gewünschten Tag zu überprüfen, Tel. (0498)240500. **Fahrpreis** für Erwachsene 445 SEK, Kinder bis 15 Jahre zahlen 195 SEK. **Achtung:** Die jeweils letzte Abfahrt des Tages ist nur für Gäste, die auf der Insel übernachten wollen.

Übernachtung

Auf Stora Karlsö gibt es **drei Übernachtungsmöglichkeiten.** Einmal das **3** **Hostel** (DZ ab 940 SEK), dann das **Strandhaus** mit Gemeinschaftsküche (DZ ab 1200 SEK) und schließlich, ganz romantisch, ein **Zimmer** in der einstigen Bleibe des Leuchtturmwärters **im alten Leuchtturm** (ab 1165 SEK, 2024 wegen Renovierung geschlossen). Auf jeden Fall sollte man lange im Voraus reservieren unter Tel. (0498) 240500 oder unter der E-Mail-Adresse boka@storakarlso.se, weitere Infos auf der Website www.storakarlso.se.

Gannarve

Vier Kilometer südlich von Klintehamn lohnt die Besichtigung der **Schiffssetzung** (bootförmig gesetzte Steine) von Gannarve. Sie ist 29 Meter lang, fünf Meter breit und stammt vermutlich aus dem 3. Jahrhundert vor unserer Zeitrechnung. Als sie 1959 wieder entdeckt wurde, waren nur die beiden Stevsteine erhalten, das ganze „Schiff" rekonstruierte man mit Hilfe von Steinen, die man in der Umgebung fand. Schauen Sie genau hin: Um sie von den alten Steinen unterscheiden zu können, wurden die neu gesetzten Steine an der Innenseite markiert. Die Schiffssetzung liegt landschaftlich schön direkt an der Straße Nr. 140; am Horizont zeichnen sich deutlich die Umrisse der Inseln Lilla und Stora Karlsö ab.

got_425rk

Fröjel

In der Gemeinde Fröjel – der Name weist übrigens auf die altnordische Göttin *Fröja* (dt. Freyja) hin – ist die kleine **Dorfkirche,** deren Langhaus aus dem 12. Jahrhundert stammt, einen Besuch wert. Besonders sehenswert ist im Innern das Triumphkruzifix, das um das Jahr 1300 geschaffen wurde. Wie in den meisten Inselkirchen sind auch hier gut erhaltene Kalkmalereien zu bestaunen. Auf dem Friedhof ist ein großes **Labyrinth** ausgelegt. Beschränken Sie sich aber nicht auf eine Besichtigung der Kirche, sondern gehen Sie ein paar Schritte weiter zu der **Ruine eines alten Wachturms.** Von hier hat man einen herrlichen Blick über die Ostsee, und die vielen Sitzbänke laden zu einer Pause ein.

got_426rk

Vallhagar

Für einen schönen Ausflug ins Landesinnere biegt man kurz vor der Kirche von Fröjel nach Vallhagar ab. Dort kann man die **Überreste einer Siedlung** aus der Zeit zwischen 200 v. Chr. und 550 n. Chr. besuchen. Es sind 24 Hausfundamente erhalten, die einmal fünf oder sechs Höfe bildeten. Löcher im Erdboden lassen vermuten, dass das Dach von Holzpfeilern getragen wurde. Die Archäologen fanden hier große Mengen an Tierknochen, Beleg dafür, dass die Menschen hauptsächlich von Viehzucht und der Jagd lebten. Gejagt wurden vor allem Seehunde, Krähen, Dohlen, Stare, Gänse, Stockenten und Rebhühner. Aber die Dorfbewohner hatten auch kleine Äcker und bauten Gerste, Weizen und Roggen an. Interessant ist, dass alle Gebäude zum gleichen Zeitpunkt aufgegeben wurden. Deswegen nehmen die Wissenschaftler an, dass das Dorf einer Naturkatastrophe oder einem feindlichen Überfall zum Opfer fiel.

Die Reste dieser Gehöfte bieten zwar für Archäologen eine reiche Fundstätte, für den Normaltouristen sind sie aber wenig beeindruckend. Der wunderschön gelegene Platz, den die Menschen damals für ihr „Dorf" wählten, eignet sich aber ideal für ein **Picknick.** Besonders im Frühjahr, wenn auf der großen Wiese die Blumen blühen, lohnt ein Abstecher hierher allemal.

[<] Fröjel: Die alte Kirche und ...

[>] ... die Ruine eines alten Wachturms

Russparken

Einige Kilometer weiter, schon jenseits der Straße 141, erreicht man den *Russparken* auf der **Lojsta Heide** (*Lojsta Hed*). Hier weiden in einem Waldgebiet etwa 80 Tiere der einzigen **schwedischen Pferderasse,** des gotländischen *Russ.* Die klein gewachsenen Tiere waren vom Aussterben bedroht, bevor man sich hier um ihre Erhaltung bemühte. Wer Ende Juli auf der Insel ist, sollte sich keinesfalls die „Russprämierung" entgehen lassen, bei der die schönsten Tiere prämiert werden. Übrigens: Bei den im Sommer jede Woche stattfindenden **Trabrennen in Visby** laufen die „Russen" traditionell immer im ersten Rennen. Da die kleinen Pferde mit erwachsenen Jockeys überfordert wären, sitzen Jugendliche am Zügel.

got_427rk

Sandhamn, Djupvik und Eksta

Etwa 2,5 km hinter der Kirche von Fröjel zweigt eine kleine Straße von der Hauptstraße 140 Richtung Sandhamn (dort kleiner Badestrand, Camping und Kiosk) ab. Sie verläuft landschaftlich sehr schön am Meer entlang, und weil hier kaum Autos fahren, ist sie auch hervorragend als **Fahrradstrecke** geeignet. Sie führt über Djupvik, wo man eine **Schiffssetzung** und unmittelbar am Hafen eine **Fiskeläge** mit 30 Hütten besichtigen kann. Von Djupvik aus gelangt man auch wieder auf die Hauptstraße.

Die Küste bei Eksta ist besonders wegen der vielen Orchideen bekannt, die hier wachsen. Dafür hatte Dänenkönig *Waldemar Atterdag* vermutlich keinen Blick, als er hier 1361 mit seinem Heer an Land stieg, um von Eksta aus nach Visby vorzurücken (→ S. 35). Den Rückweg trat der Dänenkönig der Legende nach ebenfalls über Eksta an. Das mit den aus Visby geraubten Schätzen beladene Schiff soll bei den Karls-Inseln in einen Sturm geraten und gesunken sein. Diese Geschichte entspricht zwar nicht der historischen Wahrheit, doch trotzdem suchen immer wieder abenteuerlustige Taucher den Meeresgrund nach dem vermeintlich dort liegenden Wrack ab.

Übernachtung/Essen und Trinken

5 Djupvik Hotel ②

Eksta Bopparve 233, Tel. (0498) 244272, www.djupvikhotel.com. Designhotel am Meer. Im Villastil erbaut, fügen sich die Gebäude in die Natur ein. Alle Zimmer haben Meerblick. Fürs Doppelzimmer zahlt man ab 1800 SEK/Pers. Im schick gestalteten **5 Restaurant** wähnt man sich eher in einer europäischen Großstadt als in einem gotländischen Dorf.

Gothem und Åminne

Die **Kirche von Gothem** ist eine der größten auf Gotland und beeindruckt durch ihren reich geschmückten Innenraum. Sie wurde im frühen 13. Jahrhundert errichtet. Ende desselben Jahrhunderts wurde dann der Turm hinzugefügt. Seine heutige Höhe von 47 Metern erreichte er aber erst weitere einhundert Jahre später unter der Federführung von Meister *Egypticus*. Die **Kalkmalereien** im Innenraum entstanden um 1300 und wurden erst bei der letzten Renovierung im Jahr 1950 freigelegt. Sie stammen vermutlich von einem deutschen Künstler und zeigen die Kindheit und die Leidensgeschichte Christi. Motive dieser Art findet man in vielen Kirchen. Einzigartig sind jedoch die „Monatsbilder“, die die Arbeit eines Bauern im Jahresverlauf veranschaulichen. Bei einer großen Renovierung des Innenraums im Jahre 2007 hat man übermalte Kalkmalereien freigelegt. Dabei wurde ein Bild gefunden, das, neben einem Eremiten, den Papst, den heiligen Christophorus und Mohammed, als Mann mit Schnurrbart und Federhut, zeigt. Das sorgte damals für internationale Beachtung, fiel die Entdeckung doch in eine Zeit, in der heftig und radikal darüber gestritten wurde, ob Mohammed bildlich dargestellt werden dürfe.

Sehenswert ist auch das Chorgestühl aus dem 14. Jahrhundert. Die Kirchenbänke wurden erst im 17. Jahrhundert in die Kirche eingebaut, die sehr schöne und – mit den Augen unserer Zeit betrachtet – manchmal unfreiwillig witzige **Bemalung der Türen** stammt von *Anders Norberg* (um 1780). Nicht sehen, aber vielleicht hören können Sie die 1177 Kilogramm schwere **Glocke.** Sie wurde 1374 gegossen und gilt unter Experten als klangschönste Kirchenglocke Europas aus dem Mittelalter. Die Kirche wird von einer mächtigen Mauer umgeben, in der Nachbarschaft stehen die **Ruinen eines Verteidigungsturms** vom Ende des 12. Jahrhunderts. Er ist 1867 eingestürzt.

Ganz in der Nähe von Gothem liegt in Åminne einer der **schönsten Strände** der Insel.

Übernachtung/Essen und Trinken

- **Gothem Logi und Restaurant Vedugnen** ①, Gothem Magnuse 921, Tel. (079) 3310810, gothemlogi.se. Das **Hostel** liegt in einem alten Kalksteingebäude aus dem 19. Jahrhundert. Acht Doppel- bzw. Zweibett-Zimmer und vier Familienzimmer für bis zu sechs Personen bieten eine preiswerte Unterkunft, je nach Größe und Ausstattung für 700 bis 1700 SEK/Zimmer. WC und Duschen sind auf dem Gang. In der gemeinsamen Küche kann man sein eigenes Essen zubereiten, WLAN im Allgemeinbereich und im Garten. Sein E-Auto kann man an der hauseigenen Ladestation anschließen. Bei dem zum Hostel gehörenden **Restaurant Vedugnen** ist der Name Programm – der „Holzofen“ ist nicht nur Blickfang, sondern aus ihm kommen auch die Steinofenpizzen, für die das Restaurant bekannt ist. Nur im Sommer geöffnet.
- **Campingplatz Åminne Fritid & Havsbad** ①, Åminnevägen 2, Tel. (0498) 34011, www.aminnefritid.se. Vermietung einfacher Ferienhäuser und Zeltplätze, Wohnwagen- und Wohnmobilstellplätze. Das große Plus ist hier die Nähe zum Strand. Stellplatzpreise mit Strom zwischen 345 und 500 SEK/Nacht, Zeltplätze für bis zu 2 Personen 150–250 SEK/Nacht. Ein **Restaurant** gehört ebenfalls mit zur Anlage.

[>] Die Kirchenruine von Bara

Källunge und Bara

Die **Kirche von Källunge** fällt sofort wegen ihrer eigentümlichen Proportionen auf. Das Langhaus müsste hier richtigerweise Kurzhaus heißen. Es wurde zusammen mit dem kleinen Turm im 12. Jahrhundert im romanischen Stil erbaut. Dann aber wurde im 14. Jahrhundert ein riesiger Chor angefügt, der den Auftakt für eine großen Neubau bilden sollte. Wegen des Däneneinmarsches 1361 kam es aber nie dazu. Im Langhaus finden sich Reste **russisch-byzantinischer Kalkmalereien** aus dem 13. Jahrhundert. Die Kalkmalereien im Chor zeigen die Leidensgeschichte. Beachtenswert sind weiterhin das **Taufbecken** aus dem 12. Jahrhundert aus der Werkstatt des Meister *Byzantios* und der Altaraufsatz aus dem 16. Jahrhundert. Letzterer ist eine norddeutsche Arbeit und stand einst im Dom von Visby.

Einige Kilometer weiter kommt man zur romantischen, hinter Bäumen versteckten **Kirchenruine von Bara.** Die Kirche, im 13. Jahrhundert erbaut, wurde bereits im 16. Jahrhundert aufgegeben. Heute ist die Ruine vor allem als romantische Kulisse für Hochzeiten beliebt. Eine **Gedenkplatte** erinnert an den Besuch von König *Gustav V.* und dessen Gemahlin *Victoria von Baden* im Jahre 1925.

Dalhem

Dalhem hat seinen wirtschaftlichen Aufschwung vor allem der **Eisenbahn** zu verdanken, die Anfang des 20. Jahrhunderts Slite und Roma verband und die hier eine wichtige Zwischenstation hatte. Um den Bahnhof herum entwickelte sich ein lebhaftes Handelszentrum, der Ort kam zu großem Wohlstand. In den

got_428rk

fünfziger Jahren des 20. Jahrhunderts wurde die Strecke stillgelegt. Trotzdem ist Dalhem immer noch das Zentrum für alle Eisenbahnfreunde. Heute verkehrt nämlich von hier aus auf einer sechseinhalb Kilometer langen Strecke eine **Schmalspureisenbahn** (www.gotlandstaget.se) mit der man von Anfang Juni und bis Ende August jeden Sonntag um 11, 13 und 14.30 Uhr eine 35-minütige Fahrt nach Roma unternehmen kann (Rückfahrkarte 140 SEK). Außerdem besteht die Möglichkeit ein kleines **Eisenbahnmuseum** zu besichtigen (an Tagen mit Bahnverkehr So 11–16 Uhr).

Zu Beginn des 20. Jahrhunderts war die **Kirche von Dalhem** (Zutritt von 9–21 Uhr) eines der beliebtesten Reiseziele der Insel. Von nah und fern strömten die Menschen herbei, um die „wunderbare" Renovierung, der die Kirche unterzogen wurde, in Augenschein zu nehmen. Unter der Federführung des lokal bekannten Künstlers und Architekten *Axel Hermann Hägg* (1835–921) wurde sie im Stil der Gotik – bzw. was man damals dafür hielt – modernisiert, und es wurden viele neue Wandbilder angebracht. Aus heutiger Sicht kann man über eine solche „Verschlimmbesserung" nur den Kopf schütteln. Je nach Blickwinkel ist die Kirche aber trotz oder gerade wegen der Renovierung sehenswert. Zum einen sind einige Kalkmalereien aus dem 13. Jahrhundert an der Süd- und Südostwand bewahrt, zum anderen hat man hier ein Kirche vor sich, in der man das Kunstverständnis des beginnenden 20. Jahrhunderts auf interessante und für uns vielleicht erschreckende Weise kennen lernen kann. Außerdem sind die alten **Glasmalereien** aus dem Jahr 1240 erhalten und für sich allein schon sehenswert.

Zwischen dem Bau der Eisenbahn und der Kirchenrenovierung lässt sich übrigens ein unmittelbarer Zusammenhang herstellen. Dalhem war durch die Bahn zu Wohlstand gekommen, und der sollte nun auch gezeigt werden: Das Geld aus der übervollen Gemeindekasse floss in die „Verschönerung" der Kirche.

got_429rk

[<] Wegen ihrer Größe wird die Kirche von Dalhem im Volksmund mitunter auch als Dom bezeichnet

Roma

1164 gründeten Zisterziensermönche aus Nydala in Småland in Roma ein **Kloster.** Ihren Ordensregeln entsprechend, die Bescheidenheit vorschrieben, bauten sie Kirche und Klostergebäude in schlichtem Stil. Das Kloster der fleißigen Mönche entwickelte sich zu einem wichtigen religiösen und wirtschaftlichem Zentrum im Ostseeraum. Während der Reformationszeit wurde das Kloster 1520 säkularisiert, später unter der Dänenherrschaft verfielen sämtliche Gebäude. Und selbst die Ruinen wurden schließlich 1730 abgerissen, als der damalige schwedische Landeshauptmann aus den Mauern der Klosteranlage sein Gutshaus errichten ließ. Von der Kirche sind nur spärliche Reste erhalten, denn sie wurde damals als Viehstall benutzt. Einen berühmten Besucher konnte Roma 1741 begrüßen, als *Carl von Linné* auf seiner Gotland-Reise hierherkam und in seinen Aufzeichnungen begeistert die schöne Lage des Klosters inmitten fruchtbarer Äcker vermerkte. Die Kirchenruine, die zu Zeiten seines Besuches bereits als Unterkunft für das Vieh diente, bezeichnet *Linné* „als schönsten Stall, den man in Schweden sieht".

In dem 1730 erbauten **Herrschaftshaus** (www.romakungsgard.se) finden wechselnde **Ausstellungen** statt. Ein kleines **Café** lädt nach dem Ausstellungsrundgang zur Stärkung ein, bei schönem Wetter sitzt man draußen im sonnenbeschienenen Gutshof. Ein sieben Kilometer langer **Wanderweg** führt von hier zur Bahnstation in Dalhem. Die Tour lässt sich gut mit einer Fahrt mit der Schmalspureisenbahn (→ S. 94) verbinden. Etwas ganz Besonderes bietet die ebenfalls auf dem Klostergelände liegende **Glasbläserei Roma Glasbruk.** Hier kann man nicht nur Glaswaren kaufen, sondern oft auch bei der Glasherstellung zusehen Einige Kilometer nördlich vom Romakloster liegt die **Dorfkirche von Roma** aus dem 12. Jahrhundert. Einen kurzen Blick lohnt der ein Jahrhundert jüngere Taufstein.

In der Nähe der Kirche liegt das **Svenskbymuseum.** Es erzählt die Geschichte schwedischer Auswanderer, die Ende des 18. Jahrhunderts unter falschen Versprechungen und mit viel Hoffnung in die Nähe der Dnjeprmündung am Schwarzen Meer zogen, in eine Region, die heute zur Ukraine gehört. Wirklich Fuß fassen konnten die Auswanderer dort nie. 1929 kehrten deren Nachkommen mit Erlaubnis *Stalins* nach Schweden zurück.

- **Roma Glasbruk:** Tel. 070 5433334, www.romaglasbruk.se. Öffnungszeiten: Juni–Aug. 10–18 Uhr, in der übrigen Jahreszeit Do–So 10–16 Uhr.
- **Svenskbymuseum:** Prästgården 701, Tel. (070) 4807889, www.svenskbyborna.se, nur im Sommer geöffnet.

Atlingbo

Sicherlich gibt es Kirchen auf Gotland, die schöner sind als die von Atlingbo (13. Jahrhundert), obwohl natürlich auch sie einige Sehenswürdigkeiten zu bieten hat, etwa den **Taufstein** von Meister *Byzantios* aus dem 12. Jahrhundert. Erwähnt werden soll die Kirche aber deshalb, weil sie schon in der **Gota-Sage** als **Asylkirche** erwähnt wurde. Verbrecher, die hierher flüchteten, waren unter den Schutz der Kirche gestellt und vor weltlichem Zugriff geschützt.

Viklau

Die Kirche in der Nachbargemeinde Viklau ist wegen der **berühmten Madonnenstatue,** der „Viklau Madonna", bekannt. Das Original der Holzskulptur wurde vor einiger Zeit unter dem Protest vieler Gotländer ans Historische Museum in Stockholm verkauft. Heute kann man in der Kirche nur noch eine – immerhin hervorragende – Kopie sehen. Weiter sehenswert sind der **Taufstein** des Meisters *Hegwald* und das **Triumphkruzifix**, beide aus dem 12. Jahrhundert.

Anga und Norrlanda

Etwa 20 Kilometer östlich von Roma erreicht man Anga und Norrlanda. In den **Kirchen** der beiden Orte sind **nahezu identische Wandmalereien** zu sehen. Man nimmt an, dass sie von so genannten Schablonenmalern stammen. Sie zogen im Mittelalter von Ort zu Ort und hatten Malvorlagen dabei. Die Leute konnten dann einfach auswählen, nach welcher Vorlage die Kirche bemalt werden sollte. Künstlerisch sind diese Gemälde natürlich von minderer Qualität, kirchenhistorisch aber sehr interessant. Mit Hilfe der Schablonenmalerei sollte nämlich der leseunkundigen Bevölkerung die Bibel nähergebracht werden.

▷ Die Klosterruine von Roma

Etwas nördlich von Norrlanda kommt man zum **Freilichtmuseum Norrlanda Fornstuga** (Juni–Aug. tgl. 10–18 Uhr). In dem kleinen Museum mit insgesamt zwölf Gebäuden wandert man durch ein Bauerngehöft aus dem 18. Jahrhundert. Norrlanda Fornstuga verdankt seine Existenz dem bekannten gotländischen Lyriker *Gutsaf Larsson,* der 1924 das erste Gebäude hierherbringen ließ.

Einkaufen

■ **Glasstudion Big Pink,** Norrlanda Mangsarve 169, Tel. (0709) 143545, www.glasstudionbigpink.se, info@glasstudionbigpink.se, geöffnet im Sommer Di–Sa 11–17 Uhr, sonst nach Vereinbarung (das Studio ist ganzjährig geöffnet). Vor 15 Jahren hatte *Jennie Olofsson,* während sie in Laos in einer Hängematte lag, die Eingebung Glasbläserin zu werden. Bis dahin hatte sie überhaupt nichts mit der Materie zu tun und doch setzte sie ihr Vorhaben sofort um, als sie zurückkehrte. Heute schafft die Gotländerin Gläser für Spitzenrestaurants in Schweden, aber auch für Touristen, die hochwertige Glaswaren als Souvenir mit nach Hause nehmen wollen. Wer mag, kann auch einen Kurs belegen und dabei die Grundlage der Glasbläserkunst erlernen. Big Pink ist aber noch mehr als ein Glasbläserstudio, immer wieder finden hier im kleinen Rahmen auch kulturelle Veranstaltungen statt.

Trullhalsar

Sechs Kilometer von Norrlanda entfernt findet man in Richtung Osten die „Hälse der Trolle". Trullhalsar ist ein **Grabfeld aus der Vendelzeit** (550–800 n. Chr.) mit 350 Grabstätten – 20 bis 30 cm hohe, kreisrunde Steinsetzungen. Als die Bestattungen durchgeführt wurden, lag Trullhalsar, ganz typisch

got_430rk

für die Grabstätten der damaligen Zeit, direkt am Meer. Vermutlich wollten die dem Meer sehr verbundenen Menschen ihre Verstorbenen so begraben, dass sie gleich ins Jenseits hinübersegeln konnten. Durch die Landhebung nach Ende der letzten Eiszeit sind die Gräber etwa einen halben Kilometer ins Landesinnere „gewandert".

Mästerby und Buttle

Die sehr farbenprächtigen Wandmalereien sind das Markenzeichen der **Kirche von Mästerby** (13. Jahrhundert).

Mästerby war außerdem der Schauplatz einer großen **Schlacht,** in der sich ein schlecht bewaffnetes gotländisches Bauernheer am 25. und 26. Juli 1361 verzweifelt der Übermacht der dänischen Invasionsarmee von König *Waldemar Atterdag* entgegenstellte. Das dänische Heer richtete unter den Verteidigern der Insel ein Gemetzel an und tötete vermutlich tausend oder mehr Gotländer (→ S. 192). Am Ortseingang erinnert das Waldemars Kreuz aus jenen Tagen an die Schlacht. Das in der Nähe der Kirche gelegene **Mästerby Museum** arbeitet das Ereignis auf.

Kalkmalereien kann man auch in der **Kirche von Buttle** (Chor und Langhaus aus dem 12., Turm aus dem 13. Jahrhundert) bewundern. Etwas außerhalb des Ortes stehen **zwei Bildsteine von Änge** aus der frühen Wikingerzeit, einer davon mit einer Höhe von 3,70 Meter der größte Gotlands. Während der kleinere Stein nie mit einem Relief geschmückt war, kann man am größeren bei sehr genauem Hinsehen noch Schiffs- und Menschendarstellungen entdecken. Experten geben den Rat, in der Dämmerung hierher zu kommen und den Stein dann mit einer Taschenlampe abzuleuchten; dann könne man die Reliefstrukturen besser erkennen. Die Bildsteine von Buttle sind auch aus einem ganz trivialen Grund bemerkenswert: Als einige der ganz wenigen in Gotland stehen sie noch auf ihrem Originalplatz.

■ **Mästerby Museum:** Sallmunds 501, masterby1361.se. Juli–Aug. Sa und So 13–16 Uhr.

Kräklingbo

In Kräklingbo kann man eine **Kirche** aus dem 13. Jahrhundert mit sehenswerten Kalkmalereien. Die meisten Besucher kommen allerdings zum Essen in den Ort, denn das **Restaurant Krakas Krog,** das nur wenige Schritte von der Kirche entfernt ist, zählt zu den besten Restaurants auf der Insel. Auf den Teller kommt hier nordische Küche mit internationalem Einschlag. Ganz ausgezeichnet ist die Weinkarte. Wenn der Abend besonders schön und lang geworden ist, kann man auch über Nacht bleiben.

Übernachtung/Essen und Trinken

■ **Restaurant Krakas Krog** ②, Kräklings 223, Tel. (0498) 53062, www.krakas.se, geöffnet Mitte Juni–Sept. Do–So ab 18 Uhr, das DZ kostet 2600 SEK.

☒ Katthamra Gård

Torsburgen

Nur sieben Kilometer von Kräklingbo entfernt liegt die Torsburg, die **größte Verteidigungsanlage des Nordens** aus dem ersten Jahrtausend. Die ältesten Teile stammen aus dem 4. Jahrhundert n. Chr. Damals schichtete man am Rande eines Tafelbergs mit steil abfallenden Klippen eine mehr als zwei Kilometer lange und bis zu sieben Meter hohe Mauer auf. Nur an den steilsten Stellen verzichtete man auf eine Mauer. Offenbar war man sich sicher, dass den dort von der Natur geschaffenen Wall kein Feind würde besteigen können. Das Gebiet, das von der Mauer bzw. den Klippen geschützt wird, ist doppelt so groß wie die Innenstadt der Inselhauptstadt Visby. Laut **Gota-Sage** haben sich in der Torsburg diejenigen Einwohner Gotlands verschanzt, die im 6. Jahrhundert zur Auswanderung gezwungen werden sollten. Damals war die Insel angeblich übervölkert, und jeder dritte Bewohner musste Gotland verlassen (→ S. 189). Mit historischen Fakten hat diese Geschichte jedoch vermutlich nichts zu tun, vielmehr scheint die Torsburg eine Art **Fluchtburg** gewesen zu sein, in die sich die Inselbewohner bei Gefahr zurückzogen. Allerdings weiß man bis heute nur wenig über die Befestigungsanlage. Neuere Grabungen haben zwei niedergebrannte Mauerabschnitte zu Tage gefördert, woraus man schließt, dass die Burg zweimal von Feinden attackiert worden ist. Ob Sie sich dieser Spekulation anschließen wollen, bleibt Ihnen überlassen. Gesichert aber ist, dass 1741 der große Botaniker *Carl von Linné* (→ Exkurs, S. 196) auf seiner Gotland-Reise hierherkam und in höchsten Tönen der Begeisterung von den seltenen Pflanzen schwärmte, die an den steilen Hängen der Burg wuchsen. Außerdem notierte er in sein Tagebuch, dass man von der Torsburg aus 30 Kirchturmspitzen sehen könne.

Ob dies wirklich so ist, können Sie selbst überprüfen, wenn Sie sich zu einer knapp 6 km langen **Wanderung** am Wall der Torsburg entlang aufmachen. Auch wenn Sie dabei nicht die von *Linné* versprochene Zahl an Turmspitzen erblicken sollten, können Sie immer wieder herrliche Ausblicke genießen. Am Parkplatz sollten Sie dann noch einen kurzen Blick auf den **Königsstein** werfen, der an den Besuch des schwedischen Kronprinzenpaares *Gustav Adolf* (König ab 1950) und *Louise* im Jahr 1927 erinnert. Es führen vom Parkplatz zwei Wege zur Torsburg, wobei der mit *Ardre Luke* beschilderte der einfachere und kürzere ist.

Katthammarsvik

Der Fischerort Katthammarsvik lockt wegen seines gemütlichen kleinen **Hafens** zum Besuch. Dort liegt auch die **Fischräucherei** mit Verkauf und angeschossenem Restaurant. Vom 17. bis zum Anfang des 20. Jahrhunderts wurde in Katthammarsvik **Kalkstein** abgebaut. Die Besitzer eines solchen Steinbruches waren früher die reichsten Männer der Insel, deswegen findet man in Katthammarsvik auch einige edle Gehöfte dieser „Kalkfürsten". In einem dieser alten Herrschaftshöfe, dem **Kalkpatrongården Borgvik,** ist heute eine kleine Pension untergebracht.

MEIN TIPP: **Katthamra Gård** ist ein altes Herrschaftshaus aus dem 17, Jahrhundert, dessen älteste Teil allerdings schon ins Mittelalter zurückgehen. Im Laufe der Geschichte wohnte auch *Jacob*

got_431rk

got_432rk

Hägg (1839–1931) hier, einer der bekanntesten schwedischen Marinemaler seiner Zeit und Initiator zur Gründung des Seehistorischen Museums in Stockholm. Die **alte Schmiede** sollte man sich unbedingt ansehen. Von oben bis unten mit Pflanzen überwuchert hat sie ich den Beinamen Hexenhaus verdient und ist ein beliebtes und spektakuläres Fotomotiv.

- **Fischräucherei,** Tel. (0498) 52379, www.katthammarsviksrokeri.se.
- **Kalkpatrongården Borgvik,** Ljugarn 16, Tel. (0498) 52087, info@borgvik.com.
- **Katthamra Gård,** Jacob Häggs väg 66, Tel. (0498) 520 09, www.katthamra.nu/boende. Einige Nebenhäuser auf dem Gelände kann man wochenweise mieten, drunter auch die ehemalige Schmiede (4500 SEK).

Das Hexenhaus in Katthamra kann man auch als Ferienwohnung mieten

Östergarn

Eineinhalb Kilometer südlich von Katthammarsvik liegt der Östergarnsberget, ein ehemaliges Kalkriff. Der kurze Aufstieg zum 42 m hohen „Gipfel" wird mit einem schönen Ausblick belohnt. Früher wurde in dem Gebiet Kalk abgebaut. Am Abzweig der Straße zum Östergarnsberget steht eine restaurierte Ruine eines acht Meter hohen **Kalkofens**.

Die **Kirche** von Östergarn gehört sicher zu den weniger sehenswerten auf der Insel. Wie die meisten ihrer „Schwestern" im 13. Jahrhundert errichtet, wurde sie seitdem mehrfach zerstört. 1565 brannte sie fast vollständig nieder, 1715 wurde sie von russischen Truppen geplündert. Für deutsche Besucher interessant ist aber ein großer **Gedenkstein auf dem Friedhof,** der an die hier begrabenen Seeleute erinnert, die im Ersten Weltkrieg beim Beschuss der „MS Albatross" vor Herrvik ums Leben kamen.

Herrvik

Das kleine **Fischerdorf** Herrvik hat für seine Besucher überraschend viel zu bieten. Am Hafen liegen gleich zwei Museen, das **Motorenmuseum** und das **Albatrossmuseum**, das sich mit dem Schicksal des deutschen Kriegsschiffes MS Albatross und seiner Besatzung befasst. Das Schiff war am 2. Juni 1915 von Schiffen der zaristischen Marine manövrierunfähig geschossen worden und vor Herrvik auf Grund gelaufen. 29 der 250 Soldaten starben bei dem Seegefecht, die restlichen wurden bis zum Ende des Ersten Weltkriegs auf Gotland, später dann auf dem schwedischen Festland, interniert.

Oberhalb des Hafens liegen in zwei Reihen alte – und fotogene – **Fischerhütten.** Das **Restaurant Hamnkrogen** überzeugt vor allem wegen seiner Lage direkt am Meer und seiner Sonnenterrasse. Der perfekte Ort für einen kleinen Getränkestopp. Ein paar Schritte entfernt kaufen die Touristen an einem Kiosk Eis (auch für Hunde!), Kaffee, Waffeln und Souvenirs. Aktivurlauber können sich am Kajak-Automat (www.kayakomat.com) ein Boot ausleihen oder auf dem **Sysneleden,** immer an der Küste entlang, in knapp acht Kilometern (einfach) nach Sysne wandern – spektakuläre Felsformationen, Vogelbeobachtungspunkte und faszinierende Blicke hinaus aufs Meer machen die Tour zum Erlebnis. Dort kann man im **Fischladen** u.a. Räucherfisch als Proviant kaufen oder man verspeist die Leckereien gleich vor Ort und kehrt in dem kleinen Fischrestaurant ein. Dessen Besitzer haben hier liebevoll ein kleines **Fischereimuseum** aufgebaut.

Ein weiterer Ausflug führt von Herrvik zum **Grogarnsberget.** Schroffe, bis zu 30 m hohe, steil ins Meer abfallende Klippen und einsame Strände belohnen für die etwas beschwerliche Anfahrt über zum Teil ungeteerte Straßen (besondere Vorsicht bei der Anreise mit dem Wohnmobil). In der späten Vendelzeit (550–800 n. Chr.) stand hier eine riesige **Befestigungsanlage,** deren spärliche Überreste man an einigen Stellen noch sehen kann.

Vor der Küste erkennt man die **Insel Östergarnsholm** mit ihren drei Leuchttürmen. Zumindest einen davon kann man auch mit bloßem Auge problemlos erkennen. An bewölkten Tagen kann die Gegend um Grogarnsberget ziemlich düster wirken, bei gutem Wetter zählt sie zu den schönsten Orten der Insel. Zwei Grillstellen, ein Trockenklo und ein paar Picknicktische sorgen in dem entlegenen **Naturreservat** für eine rustikale Infrastruktur.

- **Motorenmuseum,** www.herrvikmotor.se, März–Juni Mi 10–15 Uhr, Juli–Aug. Mi 10–15, Sa 13–17 Uhr.
- **Albatrossmuseum,** Tel. 070-982 38 50, www.albatrossmuseet.se, nur im Sommer mittwochs und samstags geöffnet.
- **Restaurant Hamnkrogen,** Östergarn Herrviks Hamn 173, Tel. (0498) 400614, Facebook: Hamnkrogen Herrvik.
- **Fischladen Sysne,** Tel. (0498) 52364, Facebook: Sysne Fiskbutik, geöffnet nur bis Mitte Okt.

Gammelgarn

Die Kirche von Gammelgarn gehört zu den **schönsten Landkirchen** der Insel. Sie wurde im frühen 14. Jahrhundert errichtet und gehört damit zu den jüngsten der Insel, denn mit dem Überfall des Dänenkönigs *Waldemar Atterdag* im Jahre 1361 endete von einem Tag auf den anderen der Kirchenbau auf Gotland (→ S. 202). Besonders beachtenswert ist das reich geschmückte Südportal, auf dem Szenen aus der Schöpfungsgeschichte dargestellt sind, so u.a. der Sündenfall, die Vertreibung aus dem Paradies und Eva mit ihren Söhnen Kain und Abel. Das Portal stammt aus der Werkstatt des damals berühmtesten und besten Steinmetzes der Insel, *Egypticus*. Der Innenraum mit seinem hohen Gewölbe gilt als ein prachtvolles Beispiel hochgotischer Baukunst. Die Kalkmalereien stammen aus dem 15. Jahrhundert, sind aber erst seit dem Jahr 2000 wieder zu sehen; bis zur großen Kirchenrenovierung damals waren sie weiß übertüncht. Weiterhin sehenswert im Kircheninnern sind der Flügelaltar vom Ende des 14. Jahrhunderts und das Taufbecken. Während das Becken ebenfalls aus dem 14. Jahrhundert stammt, ist dessen Fuß mit den „Kopfskulpturen" ein Jahrhundert älter. Neben der Kirche erheben sich die gut erhaltenen Überreste eines Verteidigungsturms aus dem 12. Jahrhundert.

Ein kleiner Ausflug führt zum **Naturreservat Sandviken** mit seinem 600 Meter langen und bis zu 150 Meter breiten Sandstrand. In den anschließenden Dünen wachsen zum Teil seltene Pflanzen.

Ala

Alas Kirche aus dem 12. Jahrhundert wirkt von außen ungewöhnlich, weil sie keinen deutlich abgesetzten Chor hat. 1938 wurde der gesamte Innenraum bei einem Brand zerstört, daher sind kaum noch originale Einrichtungsgegenstände erhalten. Das Feuer hatte aber auch sein Gutes, denn durch die enorme Hitze wurden die bis dahin übermalten **Wandmalereien** freigelegt. Sie wurden konserviert und stellen heute das Prunkstück des Gotteshauses dar.

got_433rk

Ein paar Schritte weiter empfängt **Ala Gård** (Ala Ollajvs 155, Tel. (072) 7003900) Reisende im Sommer mit einer bunten Blumenwiese. Drinnen kann man dann eine Pause bei Kaffee und Kuchen einlegen oder man bummelt durch den *Loppis*, den Antikflohmarkt, in dem man das ein oder andere Schätzchen entdecken kann.

Notiz am Rande: In der Kirche von Ala fand schon mal ein Mord statt. Allerdings nur in einem Krimi der Schriftstellerin *Marianne Cedervall*. Zur Recherche braucht die Künstlerin nicht weit gehen, sie hat ihr Ferienhaus hier am Ort (→ Exkurs S. 104).

Ardre und Gunnfjaun

Folgt man der Straße Richtung Ardre, erreicht man bald die Abzweigung nach Alsarve. Nur wenige Meter hinter der Kreuzung liegt die **Kirchenruine von Gunnfjaun** (in einigen Karten auch als Kirchenruine von Ardre ausgezeichnet). Die große Kapelle wurde im 14. Jahrhundert errichtet und nach dem Enkel *Tjelvars* benannt. *Tjelvar* wiederum war nach der Gota-Sage derjenige, der als erster Mensch auf die Insel kam und somit Urvater aller Gotländer ist. Ein kunsthistorisches Highlight ist die kleine Ruine sicher nicht, aber einen kleinen Umweg lohnt sie als pittoresker Fotostopp allemal. Zumal man ganz in der Nähe die **Ortskirche von Ardre** besichtigen kann, die im 13. Jahrhundert errichtet wurde. Der **Taufstein** und das **Triumphkruzifix** stammen ebenfalls aus dem 13. Jahrhundert, während die Glasmalereien erst ein Jahrhundert später hinzukamen.

Unweit der Kirche kann man am Straßenrand die Nachbildung eines **Bildsteins** aus dem 8. oder 9. Jahrhundert sehen, dessen Original bei der Restaurierung der Kirche unter dem Fußboden entdeckt wurde. Der **Bauernhof Bringsarve Gård** in Ardre war zu Lebzeiten der Wohnort des bekannten gotländischen Künstlers *David Ahlqvist* (1900–1988), der als Maler und Essayist bekannt wurde.

Übernachtung/Essen und Trinken

■ **Ardrebo** ①-②, Ardre Ekese 930, Tel. (0498) 493000, ardrebo.se. Im Ardrebo begibt man sich auf eine kleine Zeitreise. Sehr gemütliches Café mit einer Einrichtung, die an das beginnende 20. Jahrhundert erinnert. Trotz des tollen Innenraums sitzt man im Sommer auch gerne draußen im Garten im Schatten der Lindenbäume (im Sommer tgl. 11–17 Uhr, in der Nebensaison nur am Wochenende und von Okt.–Dez. geschl.). Die „Nostalgiezimmer" sind einfach und dennoch individuell eingerichtet, ab 1500 SEK/Nacht.

got_434rk

[<] Alte Fischerhütten in Herrvik

[>] Der Bildstein von Ardre, im Hintergrund die Dorfkirche

Morde im Ferienparadies

Gotland ist die Sommerferieninsel der Schweden. Auffällig viele Krimiautoren wählen sie aber als Schauplatz für ihre Bücher.

So auch *Marianne Cedervall,* die es sich einfach macht: Die schwedische Krimiautorin hat in einem ihrer Krimis den eigenen Garten zum Tatort eines Mordes umfunktioniert. *Cedervall* lebt in einer ehemaligen Kapelle in der Gemeinde Ala und hat wie viele andere Krimiautoren Gotland zu ihrer Heimat gemacht. Irgendwie scheint die Sonneninsel also düstere Fantasien inspirieren. Während *Cedervall* mit ihrer Kommissarin *Anki Karlsson,* einer Art schwedischen *Miss Marple,* noch auf Filmangebote wartet, liefern die Autorinnen *Anna Jansson* und *Mari Jungstedt* mit ihren Romanen bereits die Vorlagen für zwei bekannte Krimireihen im deutschen Fernsehen. *Maria Wern,* „Kripo Gotland" basiert auf den Romanen von *Anna Jansson* und die ZDF-Serie „Der Kommissar und das Meer" mit *Walter Sittler* in der Hauptrolle nutzt die Romane von *Mari Jungstedt* als Vorlage. Sowohl bei der ARD als auch beim ZDF spielen aber nicht nur die Kommissare, sondern ebenso die Insellandschaft eine Hauptrolle. Die Steilklippen, Sonnenuntergänge über dem Meer und Visbys malerische Altstadt werden Szene für Szene spektakulär auf den Bildschirm gebracht. Die für Gotland so typischen Felsformationen, die Raukar, sind ebenfalls beliebte und häufige gefilmte Hintergründe.

Eine Insel voller Mythen

Anna Jansson, 1958 auf Gotland geboren, hat ihre eigene Theorie, warum ihre Heimat der perfekte Schauplatz für Mordgeschichten ist. Gotland sei voller Legenden und Mythen, erzählt sie, und zudem sei eine Insel ohnehin ein guter Schauplatz für eine Kriminalgeschichte. Denn ein Mörder könne von dort nach seiner Tat nicht einfach so verschwinden. Dieses „Eingesperrt sein" schaffe, so *Jansson,* eine ganz besondere klaustrophobische Stimmung und damit extra Spannung. Das sehen offenbar auch *Janssons* Leser so, denn die Krimis mit Maria Wern als Pro-

got_435rk

tagonistin wurden in 15 Sprachen übersetzt und mehr als drei Millionen Mal verkauft.

Jansson ist spätberufen, was das Schreiben angeht. Als Krankenschwester hat sie aber schon früher beruflich mit den Schattenseiten des Lebens zu tun gehabt. Erst im Alter von 40 begann sie zu schreiben und hat seitdem jedes Jahr einen neuen Roman verfasst.

Der Tatort vor dem Haus

Auf der einsamen Landzunge nördlich von Klintehamn verbringt *Mari Jungstedt* gerne ihre Sommer. Die ehemalige Nachrichtensprecherin hat, wie *Cedervall* auch, einen ihrer Morde in direkter Nachbarschaft zu ihrer Ferienwohnung geschehen lassen. In dem Roman „An einem einsamen Ort" findet man am Ast einer Kiefer, an der Jungstedt häufig vorbeispaziert, eine Studentin erhängt. Die Schriftstellerin nimmt es mit der Vorrecherche zu ihren Büchern sehr genau und schaut sich jeden fiktiven Tatort selbst an – an Herbst- oder Winterabenden ist das durchaus mit einem Gruselgefühl verbunden. Denn, so gesteht die Krimi-Koryphäe: „Ich fürchte mich in der Dunkelheit." Manchmal schaudert es ihr sogar vor ihren eigenen Texten. So gesehen macht sie alles richtig, denn eine Krimiautorin, die ihren Lesern nicht das Fürchten lehrt, hätte ihren Beruf verfehlt. Wirklich Angst muss *Jungstedt* aber nicht haben. Zu Hause passt ein großer Wachhund auf und außerdem ist Gotland in der Realität eine friedliche Insel, auf der Gewaltverbrechen die absolute Ausnahme sind und auf der nur alle paar Jahre überhaupt mal ein Mord geschieht.

[<] Die Krimiautorinnen Anna Jansson (links) und Marianne Cedervall (rechts)

Ljugarn

Die Gemeinde Ljugarn an der Ostküste ist der **älteste Touristenort Gotlands.** Bereits um 1860 verbrachte hier Prinzessin *Eugénie,* die Tochter von König *Oskar I.,* ihre Ferien, um mithilfe des gesunden Klimas der Insel ihre angeschlagene Gesundheit wiederherzustellen. Dieser Urlaub hat ihr offenbar so gut gefallen, dass sie immer wieder nach Gotland kam und sich schließlich in der Nähe von Visby ein Sommerhaus errichten ließ. Auf ihren Spuren folgten vor allem Künstler, die sich von der gotländischen Natur für ihre Werke inspirieren ließen. Durch deren Lobeshymnen neugierig gemacht, kamen Ende des 19. Jahrhunderts die ersten „normalen" Touristen, schon damals zumeist aus der Hauptstadt Stockholm, von der aus die Insel relativ leicht zu erreichen ist.

Mit seiner herrlichen Lage und seinem langen, wenn auch relativ schmalen Strand gehört Ljugarn nach wie vor zu den führenden Touristenorten Gotlands und bietet dementsprechend viele Übernachtungsmöglichkeiten. Von Mitte Juni bis Anfang August bekommt man aber trotzdem ohne Vorausbuchung nur schwer ein Zimmer. Der Ort eignet sich nicht nur für einen Badeurlaub, sondern auch als Standort für Besucher, die die Ostküste zum Ausgangspunkt ihrer Ausflüge machen wollen.

Strandridaregården

Am Ortsrand von Ljugarn sind im Strandridaregården zwei kleine Museen untergebracht. Die „Strandritter" waren im 18. Jahrhundert eine wichtige Institution auf der Insel; sie hatten die Aufgabe, Zollgebühren bzw. Steuern von in Gotland anlandenden Schiffen einzutreiben. Außerdem hatten sie als einzige das Recht, Bier und Schnaps zu verkaufen. Die Bauern der Umgebung waren verpflichtet, für den jeweiligen „Strandritter" Essen und Wohnung zu stellen. Der Strandridaregården von Ljugarn wurde deswegen um 1720 von den Bauern errichtet und diente etwa 100 Jahre lang als Amts- und Wohnsitz des „Strandritters". Heute kann man hier die Wohnung eines solchen königlichen Bediensteten besichtigen, ein **Zollmuseum** veranschaulicht Details der damaligen Aufgaben. In der ehemaligen Braustube ist das – nach Eigenaussage – **„kleinste Geologische Museum der Welt"** untergebracht (beide Museen von Mitte Juni–Mitte August tägl. 14–17 Uhr geöffnet). Der Strandridaregården liegt malerisch direkt am Meer und ist der ideale Platz für ein Picknick in historischer Umgebung. Übernachten kann man hier übrigens auch, denn auf dem Gelände ist eine **Jugendherberge** untergebracht. Ein paar Schritte weiter kommt man zum kleinen Hafen und der **Fiskeläge** mit ihren roten Fischerbuden.

Informationen

- **ljugarn.se,** sehr informative Internetseite mit Übernachtungs- und Restauranttipps.

Übernachtung

- **Pensionat Lövängen und Ferienwohnungen** ②: Der kleine Pensionsbetrieb Lövängen bietet nur wenige Betten und ist vor allem wegen seiner schönen Caféterrasse einen Aufenthalt wert. Gleich nebenan liegt das vom gleichen Besitzer betriebene Feriendorf, das besonders Familien die ideale Unterkunftsmöglichkeit bietet (Hüttenpreis ab 1900–2100 SEK/Tag). Die gemeinsame Rezeption für *Frejs Magasin* (→ unten), die *Pension Lövängen* und die Ferienwohnungen liegt im Storvägen 64, Tel. (0706) 493011, www.pensionatlovangen.se.
- **Frejs Magasin** ①, Tel. (0706) 493011, www.pensionatlovangen.se. Die Kontaktdaten sind identisch mit denen der Pension Lövängen. Das Haus ist leicht zu finden, strahlt es doch in leuchtendem Gelb direkt an der Hauptstraße. Hier vermietet man Zimmer und Ferienwohnungen zwischen 1500 (DZ) und 1900 SEK (4-Bett-Zimmer)/Tag, inklusive Frühstück und Bettwäsche.

Die Strandsauna von Ljugarn

got_399rk

■ **Ljugarn Semesterby & Camping** ①-②, Strandvägen 51, Tel. (0498) 493117, www.semesterby.se. Campingplatz in Strandnähe, auf dem man auch (größtenteils sehr einfache) Hütten mieten kann. Je nach Größe, Ausstattung und Saison 1500–2600 SEK/Tag. Außerdem besteht die Möglichkeit, eines der luxuriös ausgestatten Glampingzelte in Strandnähe für 1800 und 2400 SEK/Nacht zu mieten.

■ **Jugendherberge** ①, Storgatan 1, Tel. (076) 7997095, www.svenskaturistforeningen.se/boende/stf-ljugarn-vandrarhem, geöffnet 15. Mai–31. Aug. Günstig wohnen in unmittelbarer Meeresnähe im ehemaligen *Strandridaregården.*

Essen und Trinken

■ **Restaurant Smakrike,** Claudelins väg 1, Tel. (0498) 49 33 71, smakrike.se, nur im Sommer geöffnet. Das Smakrike sticht heraus aus den Restaurants in Ljugarn. Während sich die anderen an das „große Publikum" richten, wird im „Reich des Geschmacks" das Essen individuell komponiert. Nichts für den schnellen Konsum in einer Badepause, sondern ein Mahl, auf das man sich einlassen sollte. Für den Sommer 2024 kündigt sich allerdings ein Besitzerwechsel an. Dass es weitergehen wird, ist klar, in welcher Form, darüber kann man sich auf der Internetseite informieren. In dem kleinen dazugehörenden **Hotel** (5 DZ, eine Suite) kann man übernachten.

■ **Strandcafé,** Strandvägen 6, Tel. (0705) 493378, www.strandcafe.se, geöffnet ab Mai. *Das* Restaurant am Strand. Unter schattigen Bäumen kann man hier im Sommer sein kühles Bier oder Wasser trinken und dabei den anderen Touristen beim Sonnen und Baden zusehen. Das Strandcafé, das tagsüber vor allem den schnellen Snack für ausgehungerte Badelustige bietet, verwandelt sich abends zu einer Bar bzw. am Wochenende zu einem Club mit Live-Events unter freiem Himmel.

■ **Bruna Dörren,** Claudelins Väg 5/Strandvägen, Tel. (0707) 752123, www.brunadorren.com. Die „braune Tür" ist im Sommer der Treffpunkt für alle, die feiern und eine gute Zeit haben wollen. Denn hier gibt es ein Potpourri an Möglichkeiten. Da ist einmal das Restaurant in dem Pizzen und Kartoffelgerichte serviert werden, dann der schon legendäre Eisstand und gleich mehrere Bars, mit einer großen Auswahl an Rum. Bierliebhaber können aus mehr als 100 Marken auswählen. Auf der Bühne wird Stimmungsmusik gespielt und im Sommer tanzt man unter freiem Himmel, wenn DJs den neusten Sound auflegen. Geöffnet ab Mitte Juni.

Sport- und Freizeitaktivitäten

■ **Ljugarns Strandsauna,** Sjöviksvägen (dort, wo die Straße auf Strandhöhe eine Kurve macht), bastun.ljugarngotland.com. Etwas ganz Besonders ist Ljugarns alte Strandsauna, die samstags von 15 bis 17 Uhr für Damen und von 17 bis 19 Uhr für Herren geöffnet ist (Privatbuchung an anderen Tagen möglich). Hier treffen sich Einheimische und Touristen, um gemeinsam zu Schwitzen und eine gute Zeit zu haben. Ursprünglich war die Strandsauna eine Waschhütte, die in den zwanziger Jahren des 20. Jahrhunderts für die Kinder des Dorfes gebaut wurde. Das Saunavergnügen kostet lediglich 50 SEK, die man vor Ort bezahlt.

■ **Raukgebiet Folhammar:** Gut zwei Kilometer nördlich von Ljugarn liegt das Raukgebiet von Folhammar. Hier scheint sich die Natur besonders viel Mühe gegeben zu haben, denn die Kalksteinformation sind außergwöhnlich skurril. Inmitten der Felsen liegt ein offizieller Grillplatz, an dem man an einem lauen Sommerabend herrlich sein Grillgut oder frisch gefangenen Fisch brutzeln kann. Auf dem Weg zu den Raukar passiert man die alten Fischerhütten von Vitvärs, die einen kurzen Stopp lohnen. Die ältesten Gebäude, die aus Stein gebaut sind, datieren bis ins 18. Jahrhundert zurück. Die Holzhütten wurden erst in den folgenden Jahrhunderten errichtet.

got_436rk

4
Südgotland

»Schafe und Wind, menschenleere Landschaften, aber seit einigen Jahren auch vermehrt Kunstgalerien – der Süden Gotlands bietet die perfekte Kombi aus Natur und Kultur. Der perfekte Tagesabschluss ist ein Absacker zum Sonnenuntergang am Hafen von Burgsvik.

< Die Mühlen von Vamlingbo

got_437rk

DER SÜDEN

Die Nacht im Süden ist am dunkelsten", sagen die Gotländer und meinen damit, dass in diesem Teil ihrer Insel besonders wenig Menschen leben. Man könnte diese Redewendung aber auch als Tipp für Sternenbeobachter lesen, denn die Möglichkeiten fürs „stargazing" sind in der Tat nirgends so gut wie hier. Hier weht der Wind über weite Graslandschaften. Früher hat man ihn auf Gotland für sich arbeiten lassen. Er musste die Flügel der vielen Mühlen antreiben. Im Süden, wo der Wind besonders stark bläst und es kaum Bäume gab, die ihn stoppten, drehten sich besonders viele davon. Heute braucht man die schmucken Mühlen nicht mehr, sie sind nur noch Foto-Spots für Touristen. Das ist auch gut, denn ganz so ungehindert wie in früheren Jahrhunderten weht der Wind nicht mehr über die Landschaft. Damals hielten die Schafe die Vegetation niedrig und schufen so die für Südgotland ganz typischen weiten Grasflächen. Die gibt es auch immer noch, aber vor allem in Naturreservaten, in denen Schafe weiterhin als Landschaftspfleger „arbeiten" und der Mensch mithilft, den Baumbestand zu beschneiden. Auch auf Sudret, der Landzunge im äußersten Süden, findet man die offenen Landschaften noch. Für viele gilt dieser Teil der Insel, mit seiner rauen Natur, als ihr schönster. Allerdings, und das mag zunächst verwundern, liegen hier unten auch viele Galerien. Künstler vom schwedischen Festland wählen genau hier ihren Sommersitz, weil auf dem gotländischen Immobilienmarkt die Faustregel gilt: „Je weiter entfernt von Visby, desto günstiger." Vielleicht hängt ihre Wohnortwahl aber auch damit zusammen, dass das Licht im Süden besonders klar ist und entsprechend inspirierend wirkt. Das vermag wohl niemand objektiv zu bewerten, was aber ganz sicher stimmt: Vor Sudret versinkt die Sonne am schönsten im Meer.

⌃ Das Heidegebiet von Hoburgen

Sehenswertes im Süden

Alskog

Wie fast jede Gemeinde auf der Insel hat auch Alskog eine sehenswerte Kirche zu bieten. Hier stammt das Gotteshaus aus dem 13. Jahrhundert. Der Turm ist ein Jahrhundert jünger. Die **Kanzel** (1568) ist eine der ältesten auf der Insel. Ebenfalls auf dem Gebiet der Gemeinde Alskog liegt die **Grabstätte Gålrum.** Hier findet man die Überreste von etwa 100 Gräbern aus der Eisenzeit, sieben zum Teil sehr gut erhaltene Schiffssetzungen aus der Bronzezeit und einen Bildstein, der hier allerdings nicht an seinem Originalplatz steht. Die ältesten Fundstellen stammen aus der Zeit um 1500 v. Chr., die jüngsten aus dem 8. Jahrhundert n. Chr.

Kunst/Einkaufen

■ **Silver i Fattugstugan,** www.ejve.se, Mitte Juni–Mitte Aug. Mo–Fr 11–18 Uhr, Sa, So 12–16 Uhr. Seinen Hauptwohnsitz hat der Silberkünstler *Niklas Ejve* in Stockholm, den Sommer über arbeitet er aber auf Gotland in der Fattigstugan, dem Armenhaus, in Alskog. Dort kann man ihm bei der Arbeit zuschauen und natürlich auch Schmuck kaufen. Das Atelier findet man leicht, es liegt etwas außerhalb des Ortes direkt an der Hauptstraße nach Ljugarn.

■ **Mejeriet Alskog,** Tel. (0498) 493028, www.mejerietgotland.com, Mitte Juli–Mitte Aug. tgl. 12–15 Uhr. Die Textilkünstlerin *Eila Burvall* und der Keramiker *Tomas Stöfling* betreiben in der ehemaligen Molkerei ihr Sommerstudio und veranstalten dort jedes Jahr eine Werksausstellung.

Garda (auch Garde)

Eine der **größten und ältesten Landkirchen** ist die von Garda. In dem Langhaus im romanischen Stil, das im 12. Jahrhundert errichtet wurde, sollten die Besucher ihr Augenmerk auf die für Gotland einmaligen **Wandmalereien im russisch-byzantinischen Stil** richten. Weiter sehenswert sind das Triumphkruzifix und der Taufstein, beide aus dem 12. Jahrhundert.
Garda ist auf Gotland als **Künstlerort** bekannt, in dem viele kleine Ateliers zur Besichtigung und – natürlich – zum Kauf einladen. Der Ort lohnt also nicht nur wegen seiner beachtenswer-

NICHT VERPASSEN!

- **Närsholmen,** ein Leuchtturm malerisch in Weiß und Rot | 113
- **Stångaspiele,** Wettkämpfe in alten gotländischen Sportarten | 116
- **Die schönste Landkirche** Gotlands in Öja | 125
- Das **Weingut** der Liebe in Burgsvik | 128
- Kunst im **Korsbärsgården** in Sundre | 133
- **Hoburgen** – bekannter Felsen am Ende der Insel | 135

Diese Tipps erkennt man an der gelben Markierung.

ten Kirche den Besuch. Wer im Ort übernachten will, findet im Sommer in **Ekängens Pensionat** (www.pensionatljugarn.com) eine Unterkunft.

Kunst/Einkaufen

■ **Scharp Keramik,** Garde Autsarve 640, Tel. (0498) 491025, www.scharpkeramik.se, im Sommer tgl. geöffnet, sonst nach Vereinbarung. Das Keramikatelier von *Lena Scharp* liegt etwas außerhalb des Ortes in Autsarve. Die Künstlerin stellt vor allem rustikale Terrakottawaren her – vom Blumenübertopf bis zum Trinkbecher.

Lau

Auch die Nachbargemeinde Lau wartet mit einem beachtlichen Kirchengebäude auf, nämlich dem **größten Gotteshaus aller Landgemeinden.** Ursprünglich sollte die Kirche sogar noch größer werden, aber aus dem geplanten Turmbau wurde nichts. Das romanische Langhaus hat man in der ersten Hälfte des 13. Jahrhunderts erbaut, der gotische Chor zu Beginn des 14. Jahrhunderts angefügt. Warum die Kirche von Lau so groß ausgefallen ist, weiß man nicht genau. Viele Menschen lebten jedenfalls noch nie hier, und selbst heute fänden die knapp 300 Dorfbewohner mehrfach im Gotteshaus Platz. Eine Theorie geht davon aus, dass die Kirche eine Zwischenstation für Pilger aus dem Osten war, die zur Begräbniskirche von König *Olaf dem Heiligen* – dem Nidarosdom im norwegischen Trondheim – wanderten. König *Olaf,* der der Legende nach das Christentum nach Gotland brachte, war in jenen Tagen sehr populär, dementsprechend waren auch viele Reisende zu seinem Grab unterwegs. Wie die meisten Landkirchen Gotlands war auch die von Lau ursprünglich reich mit Kalkmalereien verziert, es sind aber nur noch wenige erhalten. Beachtenswert ist das sehr gut erhaltene **Triumphkruzifix** aus dem 13. Jahrhundert, das zu seiner Zeit das größte des Nordens gewesen sein soll. Der **Altaraufsatz** ist eine Lübecker Arbeit und stammt aus der ersten Hälfte des 15. Jahrhunderts. Ursprünglich stand er in der Kirche von När, und erst als man sich dort im Jahre 1703 „etwas Neues" gönnte, wurde er nach Lau verkauft. Die Marienskulptur im Altaraufsatz ist übrigens eine Nachbildung aus späterer Zeit; die Originalfigur wurde irgendwann im 18. oder 19. Jahrhundert entfernt, da sie der Kirche nach damaliger Ansicht ein zu „katholisches Gepräge" verpasste. Der Taufstein aus dem 13. Jahrhundert wurde von Meister *Sigrafr* geschaffen, dessen Werke in vielen gotländischen Kirchen zu sehen sind.

När

Wenn Sie wissen wollen, ob sich die Bürger von När seinerzeit mit dem Verkauf ihres Altaraufsatzes an Lau richtig entschieden (→ oben) und wirklich etwas Schöneres erstanden haben, können Sie das wenige Kilometer weiter in der dortigen Ortskirche aus dem 13. Jahrhundert überprüfen. In ihr ist vor allem der Taufstein interessant, der von Meister *Hegwald* geschaffen wurde und damit ein Jahrhundert älter ist als die Kirche selbst. Künstlerisch vielleicht weniger wertvoll, aber lustig anzusehen sind die **Türen der Kirchenbänke,** die zu Beginn des 18. Jahrhunderts von einem holländischen Künstler mit **humorvollen Portraits** geschmückt wurden. Wen die Figuren darstellen, weiß man nicht. Was man aber weiß, ist, dass die Türen bereits kurz nach ihrer Fertigstellung wieder entfernt werden sollten, weil die Darstellungen dem Pfarrer nicht ernsthaft genug waren. Wenn das keine gute Werbung für den Besuch der Kirche ist, was dann?

Närsholmen

Von När aus sind es nur wenige Kilometer bis zu dem **Naturschutzgebiet** Närsholmen. Schon von weitem sieht man den malerischen **rot-weißen Leuchtturm,** erbaut 1872, der aussieht, als wäre er der Fernsehwerbung entsprungen. Die Zufahrt zum Naturschutzgebiet ist mit einem Tor versperrt. Doch damit will man nicht Sie vom Besuch, sondern die weidenden Schafe und Kühe von der „Flucht" abhalten. Also einfach das Tor öffnen, durchfahren und – ganz wichtig – wieder schließen. Die Heidelandschaft von Närsholmen ist das **Brutgebiet** von 45 Vogelarten und deswegen ein von Ornithologen gern besuchtes Ziel. Aber auch wenn Sie Vögel nur als Produzenten von Hintergrundmusik wahrnehmen, lohnt sich ein Ausflug hierher, zum Spazierengehen, Picknicken oder einfach zum Träumen am Strand. Um die Brutvögel nicht zu stören, sind große Teile des Gebiets vom 15. März bis 15. August nicht zugänglich.

Notiz am Rande: Auf Närsholmen hat der sowjetische Regisseur *Andrei Tarkowski* kurz vor seinem Tod einige Szenen seines Films „Opfer" gedreht.

Lye

Die dortige Kirche stammt aus dem letzten Drittel des 12. Jahrhunderts und ist vor allem wegen ihrer **Glasmalereien** bekannt, außerdem sehenswert ist das **Reliquiar am Westportal,** das von Meister *Sigrafr* stammt, den Sie ja schon von seinen Werken aus der Kirche in Lau kennen. In der Nähe der Kirche findet man das Keramikstudio von *Thord Karlsson.*

■ **Thord Karlsson Keramik,** Lye Sigulds 514, Tel. (070) 555 92 25, www.karlssonskrukor.se, im Sommer Sa 11–16 Uhr, ansonsten auf Nachfrage.

☐ Der Leuchtturm von Närsholmen

got_314rk

Etelhem

Die Gemeinde gilt als besonderer Tipp bei allen, die sich für **Töpferwaren** interessieren. **Etelhems Krukmakeri** ist eine der ältesten Töpfereien Schwedens. Hier kann man *Torleif Solberg* bei der Arbeit zusehen und natürlich auch einkaufen. In dem kleinen Sommercafé gibt es leckeren Kuchen. Pizza aus dem Holzofen kommt jeden Mittwoch und Samstag zwischen 16 und 20 Uhr auf die Teller. Für 195 SEK kann man dann essen so viel man will.

In einem alten Brauereigebäude aus dem späten 18. Jahrhundert ist die Töpferwerkstatt von *Knutte Larsson* untergebracht, seine Frau *Eva* stellt wunderschöne Teppiche her.

Die dritte Keramikkünstlerin in Etelhem ist *Anette Baggieri*. Auch ihr kann man bei der Arbeit zusehen und im kleinen Shop Souvenirs einkaufen.

Gotland Spirits

Ein cooles Projekt in Linde: Ein junger Schnapsbrenner macht aus Lebensmittelabfällen – vor allem dem Brot, das im Supermarkt jeden Tag im Müll landet – exzellenten Wodka. Weil das so aber nicht erlaubt ist, darf er sein Produkt nur als „alkoholisches Getränk" vermarkten. Konsequenterweise heißt die Marke dann auch „Spill" – Verschüttetes. Wer sich näher über das spannende Projekt informieren will, kann über das Kontaktformular auf der Webseite eine Betriebsführung bzw. Verkostung vereinbaren (nur auf Englisch oder Schwedisch).

- **www.gotlandspirits.se/spill**

- **Etelhems Krukmakeri,** Etelhem Tänglings 701, Tel. (0498) 494035, www.etelhemskrukmakeri.se, geöffnet Juni–Aug. tägl. 10–18 Uhr, dann kann man sich auch selbst an der Töpferscheibe versuchen (keine Voranmeldung nötig).
- **Larsson & Larsson HB,** Etelhem Kyrkeby 124, Tel. (0498) 494145, www.larssonochlarsson.se, Juni–Mitte Aug. tgl.10–18 Uhr geöffnet.
- **Tallås Hantverk,** Etelhem Hageby 814, Tel. (0733) 627523, www.tallashantverk.se, geöffnet im Sommer tgl. 11-18 Uhr, sonst nach Vereinbarung.

In Etelhem gibt es natürlich auch eine **Kirche.** In dem Gotteshaus aus dem 14. Jahrhundert ist vor allem der Taufstein von Meister *Hegwald* (etwa 1125–1165) einen Blick wert.

Etwa drei Kilometer außerhalb (Abzweig an der Etelhems Krukmakeri) liegt der **Sigvalde träsk,** einer der größten Seen Gotlands. Eine kleine Badestelle lockt hier mit einer Pause. Zwei Kilometer vor dem Ort (Abzweig bei der Kirche, später der Beschilderung *Hageby fornburg* bis zum Parkplatz folgen) liegt die **Bendesborg,** eine Befestigungsanlage aus der Zeit zwischen 200 und 600 n. Chr. Von der Anlage sind nur noch spärliche Reste erhalten, die etwa drei Kilometer lange **Wanderung** dorthin lohnt aber auf jeden Fall, führt sie doch an tollen Aussichtpunkten und einer kleinen Badestelle vorbei.

Lojsta

Am Rande der Straße Nummer 142 liegt die **Kirche** von Lojsta. Wie fast alle Kirchen der Insel wurde auch sie im 13. Jahrhundert errichtet, der Turm kam ein Jahrhundert später hinzu. Besonders

got_438rk

sehenswert sind die reichen **Kalkmalereien,** die in mehreren Phasen zwischen dem 13. und 16. Jahrhundert entstanden und erst 1923 wieder freigelegt wurden, außerdem der Taufstein aus dem 12. und das Altarbild aus dem 14. Jahrhundert.

Lojsta slott, das Schloss von Lojsta, ist vermutlich nicht das, was Sie sich vorstellen. Es gibt hier keine mittelalterlichen Gebäude mit romantischen Türmen und Zinnen zu sehen. Lediglich spärliche Reste einer Befestigungsanlage aus dem 13. oder 14. Jahrhundert kann man erkennen. Besuchenswert ist *Lojsta slott* trotzdem, denn die damaligen Bauherren hatten sich einen schönen Platz für ihre Burg ausgesucht. Umgeben von drei kleinen Seen liegt sie auf einem Hügel – der richtige Ort für einen kleinen Spaziergang. Unmittelbar neben den Resten des Schlosses liegt **Lojsta Hall,** ein rekonstruiertes Haus aus der Eisenzeit.

Linde

Nur wenige Kilometer weiter wartet schon das nächste Gotteshaus. Die **romanische Kirche** von Linde stammt in ihren ältesten Teilen aus dem 12.Jahrhundert, das Langhaus und der Turm wurden erst im 13. Jahrhundert errichtet. Aus dieser Zeit sind auch die sehr sehenswerten **Kalkmalereien,** die unter anderem den Apostel Petrus, der den Schlüssel des Himmelreiches in seinen Händen hält, zeigen. Die Kalkmalereien wurden übrigens bei der Renovierung 1852 weiß übermalt, Gott sei Dank aber 1906 wieder freigelegt. Für deutsche Besucher besonders interessant ist der **Altarschrein** aus dem Jahre 1521, eine Lübecker Arbeit.

⌃ Schnapsbrennerei in Linde: Wodka aus „Wegwerfbrot"

Die Keramikrunde

Auf einer Fahrt auf der Keramikrunde kann man in Etelhem, Garde, Lye und Linde die Ateliers von sechs Künstlern und Künstlerinnen besuchen. Genauere Infos findet man jeweils unter den entsprechenden Ortsangaben und online.

■ **keramikrundan.se**

Ein weiterer Stopp auf der Keramikrunde (→ Infokasten) ist die **Galerie** von *Anki Wolter.* Bei ihr kann man an einem zweistündigen Kurs teilnehmen, in dem man die Arbeit an der Drehscheibe lernt und anschließend ein eigenes „Werk" fertigen kann. Der Kurs kostet 870 SEK, fürs Material kommen nochmals 325 SEK dazu. Sie wollen mitmachen? Dann denken Sie daran, dass die Keramik erst gebrannt werden muss. Weil das dauert, macht man den Kurs am besten am Anfang des Urlaubs. Wer möchte, kann sich sein kleines Kunstwerk auch zuschicken lassen, das kostet aber extra.

■ **Wolter Keramik,** Salands 706, Tel. (0709) 283437, www.wolterkeramik.com, im Sommer tgl. geöffnet, sonst nach Vereinbarung.

Stånga

Unbedingt aufs Besuchsprogramm gehört die **Kirche** von Stånga. Im 13. Jahrhundert erbaut wurde sie schon ein Jahrhundert später erweitert. Auch in Stånga war der damals in Gotland führende Baumeister *Egypticus* am Werk und entsprechend beeindruckend sieht die Kirche auch aus. Besonders sehenswert sind das **Südportal** und die in seiner Nähe in die Mauer eingelassenen Skulpturen. Sie waren wohl ursprünglich für eine andere Kirche bestimmt und sind nachträglich eingesetzt worden. Interessant auch der „Stab", der an der Eingangstür herabbaumelt. Das ist nämlich kein gewöhnlicher Stab, sondern das **Muster einer gotländischen Elle,** eines mittelalterlichen Längenmaßes, das genau 55,5 Zentimeter misst. Dieser Stab (heute eine Kopie) hängt seit alters hier, damit die Händler bei eventuellen Streitigkeiten immer das richtige Vergleichsmaß zur Hand hatten. Im Kircheninnern sollten Sie besonders das **Taufbecken** beachten, das bereits in der Vorgängerkirche stand und 100 Jahre älter ist als die Kirche selbst. Geschaffen wurde es von Meister *Hegwald.* Die vier Köpfe von Fabelwesen im unteren Teil des Taufsteins symbolisieren das Böse, das selbst in unmittelbarer Nähe des Taufwassers noch die Seele des Menschen auffressen will. Von Beginn an hing das große **Triumphkruzifix** aus Eichenholz in der Kirche. Wobei das Wort „hängen" nicht das richtige ist, denn im Gegensatz zu den Kruzifixen in den anderen Kirchen Gotlands war dieses zunächst auf dem Erdboden aufgestellt.

Stångaspiele

Sportlich geht es bei den Stångaspielen zu, die jeden Sommer stattfinden. Anfang Juli werden dann Wettkämpfe in urschwedischen bzw. **gotländischen Sportarten** wie Varpa, Stångstörtning und Pärkspel durchgeführt. **Varpa** ist – sehr vereinfacht erklärt – ein Präzisionswurfspiel, dass ein wenig dem Boule ähnelt, aber mit Wurfscheiben und nicht mit Bällen gespielt wird. **Stångstörtning** ist der Sport für die starken Männer, denn dabei geht es darum, einen Baumstamm von der Größe eines Telefonmasts aufzuheben und ihn so durch die Luft zu schleudern, dass er sich einmal um die eigene Achse dreht und dabei gleichzeitig möglichst weit fliegt. Da diese sonderbare Sportart außer auf Gotland nur noch im schottischen Hochland betrieben wird, sind regelmäßig auch schottische Wettkämpfer zu Gast. Das **Pärkspel** ist ein Mannschaftssport, dessen komplizierte Regeln ich Ihnen erspare. Stattdessen der dringende Rat, keinesfalls die Stångaspiele zu versäumen, wenn Sie während der Wettkämpfe auf der Insel sind – dann erleben Sie **Gotland pur!**

■ **Infos unter:** www.gutniskidrott.org/stangaspelen und gotland.com/stangaspelen

☐ Wettkampf im Varpa bei den Stångaspielen

Sport- und Freizeitaktivitäten

Wer sich sportlich betätigen möchte, kann in Stånga – wie auch im benachbarten När – **Golf** spielen. Golf ist in Schweden Volkssport, deswegen kann man sich hier auch als „Otto Normalverbraucher" eine Runde auf dem 18-Loch-Platz leisten.

■ **Gumbalde Golfclub,** Tel. (0498) 482880, www.gumbalde.se, Restaurant und Hotel. DZ ab ca. 2000 SEK, günstiger in der Nebensaison. Spezielle Pakete inkl. Greenfee.

Burs

Die **Kirche** von Burs wurde Anfang des 13. Jahrhunderts im romanischen Stil erbaut. 100 Jahre später riss man den Chor ab und ersetzte ihn durch einen größeren. Wie bei vielen Kirchenbauten hatten auch hier die Bauleute aus der berühmten *Egypticus*-Werkstatt ihre Hand mit im Spiel. Da es zu keinem weiteren Ausbau mehr kam, wirkt der Chor

got_223rk

got_439rk

im Verhältnis zum Langhaus überdimensioniert. Eine Besonderheit ist die **Kalksteinbank** rechter Hand am Chor. Sie stammt ebenfalls aus der Werkstatt des *Egypticus*. In der vorderen Armlehne sind die Verkündigung der frohen Botschaft an Maria durch den Erzengel Gabriel und das Treffen von Maria und Elisabeth, auf der hinteren Lehne die Geburt Jesu dargestellt.

Fünf Kilometer südlich von Burs liegt das **Freilichtmuseum Stavgard Vikingagård.** Der Nachbau eines Dorfes aus der Zeit zwischen dem 5. und 11. Jahrhundert besteht bisher aus acht Häusern. Wer hierher kommt, taucht tief in die Lebensweise der alten Nordmänner ein, denn man kann nicht nur die Häuser besichtigen, sondern auch die alte Handwerkskunst live erleben und u.a. einem Schmied über die Schulter schauen. Wer sich auch nachts wie ein Wikinger fühlen möchte, mietet das Langhaus als „Ferienhaus" (für bis zu vier Personen, Preis: 2800 SEK/Nacht inkl. Frühstück).

■ **Stavgard Vikingagård,** Stavgard 627, Tel. (076) 1310687, www.stavgard.se, Juli–Mitte Aug. tgl. 11–16 Uhr, Führungen um 11.20, 13.20 und 15.20 Uhr, Eintritt 100 SEK, Kinder bis 16 Jahre 50 SEK).

Noch weiter Richtung Süden kommt man nach **Tomtbod,** einer Fiskeläge mit 31 Hütten direkt an der Küste. Anders als in den meisten anderen Fiskelägen stehen hier nicht nur Holz-, sondern auch Steinhütten. Tomtbod wirkt fast wie ein kleines Dorf, ist ein wunderbarer Platz für ein Picknick und in den frühen Morgenstunden kann man hier die Sonne aus dem Meer steigen sehen. Fährt man die Küste dann in Richtung Norden entlang, trifft man auf die **Fiskeläge Hörte** (auf manchen Karten auch Herte oder Herta), die sogar einen eigenen kleinen Hafen besitzt. Der lange Sandstrand (mit Kiosk) gehört zu den besten der Insel.

Übernachtung

■ **Strandakar Hotel** ①-②, När Bomunds i Burgen 924 B, Tel. (0498) 691380, strand akar.se, von März bis in den Herbst geöffnet. In der Nähe der Fiskläge Hörte und nur ein paar Meter vom Sandstrand entfernt liegt das familienbetriebene Hotel Strandakar umgeben von einem großen Park. Das Besitzerpaar kümmert sich persönlich um die Gäste, die sich in einem der zwölf geräumigen und skandinavisch-modern eingerichteten Zimmer (DZ ab 2500 SEK/Nacht) einmieten können. Damit man wirklich abschalten kann, gibt es keine Fernseher, wer auf den Medienkonsum nicht verzichten will, kann natürlich auf das kostenlose WLAN zurückgreifen. Beim Frühstücksbuffet findet man viel Regionales, es kann auch von hotelfremden Gästen gebucht werden. Das hauseigene **Restaurant** serviert vielfach gelobte regionale Küche. Auch ein Fahrradverleih steht zur Verfügung.

Essen und Trinken

■ **Bistro Burs** ①, Burs Gajbjänne 220, Tel. (0723) 792 832, bistroburs.se. Das Bistro Burs bietet kleine, aber sehr feine Gerichte mit regionalen Zutaten. Nicht nur der Geschmack von Fleisch- und Fischessern wird bedient, es gibt auch vegetarische und vegane Alternativen. Und all das – in gotländischen Landgemeinden ist das eine große Ausnahme – gibt es das ganze Jahr (in der Nebensaison allerding nur Do–Sa). Erfreulich sind auch die für schwedische Verhältnisse günstigen Preise. Der Innenraum ist gemütlich eingerichtet, im Sommer kann man aber auch draußen sitzen. Dann gibt es auch immer wieder mal kleine Veranstaltungen wie ein Pub-Quiz oder Minikonzerte.

Hemse

Mit knapp 1800 Einwohnern ist Hemse zwar ein wichtiges Wirtschaftszentrum mit einer **guten Infrastruktur** (Banken, Lebensmittelgeschäfte, Supermärkte, Schwimmhalle). Ein schöner Ort ist Hemse aber nicht, und allenfalls die Dorfkirche aus dem 12. Jahrhundert mit Kalkmalereien aus dem 13. und 15. Jahrhundert lohnt einen kurzen Besuch.

☐ Picknickausflug im Süden der Insel

Nett zu wissen: Nach dem Ort wurde der 1993 entdeckte Asteroid *10124 Hemse* benannt.

Übernachtung

■ **Elisabets Vandrarhem Hemse** ①, Tingsåkergatan 4, Tel. (076) 8555904, buchbar über die gängigen Online-Portale, Jugendherberge mit 27 Betten in 2- bis 7-Bett-Zimmern, ab 375 SEK. Große Gemeinschaftsküche, schöner Garten.

Alva

In Alvas **Kirche** aus dem 12. Jahrhundert sind der Altaraufsatz und das große Triumphkruzifix aus dem 13. Jahrhundert einen näheren Blick wert. Falls Sie sich über den etwas **unförmigen Turm** wundern sollten: Der war eigentlich höher geplant, wurde aber nie fertig gebaut.

Rone

Die **Kirche** in der Ortschaft Rone ist wegen der **Kalkmalereien mit dem Passionsfries** besuchenswert. Das Langhaus wurde in mehreren Phasen zwischen 1265 und 1345 errichtet, im jenem Jahr kam auch der Turm hinzu, wegen seiner imposanten Höhe von 65 Metern „Langer Jakob“ genannt. Die Höhe kam nicht etwa wegen des „Größenwahns“ der Dorfbewohner zustande, sondern hatte einen ganz profanen Zweck, der Turm sollte den Seefahrern als Markierung dienen. Im Turm hängt die **älteste Glocke der Insel.** Einzigartig ist der im Südfenster des Kirchenchors **„eingemauerte Kopf“,** der einen Mönch darstellt; an der Stelle, auf die er blickt, soll angeblich ein großer Schatz eingemauert sein. Beginnen Sie aber nicht gleich mit Hammer und Meißel zu arbeiten, es könnte Probleme mit dem örtlichen Pfarrer geben. Die Kalkmalereien an der Nordseite stellen die Leidensgeschichte Christi dar, auf der Südseite ist unter anderem die Heilige Apollonia zu sehen, die mit verbundenen Händen dasteht, während ihre Verfolger ihr die Zähne mit einer Zange herausreißen.

Der größte von den etwa 400 Grabhügeln in Gotland ist **Uggarde Rojr** bei Rone. Er liegt zwischen der Kirche von Rone und Ronehamn. Das noch nicht erforschte Grab hat einen Durchmesser von 50 Metern, ist sieben Meter hoch und besteht aus schätzungsweise 15.000 Tonnen Gestein. *Uggarde Rojr* dominiert die offene Heidelandschaft und ist von sieben weiteren, aber wesentlich kleineren, Steinhügelgräbern umgeben. Damit sie gut sichtbar waren, wurden Grabhügel in der Bronzezeit entweder auf einer kleinen Erhebung oder an der Küste errichtet. Das trifft auch auf *Uggarde Rojr* zu, obwohl dies auf den ersten Blick nicht sofort erkennbar ist. Die Küstenlinie hat sich seitdem wegen der Landhebung nach der letzten Eiszeit verändert. Der Grabhügel liegt nun einige Kilometer landeinwärts.

Ronehamn

In Ronehamn lohnt eine kurze Fahrtunterbrechung, um einen Spaziergang im **Naturschutzgebiet von Ålarve** zu machen. Am Ende eines etwa einen Kilometer langen Weges erreicht man einen kleinen Picknickplatz am Meer.

Übernachtung

■ **Gula Hönan** ①, Ronehamnsvägen 40–42, Tel. (0498) 482940, www.theyellowhen.se, geöffnet Mai–Sept. Einfache und günstige Übernachtungsmöglichkeiten in einem alten Holzhaus oder in Ferienhütten. Eher Jugendherbergs- als Hotelniveau. Einfach zu finden an der wenig befahrenen Hauptzufahrtsstraße nach Ronehamn.

Essen und Trinken

■ **Kapten Grogg** ①, Ronehamnsvägen 1, www.kaptengrogg.com. Einfache, aber schmackhafte Küche mit Hamburgern, Salaten und Fisch und Chips auf der Speisekarte – alles jeweils 195 SEK.

Sproge und Silte

Südlich von Eksta passiert man in Sproge und Silte **zwei Landkirchen.** Beide stammen aus dem 13. Jahrhundert und wurden auf den Grundmauern einer alten Stabkirche errichtet. Da Gotland eine ganze Reihe von herausragenden Kirchen zu bieten hat, kann man diese beiden, ohne viel versäumt zu haben, auslassen. Falls Sie sich doch zu einem Besuch entscheiden, beachten Sie in der Kirche von Silte das **Taufbecken** aus dem 12. Jahrhundert, das von Meister *Sigrafr* geschaffen wurde. Diesen Namen werden sie in Zusammenhang mit gotländischen Kirchen immer wieder hören, denn er war einer der bedeutendsten gotländischen Bildhauer seiner Zeit.

Essen und Trinken

■ **Snausarve Gårdsbryggeri** ②, Silte Snausarve 128 (an der Straße 140 zwischen Sproge und Hablingbo), Tel. (073) 7393735, snausarve.nu. Hofbrauerei der schweizerisch-schwedischen Familie

Schultes-Andersson. 2018 begannen die beiden mit dem Brauen von eigenem Bier, ein Jahr später veranstalteten sie schon erste Verkostungen und seit 2020 kann man in dem kleinen Pub nicht nur Selbstgebrautes probieren, sondern dazu auch Kleinigkeiten essen.

Hablingbo

Die **Kirche** in Hablingbo lohnt einen ausführlichen Besuch. Der älteste Gebäudeteil ist der Kirchturm (12. Jahrhundert), der noch von der Vorgängerkirche stammt. Das gotische Langhaus wurde von den Arbeitern der *Egypticus*-Werkstatt errichtet und stammt aus dem frühen 14. Jahrhundert. Bemerkenswert ist das **Nordportal,** das ebenfalls noch von der Vorgängerkirche stammt. Es wurde von einem Baumeister geschaffen, der auch beim Dombau in Lund mitgewirkt hat. Dass er sich dabei hat inspirieren lassen, erkennt man unter anderem daran, dass viele „Geschichten", die hier erzählt werden, auch am Eingangsportal von Lund Thema sind. Im **Rundbogen** über dem Eingang wird die Geschichte von Kain und Abel dargestellt. In der Mitte thront Gott Vater, auf der einen Seite Abel mit dem Opferlamm, auf der anderen Kain mit dem Ährenbüschel. Hinter ihm der Teufel, der ihm den Mordgedanken einflüstert. Auf der linken Seite ist dann der Brudermord abgebildet. Auch das **zweite Eingangsportal** ist reich geschmückt und erzählt die Geschichte von Mariä Verkündigung. Der Innenraum hat bei der letzten Renovierung zum Ende des 19. Jahrhunderts viel von seinem Reiz verloren und hält nicht das, was man sich beim Eintreten durch das prachtvolle Portal verspricht. Im Chor befinden sich Reste der Wandbemalung aus dem 15. Jahrhundert, der **Altaraufsatz** im Barockstil stammt ebenso wie die Kanzel aus dem 17. Jahrhundert.

got_440rk

Gute Vingård

Der Ort Hablingbo hat aber noch mehr zu bieten als seine Kirche. Da ist zunächst einmal *Gute Vingård.* Man mag es nicht glauben, aber bereits seit 2002 gibt es auf Gotland ein Weingut, inzwischen ist sogar ein zweites dazu gekommen (→ S. 128). Damals beschloss *Lauri Pappinen,* sich seinen Traum vom eigenen Weinberg zu erfüllen, und pflanzte im Süden Gotlands seine Rebstöcke an. Angefangen hatte tatsächlich alles mit einem Traum, in dem sich *Pappinen,* der damals noch als Verleger tätig war, auf einem Weingut auf Gotland

⌃ Die Schweizer Wirtin serviert Selbstgebrautes in Snausarve

gesehen hatte. Dass dem bekennenden Sturkopf dann alle Welt klarmachen wollte, man könne auf Gotland nie und nimmer einen Weinberg anlegen, spornte ihn erst recht an. Er kaufte Land auf der Insel und eignete sich das entsprechende Fachwissen an. Kritiker behaupten trotzdem, man hätte seinen ersten „Editionen" angemerkt, dass er bis dahin fachfremd war. Obwohl *Pappinens* Weine über die Jahre immer besser geworden sind, war er nie kommerziell erfolgreich. Das lag auch daran, dass er selbst das Projekt als Experiment betrachtete und seine Produktion nie gewinnorientiert ausrichtete. 2020 verkaufte *Pappinen* sein Pionierwerk – immerhin hatte er das erste Weingut Schwedens gegründet – und seitdem wird unter professioneller Führung Wein produziert. Und da auch die Größe wichtig für den Erfolg ist, kaufte man sofort neue Anbauflächen dazu.

Wer zwischen Ende Juni und Anfang August das Gute Vingård besucht, kann tgl. (außer sonntags) um 16 Uhr an einer **Führung** teilnehmen. Am Ende der Rundtour werden auch **Weinproben** angeboten – was jedoch mit hohen bürokratischen Hürden verbunden ist. In Schweden ist das nämlich gar nicht so einfach, da das staatliche Weinmonopol (→ Exkurs, S. 148) den Verkauf von Alkohol normalerweise nur in lizenzierten Restaurants und den Läden von Systembolaget erlaubt. Deswegen kann man den auf dem Weingut angebauten Wein bisher dort auch noch nicht kaufen. Im **Restaurant** des Weinguts kann man den Wein aber natürlich verköstigen. Ganzjährig geöffnet, bietet es internationale Küche mit nordischem Touch und stützt sich dabei – wo möglich – auf Rohwaren aus der Region. Deswegen wechselt die Speisekarte oft, vegetarische und vegane Alternativen gibt es jedoch immer.

got_441rk

Übernachten kann man in der **Jugendherberge,** die ebenfalls zum Anwesen gehört. Neun Zimmer stehen für Übernachtungsgäste zur Verfügung und wer möchte, kann sogar sein Haustier mitbringen.

Neben bzw. hinter dem Gute Vingård liegt das **Keramikatelier** von *Charlotte Karlsson,* was ebenfalls einen Besuch wert ist.

■ **Gute Vingård,** Hallbjäns 861, Tel. (0498) 487070, www.gutevingard.se, geöffnet zwischen Ende Juni und Anfang August. Einstündige Führungen (inkl. einer Probe von den Weinen und einem Sekt) finden Mo–Sa um 16 Uhr statt. Den Preis von 350 SEK kann man nur mit Kreditkarte bezahlen. Die Übernachtung in der **Jugendherberge** bucht man online über die Seite der *Svenska Turistföreningen* (STF): www.svenskaturistforeningen.se. Auf dem Weingut stehen zwei **Stellplätze für Wohnmobile** zur Verfügung. Sein E-Auto kann man an der Ladestation kostenlos aufladen.

■ **Charlotte Karlsson Keramik,** Hablingbo Hallbjens 160, Tel. (0498) 487184, (0703) 953535, charlottekarlssonkeramik.com, im Sommer tgl. 12–16 Uhr, sonst nach Vereinbarung.

Museumsbauernhof Petesgården

Etwas außerhalb von Hablingbo liegt in malerischer Lage direkt am Meer der Museumsbauernhof *Petesgården.* Er wurde im späten 18. bzw. in der Mitte des 19. Jahrhunderts erbaut und ist ganz im Stil der damaligen Zeit eingerichtet. Die frühere Besitzerin, die den Bauernhof 1947 gekauft und vor dem Verfall gerettet hat, war Apothekerin; da sie sich für Heilpflanzen interessierte, hat sie in *Petesgården* einen **Kräutergarten** angelegt, den man noch heute besichtigen kann. Auch die Rosensträucher stammen aus der umfangreichen „Sammlung" der ehemaligen Besitzerin. Ein schön gelegenes **Café/Restaurant** mit Aussicht aufs Meer lädt zu einer Pause ein, bei schönem Wetter kann man seinen Kaffee und kleine Speisen auch im Freien unter schattigen Bäumen genießen.

■ **Petesgården,** Hablingbo, Petes 624 Tel. (0721) 890553, petes.se. Mitte Juni–Augst Di–So 11–17 Uhr, Führungen durch das Haus 11.30, 14 und 16 Uhr.

Unterkunft

■ **Magazin 1** ①, Hablingbo, Prästgården 152, Tel. (0498) 244270, www.magazin1gotland.com. Kleine Pension/Hostel mit vier individuell, in moderner skandinavischer Klarheit eingerichteten Zimmern. Gemeinschaftsküche. DZ um 1500 SEK.

Essen und Trinken/Einkaufen

■ **Hablingbo Crêperie,** Hablingbo, Stora Burge 820 (eineinhalb Kilometer nördlich vom Gute Vingård an der Straße 140), Tel. (0498) 48 72 80, www.hablingbocreperie.com, nur im Sommer geöffnet. Dass es in der ältesten Crêperie auf der Insel auch **Keramik** zu kaufen gibt, liegt an der Liebe. Denn die hat den Franzosen *Santo* mit der schwedischen Künstlerin *Åsa Lindström* zusammengebracht. Im Sommer finden auf dem Hof jedes Wochenende **Theateraufführungen** statt.

☐ Einsame Küsten im Süden

got_442rk

Havdhem und Eke

In Hablingbos Nachbargemeinde Havdhem lädt ein privates **Landwirtschaftsmuseum** (swe. *Gotlands Lantbruksmuseum*) zum Besuch ein. Hier sind all diejenigen richtig, die sich für alte Traktoren interessieren. Aber es gibt viel mehr zu sehen, denn die Ausstellung befasst sich intensiv mit der Geschichte der Landwirtschaft auf der Insel.

Auch in Havdhem kann man sich wieder in einer **Kirche** umsehen. Sehenswert ist vor allem das Triumphkruzifix aus dem 15. Jahrhundert. An jedem anderen Ort wäre das Gotteshaus eine echte Sehenswürdigkeit, angesichts der Vielzahl der Kirchen in Gotland gehört sie aber nicht zu denen, die man unbedingt gesehen haben muss.

Die **Kirche im Nachbarort Eke** lohnt schon eher einen Besuch. Zum einen wegen ihrer reichhaltigen Kalkmalereien, zum anderen wegen des Taufsteins von Meister *Sigrafr* aus dem 12. Jahrhundert.

■ **Gotlands Lantbruksmuseum,** Prästgårdsvägen 27 (im Zentrum des Ortes), Tel. (070) 8481249, wp.spenarve.se, im Sommer Mi–So 12–17 Uhr.

Grötlingbo

Die Kirche von Grötlingbo gehört zu denen, die man auf jeden Fall besuchen sollte. Im 12. Jh. begann man mit dem Bau des kleinen Langhauses. Im 13. Jh. wurde der Turm angefügt, Mitte des 14. Jh. das alte Langhaus abgerissen und ein neues, größeres zusammen mit einem Chor errichtet. Der älteste heute noch erhaltene Teil der Kirche ist also der Turm. Gebaut wurde das Langhaus von Gotlands bester „Kirchenbaufabrik“, nämlich der Werkstatt des Meisters *Egypticus*. Die **Fassadenreliefs** an der Außenseite stammen von Meister *Sigrafr*, ebenso das Taufbecken im Innern. *Egypticus* und *Sigrafr* mögen uns heute nichts mehr sagen, damals waren sie aber die besten und teuersten Künstler auf der Insel. Eine Gemeinde, die beide für sich arbeiten lassen konnte, musste schon sehr reich gewesen sein. Das **Triumphkruzifix** aus dem 14. Jh. hing schon in der Vorgängerkirche, die Kanzel ist die älteste in Gotland, datiert auf das Jahr 1548 zurück und befand sich einst im Dom von Visby.

⌃ Die Windkraftanlage von Näsudden

Kattlunds

Drei Kilometer von Grötlingbo entfernt liegt der **Museumsbauernhof Kattlunds** (swe. *Museigården Kattlunds*). Er ist das einzige Beispiel eines in Stein gebauten Großbauernhofes in Nordeuropa aus dem Mittelalter. Die ältesten Teile stammen aus dem 13. Jahrhundert, sein heutiges Aussehen erhielt er durch eine ganze Reihe von An- und Umbauten, deren letzte zu Beginn des 19. Jahrhunderts durchgeführt wurde. Man nimmt an, dass hier kein gewöhnlicher Bauer wohnte, sondern jemand, der in großem Reichtum gelebt hat. Unter anderem kann man dies aus der Trennung von Wohnhaus und Stall schließen, etwas, das sich in jenen Tagen nur wirklich vermögende Menschen leisten konnten. Auffällig sind die kleinen „Dächer" aus Steinplatten über den aus dem Gemäuer herausragenden Holzbalken. Sie hatten den Zweck, die Balkenköpfe vor Feuchtigkeit zu schützen.

■ **Museumsbauernhof Kattlunds,** 62338 Havdhem, Tel. (0498) 292760, www.gotlandsmuseum.se/besok-oss/kattlunds-museigard, geöffnet Mitte Mai–August Sa–Do 11–17 Uhr, Eintritt: 90 SEK, für Jugendliche kostenlos.

Näs

Im Nachbarort Näs steht zwar auch eine Kirche aus dem 13. Jahrhundert, doch deren Innenraum hat man bei der Modernisierung um 1910 so viel Gewalt angetan, dass man ohne schlechtes Gewissen auf den Besuch verzichten kann. Wer sich für Windkraft interessiert, der sollte ohnehin lieber einen Ausflug zu **Gotlands größter Windkraftanlage** auf der Landspitze Näsudden machen. Auf dem Weg dorthin kann man an der **Bucht Burgsviken** eine kleine Badepause einlegen.

Fide und Öja

Bevor man Burgsvik erreicht, passiert man noch zwei Kirchen. Die von Fide können Sie, die von Öja (→ unten) müssen Sie besichtigen. Nicht umsonst gilt letztere als die schönste Landkirche der Insel.

Die **Kirche von Fide** wurde 1250 errichtet, der Turm wenige Jahre später angefügt. Sie ist reichhaltig mit **Kalkmalereien** geschmückt, die aus dem 13. und 15. Jahrhundert stammen. Die 1587 eingefügte Kanzel gehört zu den ältesten Gotlands. Interessant ist die so genannte **Klageinschrift** von 1361 im Triumphbogen. Sie erinnert an den Einmarsch der Dänen, bei dem weit mehr als tausend gotländische Bauernsoldaten niedergemetzelt wurden. Neben dem Bildnis des leidenden Jesus Christus steht die lateinische Inschrift: „Aedes succense gens caesa dolens ruit ense" – „Der Hof ist niedergebrannt und die Menschen fallen schmerzvoll dem Schwert zum Opfer".

Auch wenn Sie vorhatten, während Ihres Urlaubs auf Gotland keine Kirche zu besichtigen, bei der **Kirche von Öja, der schönsten Landkirche der Insel,** sollten Sie eine Ausnahme machen. Um den Bau der Kirche rankt eine **Legende:** Die Maurer arbeiteten eifrig an dem Gotteshaus und kamen gut voran, doch über Nacht wurde das Gemäuer immer wieder abgetragen. Dies ging eine ganze

Weile so, bis man schließlich feststellte, dass der größte Bauer der Region die Mauern wieder abbrechen ließ. Er wollte das Gotteshaus näher an seinem Hof wissen, damit er schneller zur Kirche gelangen konnte. Offenbar setzten sich auch damals die Mächtigen durch, denn sein Wunsch wurde erfüllt. So jedenfalls weiß es die Legende zu berichten – die wahre Baugeschichte war vermutlich langweiliger.

In Öja stand bereits im 12. Jahrhundert ein Gotteshaus, das den reichen Dorfbewohnern aber bald schon zu klein und bescheiden erschien. Die alte romanische Kirche wurde also abgerissen und durch eine gotische ersetzt, deren Einweihung 1232 gefeiert werden konnte. Doch in diesem Jahr war die Kirche noch lange nicht fertig, denn damals stand lediglich der Chor mit seinem Altar. Das Langhaus wurde bis zum Ende des 13. Jahrhunderts fertig gestellt, und erst 1360, also kurz bevor die Dänen die Insel eroberten, war auch der mächtige **Turm** fertig. Er wurde von der Werkstatt des Meisters *Egypticus* errichtet und ist mit 67 Metern der höchste einer gotländischen Landgemeinde. Deswegen wurde die **„lange Gans“**, wie der Turm von der Bevölkerung genannt wird, auch zu einem wichtigen Orientierungspunkt für Seefahrer. Während die übrigen Portale der Kirche sehr schlicht sind, ist das **Nordportal** des Turmes relativ reich geschmückt. Die liegende Figur am westlichen Kapitellband (wenn Sie auf das Portal zugehen, das rechte) stellt den Heiligen Eligius, den Schutzpatron der Goldschmiede, dar. Er ist an den Werkzeugen seiner Zunft – Zange und Hammer – zu erkennen. Ihm gegenüber sind einige Köpfe zu sehen, die in der Folge von außen nach innen einen grinsenden Teufel, die Jungfrau Maria, Christus mit dem Heiligenschein und den Apostel Johannes darstellen. Auf den äußeren Pfeilern sind Heilige und Apostel abgebildet, unter anderem Petrus mit dem Schlüssel des Himmelreichs, Paulus mit dem Buch und dem Schwert sowie der Heilige Olaf mit der Axt.

☒ Das Triumphkruzifix in der Kirche von Öja

Die größte Sehenswürdigkeit im Innenraum ist zweifelsohne das **Triumphkruzifix** aus dem späten 13. Jahrhundert. Das Kreuz ist von einem Kranz umgeben, auf dem zwölf Blüten zu sehen sind. Theologen streiten sich darüber, ob sie die zwölf Apostel oder die zwölf Stämme Israels repräsentieren. Klar ist dagegen, dass die vier viereckigen Täfelchen oben und unten, rechts und links am Kreuz die Evangelistensymbole zeigen – der Engel für Matthäus (links), der Stier für Lukas (rechts), der Adler für Johannes (oben) und der Löwe für Markus (unten). In den vier Feldern, die zwischen dem Kreuz und dem Kreuzkranz liegen, sind die folgenden Szenen dargestellt: unten links der Sündenfall, rechts dann die Vertreibung aus dem Paradies; in den oberen beiden Feldern die himmlischen Heerscharen, die mitfühlend auf das Leiden Christi herabblicken. Über die **Herkunft** des Kreuzes wird die folgende Geschichte erzählt: Angeblich war es gar nicht für die Kirche in Öja bestimmt, sondern sollte von Europa an einen Fürstenhof in Russland gebracht werden. Vor Gotland aber ging das Schiff mit dem Kreuz an Bord unter, die Besatzung überstand die Katastrophe wie durch ein Wunder unbeschadet. Als dann auch noch das Kreuz unbeschädigt ans Ufer der Insel geschwemmt wurde, schenkten es die Seeleute als Dank für ihre Rettung der Kirche von Öja. Tatsächlich weiß man wenig über die Herkunft des Kreuzes, manche Kunsthistoriker nehmen an, dass es aus einer gotländischen Werkstatt stammt, andere verweisen auf die Ähnlichkeiten mit deutschen und französischen Arbeiten aus jenen Tagen und nehmen deshalb eines dieser Länder als Produktionsstätte an.

Die **Holzskulpturen** unterhalb des Kreuzes stellen die trauernde Gottesmutter Maria und den Apostel Johannes dar. Bei der Marienskulptur handelt es sich um eine Kopie, deren Original im Landesmuseum *Gotlands Fornsal* (→ S. 26) in Visby steht. Die Johannesskulptur ist eine neuzeitliche Nachempfindung eines alten Werkes, das im Laufe der Jahrhunderte verloren gegangen war.

Die **Wandmalereien** in der Kirche von Öja sind ebenfalls von besonderer Qualität. Die ältesten Malereien am Ostfenster des Chores (ein Kreuz und einige Sonnensymbole) stammen aus dem frühen 13. Jahrhundert, die übrigen Malereien wurden im 15. Jahrhundert hinzugefügt. Bei genauem Hinsehen kann man die folgenden **acht „Geschichten"** aus den Bildern herauslesen: 1. das Martyrium des Heiligen Laurentius, der auf einem heißen Rost zu Tode gefoltert wird; 2. eine unbekannte Heilige, die geköpft wird; 3. in einem Baum sitzt ein reicher Mann, während der Baum vom Tod gefällt wird, ein Symbol dafür, dass der Tod jeden heimsucht, egal ob reich oder arm; 4. die Heilige Barbara eingesperrt in ihrem Turm mit den drei Fenstern (Symbol für die Trinität) ‚der Legende nach wurde Barbara vom eigenen Vater Dioskoros gefangen gehalten und später auf seinen Befehl hin enthauptet; 5. Szenen aus der Kindheit Jesu, unter anderem der Kindsmord zu Bethlehem und die Flucht nach Ägypten; 6. der Sündenfall; 7. der Heilige Georg mit dem Drachen; und 8. der Drachentöter.

Die Wandmalereien im Langhaus stammen aus dem 15. Jahrhundert und stellen Szenen aus dem Leben Jesu dar. Die Wandmalerei über dem **Nordportal** ist besonders interessant, denn sie erzählt keine Geschichte aus der Bibel, sondern ist eine ständige Mahnung an alle Bediensteten, ihre Herrschaften nicht zu bestehlen: Abgebildet ist eine Magd, die heimlich die Kuh eines fremden Bauern melkt und so dessen Milch klaut. Ganz links wird die Kuh von zwei

got_443rk

Teufeln festgehalten und von einem Hasen – Symbol des flüchtigen und kurzen Menschenlebens – gemolken, in der Mitte eine Magd, die mit der Hilfe des Teufels buttert. Auf der rechten Seite sieht man, was mit solchen Dieben geschieht, denn ungestraft kommt die Magd nicht davon: Sie gelangt nicht in das Himmelsreich und wird von einem Drachen verschlungen.

Ähnliche Darstellungen findet man in einigen Kirchen der Insel. Immer wieder werden so die Mägde und Knechte zur Ehrlichkeit gemahnt und es wird ihnen mit der Hölle gedroht. Die Wandmalerei in der Nordostecke der Kirche, die Maria mit dem Jesuskind darstellt, wurde erst bei der letzten Restaurierung im Jahre 1989 angefügt. Weiter beachtenswert sind der **Altaraufsatz** aus Sandstein von 1643, das **Taufbecken** von 1620 und die **Kanzel** aus dem Jahr 1628.

Burgsvik

Nur einen Katzensprung von der Kirche von Öja entfernt liegt Burgsvik, der Hauptort von Sudret, der Region im äußersten Süden. Eigentliche Sehenswürdigkeiten gibt es nicht, im Juli kann man jedoch jeden Samstag (10–13 Uhr) über den kleinen **Markt** bummeln oder man stattet der **Långmyre Vineri** einen Besuch ab.

Långmyre Vineri

Dass es im Süden Gotlands ein weiteres **Weingut** gibt, liegt an der Liebe. Die Schwedin *Emma Serner* und der Italiener *Andrea Guerra* lernten sich 2016 auf einem Weingut in der Toskana kennen. Bald wuchs ihre Liebe und mit ihr der Wunsch, zusammen ein Weingut zu eröffnen. Bei der Wahl des Standorts

got_444rk

haben sich die beiden aber nicht auf Gefühle, sondern auf harte Fakten verlassen. Italien schied deshalb schon bald als Heimat für das gemeinsame Projekt aus. „Dort einen Weinberg zu kaufen, wäre zu teuer gewesen", sagt *Andrea Guerra*. „Außerdem hätten wir Trauben anpflanzen müssen, die früher gepasst haben, jetzt aber nicht mehr." In seiner Heimat könne man nicht einfach die Reben anbauen, die man möchte, sondern müsse diejenigen anpflanzen, die in der entsprechenden Region Tradition haben. „In meiner Heimat herrscht die Mentalität vor: „So war es immer, so soll es bleiben", so *Andrea*. In ihrer *Långmyre Vineri* ist alles „öko". Deswegen bauen *Emma* und *Andrea* pilzwiderstandsfähige Rebsorten an, die nicht gespritzt werden müssen. Weil Schweden kein traditionelles Weinland ist, gibt es dazu auch keine Vorschriften. „Hier war es allen egal, was wir machen", lacht *Emma*. Bevor die beiden aber loslegten, prüften sie erst einmal die Wetterdaten für Gotland ab dem Jahr 1952 und ließen den Boden des Grundstücks, das sie pachten wollten, chemisch analysieren. *Andrea* schwärmt: „Unser Boden enthält viel Sand und Kalk und ist damit ideal für elegante und mineralreiche Weine." Und auch mit dem Wetter sind die beiden zufrieden. „Wir befinden uns hier am sonnenreichsten Ort Schwedens, wegen uns muss es gar nicht wärmer werden", so *Emma*.

■ **Långmyre Vineri,** Weingut: Skolvägen 10, Burgsvik, Tel. (070) 497 76 82, Weinberg: Hamra Bertelsmässe 468, Burgsvik, www.langmyrevineri.com, 2-stündige Führung bei der man Weinkeller und „Weinberg" besucht: Juni–Sept. 3-mal tgl. für 500 SEK. 1-stündige Tour nur durch den Weinkeller: März bis Okt. 375 SEK.

Halbinsel Faludden

Ein Ausflug auf die **Halbinsel Faludden** ist vor allem – aber nicht nur– für Vogelfreunde interessant. Auf den großen kargen Strandwiesen leben und brüten u.a. Alpenstrandläufer, Uferschnepfen, Austernfischer, Kampfläufer und Brachvögel. Deswegen darf man das Gebiet, abseits der Straße, auch vom 15. März bis 30 Juni und vom 1. Oktober bis 15. November nicht betreten.

Vom **Beobachtungsturm Inre Stockviken** kann man die Vögel aber windgeschützt hinter Schiebefenstern beobachten (der Abzweig dorthin ist nicht ausgeschildert, bei *Google Maps* ist der Turm jedoch eingezeichnet; ansonsten biegen Sie auf der Straße nach Faludden an einem mit einer Steinmauer umfassten Hof rechts ab, um zum Turm zu gelangen).

Auch den zehneckigen gusseisernen **Leuchtturm** von 1867 kann man sich nur aus der Ferne anschauen. Der steht nämlich auf einem Militärstützpunkt.

Die kleine **Fiskeläge Faludden** am Ende der engen Straße bietet malerische Fotomotive in Hülle und Fülle, den **Strand** davor hat man vermutlich für sich allein. Denn außer den bereits erwähnten Vögeln, neugierig schauenden Kühen und unzähligen Kaninchen begegnet man hier in der Regel niemandem.

☒ Långmyre: Der Weinkeller der Liebe

got_445rk

Übernachtung/Essen und Trinken

■ **Grå Gåsen** ②-③**,** Hoburgsvägen 3, Burgsvik, Tel. (0498) 497000, gragasen.se. Im *Grå Gåsen* in Burgsvik kocht jedes Jahr ein anderer Sternekoch – und zwar nicht nur für die bekanntesten schwedischen Gesangsstars. Im Frühsommer wird nämlich in der *Grauen Gans* mehrere Wochen lang die Fernsehshow „Så Mycket Bättre" aufgenommen, die schwedische Version von „Sing meinen Song – Das Tauschkonzert". Sieben Sänger bzw. Sängerinnen treten gemeinsam auf, wobei in jeder Sendung die bekanntesten Hits eines Künstlers von den anderen neu interpretiert werden. „Så Mycket Bättre" ist in Schweden eine der beliebtesten Fernsehshows überhaupt, weshalb das *Grå Gåsen* zu den bekanntesten Hotels bzw. Restaurants im Land zählt. „An manchen Tagen kommen bis zu 200 Fans, um vorne am Eingang, wo die Stars während der Sendung die Treppe hinuntergehen, ein Selfie zu machen", erzählt Besitzer *Björn Westerholm. Grå Gåsen* „atmet Musik", schwärmt er. Da ist es nur konsequent, dass, nachdem die Fernsehshow abgedreht ist, im großen Garten des Hotels **Open-Air-Konzerte** stattfinden. „Bis zu 4000 Besucher haben wir dann hier", so *Westerholm* stolz. Wenn nicht gerade die Filmcrew und Schwedens bekannteste Popstars hier wohnen, kann man sich in dem **Spitzenhotel** mit zwölf Zimmern natürlich auch einbuchen. Die Zimmer sind groß und stilvoll, noch schöner ist aber der weitläufige Park, in dem ein Pool zur Abkühlung auf die Gäste wartet. Auch eine Sauna steht zur Verfügung. DZ um 2600 SEK. Etwas günstiger, aber mit demselben liebevollen Service übernachtet man einige Kilometer weiter nördlich, in Richtung Visby, im **Bed-and-Breakfast-Hotel Gåsen Out** ①-② (Öja Björklunda 211, www.gasenout.se).

MEIN TIPP: **Guldkaggen** ②-③, Burgsviks hamn 4, Burgsvik, Tel. (0498) 210440, guldkaggen.se. Auch im Guldkaggen, das am Hafen von Burgsvik liegt, spielt im Sommer die Musik. Hier sind die **Konzerte** zwar eine Nummer kleiner als beim Nachbarn *Grå Gåsen,* dafür kann man aber mit dem wohl schönsten Sonnenuntergang der Insel punkten. Schon seit vielen Jahren treffen sich Einheimische und Gäste hier zum **Sundowner.** Und offenbar ist auch die Küche von der Sonne inspiriert – im *Guldkaggen* kommt Französisches auf den Teller.

Auf der Halbinsel Faludden: Hier gibt es Kühe, Kaninchen und viel Einsamkeit

Einkaufen

■ **Gotlandsbrynet,** Hamnvägen 21, Tel. (070) 626 7662, www.gotlandsbrynet.se. In der Nähe des Hafens von Burgsvik gibt es typische **Inselsouvenirs.** Die kuriose Mischung aus Minimuseum und Laden bietet Produkte aus gotländischem Sandstein an. In der Regel nur im Juli geöffnet, wer zu anderen Zeiten kommt, sollte zur Sicherheit vorab anrufen.

Bottarvegården

Etwa fünf Kilometer südlich von Burgsvik erreicht man den **Museumsbauernhof Bottarvegården**. Hier bekommt man einen Einblick ins Landleben zum Ende des 19. und zu Beginn des 20. Jahrhunderts. Dass der Hof aus dem 19. Jahrhundert als einziger im Umkreis in seinem Originalzustand erhalten geblieben ist, liegt daran, dass die einstigen Besitzer zu arm waren, um ihn zu modernisieren. *Bottarvegården* ist aber viel mehr als ein Museum. Der Hof hat sich zu einem **Kulturzentrum** für die lokale Bevölkerung entwickelt. Im **Museumscafé** bekommt man verschiedenste Kuchen und Waffeln. Es werden aber auch kleinere Mittagsgerichte angeboten, bei schönem Wetter auch draußen. Und wer sich mit Souvenirs eindecken will, wird sicher im „Handwerkerladen" fündig.

■ **Bottarvegården,** Bottarve 112 Vamlingbo, Tel. (073) 8413985, www.hembygd.se/hoburgbottarve, Juni–Aug. 11–17 Uhr, Anfang–Mitte Sept. Fr–So 11–17 Uhr, Eintritt: 40 SEK, Kinder bis 16 frei.

Die fünf Mühlen von Vamlingbo

Auf Gotland sind auch heute noch mehr als einhundert der alten Windmühlen erhalten. Die drei schönsten, weil fotogen in einer Reihe hintereinander aufgestellt, liegen in **Hundlausar** zwischen Öja und Vamlingbo. Bis in die 1950er-Jahre hinein wurde dort noch Getreide gemahlen. Zwei weitere pittoreske Mühlen, die von **Gervalds,** passiert man südlich von Vamlingbo. Der beste **Foto-Spot** liegt am Rande der Straße nach Kettelvik.

Nett zu wissen: Eine der beiden Mühlen hat in einer Pippi-Langstrumpf-Verfilmung eine sehr prominente Rolle gespielt.

Vamlingbo

Die **Kirche** von Vamlingbo nimmt auch in Gotland eine besondere Stellung ein. Auch wer bereits die Kirche in Öja besucht hat, sollte hier nochmals seine Fahrt unterbrechen. In der ersten Hälfte des 13. Jahrhunderts begann man mit dem Bau, doch es dauerte fast 100 Jahre, bis der letzte Stein gesetzt war. Der älteste Teil ist der Chor, dann wurde das Langhaus angefügt und schließlich der Turm. Der erscheint etwas unförmig und schmiegt sich an die Kirche wie ein kleines, dickes Männchen. Ursprünglich hatte er noch bessere Proportionen zu bieten: 1817 brannten jedoch die oberen Geschosse nach einem Blitzeinschlag ab, und man setzte dann nur noch eine recht plump anmutende Turmspitze auf. Besonders sehenswert ist die **Wandmalerei** der so genannten Seelenwägung des Kaisers *Heinrich II.* (973–1024) an der Nordwand des Langhauses. Das Bild erzählt die folgende Geschichte: Auf dem Totenbett wird die Seele *Heinrichs des II.* gewogen, in der einen Waagschale seine Seele, in der anderen Buchrollen, auf denen die bösen Taten des Kaisers niedergeschrieben sind. Als sich die Waage zu Ungunsten des Kaisers zu neigen droht, spendet er dem Laurentiuskloster in Merseburg einen wertvollen Goldkelch. Doch immer noch ist der Kampf zwischen Gut und Böse unentschieden. Schließlich eilt Erzengel Michael herbei und legt einen weiteren Kelch in die Schale des Guten und rettet so die Seele des Kaisers. Die Wandmalerei stammt vermutlich aus der Zeit um 1250 und wurde von einem deutschen Künstler ausgeführt. Da Wandmalereien dieser Art in Deutschland kaum noch erhalten sind, hat man hier eines der wichtigsten Zeugnisse deutscher Wandmalkunst der Spätromanik vor Augen. Im Chor dominiert eine sechs Meter hohe Wandmalerei aus dem 14. Jahrhundert, die den Heiligen Christophorus mit dem Jesuskind zeigt. Einen Blick wert ist auch der **Taufstein** aus dem späten 12. Jahrhundert, der aus der Werkstatt des Meisters *Byzantinos* stammt.

Museum des Vogelmalers Lars Jonsson

Neben der Kirche liegt der größte Pfarrhof der Insel. Der 50 Meter lange Bau stammt aus dem Jahr 1779. 2003 wurde der Pfarrhof von *Lars Jonsson* gekauft und zu einem **Museum** umgebaut. *Lars Jonsson* ist **Schwedens bekanntester Vogelmaler, Ornithologe und Autor** unzähliger Bücher über Vögel. 2002 hat ihm die Historisch-Philosophische Fakultät der Universität Uppsala die Ehrendoktorwürde verliehen. Als Maler sucht er sich seine Motive weltweit, um zu seinen Lieblingsplätzen zu kommen, muss der 71-Jährige aber nicht weit fahren. Die liegen nämlich auf seiner Heimatinsel Gotland. Dort stellt er seinen VW Bulli mit Blick in Richtung bekannter Vogelplätze auf, mischt die Farben und legt los. Aber nicht jedes Bild wird auch vollendet. „Wenn ein Vogel wegfliegt, male ich nicht weiter", so *Jonsson*. Für ihn sind nämlich seine Modelle allesamt eigenständige „Persönlichkeiten". Es sei keineswegs so, dass eine Möwe der anderen gleiche. Das Bild einer weggeflogenen Schnepfe könne man also nicht dadurch fertigstellen, dass man einfach eine andere zum Motiv wählt. In der **Ausstellung** hängt neben vielen Vogelbildern auch das eines Braunbären. *Jonsson* zeigt darauf, schmunzelt und sagt: „Es kommt auch mal vor, dass ich etwas anderes male." Draußen im riesigen Garten hat der Künstler einen Steingarten angelegt – und Gemüsebeete. Besonders stolz ist er auf seine Kürbisse, die zu Rekordgröße herangewachsen sind. Die sind aber nicht nur zum Anschauen da, sondern werden auch im eigenen **Gartenrestaurant** verarbeitet.

got_446rk

Im **Naturum,** gleich neben dem Lars-Jonsson-Museum, gibt es ebenfalls Vögel zu sehen. Allerdings ausgestopft oder auf Fotos. Die kleine Ausstellung befasst sich mit der Natur bzw. Naturgeschichte der Insel.

■ **Museum Lars Jonsson,** Vamlingbo Prästgård, Tel. (0498) 498001, Eintritt: 80 SEK.

■ **Naturum Gotland,** Vamlingbo Prästgård Tel. (010) 223 96 90, naturumgotland.se, von Mai bis Mitte September ist die Ausstellung täglich 12–17 Uhr geöffnet.

Sundre

Sundre ist das **südlichste Dorf auf Gotland.** Hier leben permanent nur ungefähr 20 Menschen. Die meisten Bauern haben ihre Güter aufgegeben und an Menschen aus Stockholm bzw. vom schwedischen Festland verkauft. Aus den Bauernhöfen wurden so Ferienhäuser. Heute sind es die Zugezogenen, die das Leben im entlegenen Süden der Insel zumindest im Sommer am Laufen halten. Viele Künstler haben sich hier niedergelassen.

Im 12. Jahrhundert sah man Inselfremde dagegen weniger gern. Zur Abwehr von Angriffen bauten die Gotländer damals einen **Wehrturm** – der ist auch heute noch gut erhalten. Gleich daneben liegt die **romanische Kirche** aus dem 13. Jahrhundert. Die Mauern des Kirchhofes sind hoch und sehr dick, ein Hinweis darauf, dass sich die Bauern zur Verteidigung gegen Angriffe hierher zurückzogen. Im Innern der Kirche sind vor allem die Kalkmalereien sehenswert, die unter anderem die trauernde Gottesmutter Maria (13. Jahrhundert) und wie in vielen Kirchen üblich ein Passionsfries (15. Jahrhundert) darstellen.

In der Nähe des Ortes liegt das **Raukfeld Holmhällar,** das sich am Wasser entlang von Holms Fiskeläge bis nach Skvalpvik erstreckt. Der feinsandige Strand fällt flach ins Meer ab und ist, solange man stehen kann, auch für Kinder ein Paradies. Vor einer starken Strömung im tieferen Wasser wird allerdings gewarnt. Nur 300 m vor der Küste liegt die **Insel Heligholmen,** die ist Vogelschutzgebiet und darf vom 15. März bis zum 30. Juli nicht betreten werden. Das einzige Bauwerk auf der Insel ist der knapp zehn Meter hohe Leuchtturm von 1913. Beliebt sind die **Tauchgründe** vor der Insel.

Korsbärsgården

Im Kirschgarten, dem Korsbärsgården, von *Marita* und *Jon Jonsson* lebt die Kunst. Zu einer Zeit, wo andere den verdienten Ruhestand antreten, haben *Marita* und *Jon Jonsson* 2010 in einem kleinen Dorf am äußersten Ende von Gotland einen Neuanfang als Galeristen gewagt. Geplant war das aber eigentlich ganz anders. Als sie im Jahr 2000 das Gelände in Sudre kauften, waren sie nämlich nur an dem verwilderten Obstgarten interessiert, den sie planten wieder herzurichten. Irgendwann begann dann ihre Tochter, eine Fotografin, kleinere Ausstellungen ihrer Kunst zu organisieren, dann kam ein **Café** hinzu und schließlich entstand die Idee einer eigenen Galerie. Da kam es gelegen, dass *Marita* studierte Kunstwissenschaftlerin und *Jon* Architekt ist. Während sie sich um den Aufbau einer Sammlung und um Kontakt zu Künstlern bemühte, entstand nach seinen Plänen ein neues Galeriegebäude, das auch sogleich mit dem **gotländischen Architekturpreis** ausgezeichnet wurde. Heute finden im *Korsbärsgården* bis zu sieben **Wechsel-**

☒ Der Vogelmaler Lars Jonsson

ausstellungen im Jahr statt, der Skulpturenpark gehört zu den schönsten seiner Art in Schweden und mit der weltweit größten Sammlung des bekannten schwedischen Malers und Bildhauers *Björn Erling Evensen* (1924–2021) lockt der *Korsbärsgården* Kunstkenner aus ganz Europa nach Gotland. „Man mochte es vielleicht für ein bisschen verrückt halten, in eine Gemeinde mit 22 Einwohnern am äußersten Ende Gotlands zu ziehen, dort eine Kunstgalerie zu eröffnen und zu glauben, es kämen Besucher hierher", erinnert sich *Marita*. Inzwischen aber zählt die Galerie 25.000 Besucher pro Jahr.

■ **Korsbärsgården,** Sundre Västergårde 135, Burgsvik, Tel. (070) 6212220, www.korsbarsgarden.se , Mai Fr–Sa 12–16 Uhr, im Sommer tgl. 12–17 Uhr, 120 SEK.

Kettelvik (auch Kättelvik)

Auf dem Weg zur Südspitze der Insel kommt man, wenn man sich für die Alternativroute am Meer entlang entscheidet (sie ist mit *Vacker väg* [dt. schöner Weg] beschildert), am **Steinbruch und Steinmuseum Kettelvik** vorbei. Da der gotländische Sand- und Kalkstein immer eine wichtige Rolle für die Wirtschaft der Insel spielte, ist ein Besuch durchaus interessant. Der Parkplatz am Museum ist aber auch ein guter Ausgangspunkt für **Wanderungen** zur Südspitze Gotlands

■ **Kettelviks Stenmuseum,** Hamnvägen 21, Burgsvik, Tel. (070) 6267662, www.gotlandsbrynet.se. Die Gebäude sind nur selten geöffnet, von außen kann man sie aber jederzeit und kostenlos besichtigen. Eine Infotafel ist vorhanden.

got_447rk

got_448rk

Hoburgen

Im äußersten Süden der Insel erreicht man Hoburgen, ein Heidegebiet, dass mit steilen Kalkfelsen ins Meer abfällt. Die Klippen sind bis zu 35 Meter hoch und ein Eldorado für Seevögel – und für Fossiliensammler, die hier schon manchen schönen Fund machen konnten. Für Ornithologen sind besonders die Monate September und Oktober interessant, wenn viele Zugvögel hier Rast auf ihrem Weg in den Süden machen. Der Kalkstock ist von mehreren Höhlen durchzogen, vereinzelt ragen mächtige „Felsgestalten" auf. Eine solche ist auch der vier Meter hohe **Hoburgsgubben** (dt. Hoburgsgreis), der zu einem Wahrzeichen Gotlands geworden ist. Wenn Sie das Profil des alten Knaben nicht sogleich erkennen sollten, suchen Sie einfach nach seiner roten Nase, die ihm der manchmal eisige Meereswind verpasst hat. Wie es sich für eine Insel gehört, steht auch an Gotlands „Ende" ein **Leuchtturm.** Der 21,7 Meter hohe weiße Turm wurde 1864 erbaut, steht 58 Meter über dem Meer und kann im Sommer bestiegen werden. Der Naturforscher *Carl von Linné* hat übrigens schon während seines Gotlandbesuchs im Jahre 1741 dringend den Bau eines Leuchtfeuers im Süden von Gotland gefordert.

Essen und Trinken

■ **Majstre Restaurang Bar & Café,** Sundre Majstre 190, Tel. (0723) 572070, majstre.se. In der Nähe des Hoburgsgubben kann man im *Majstre Restaurang Bar & Café* eine kleine Rast einlegen und mit Meeresblick speisen. Von Mai bis Anfang September ist das Restaurant geöffnet. Wer in der übrigen Zeit des Jahres hierher kommt, der muss sich aus dem eigenen Picknickkorb versorgen.

⌃ Der Hoburgsgubben

‹ Kunstgalerie Korsbärsgården

Mobilgas

got_449rk

5

Praktische Reisetipps A–Z

Tankstellen findet man in vielen größeren Orten. An der hier kann man allerdings schon lange nicht mehr tanken

Anreise

→ Autofahren
→ Ein- und Ausreisebestimmungen

Mit dem Pkw

Wer mit dem eigenen Wagen nach Gotland fahren will, für den bieten sich zwei Hauptstrecken an: Entweder man wählt den Weg **entlang der schwedischen Küste über Trelleborg, Ystad, Karlshamn, Karlskrona, Kalmar bis zum Fährhafen Oskarshamn,** oder man legt die Strecke dorthin **durchs Landesinnere über Helsingborg, Ljungby und Växjö** zurück. Der erste Weg dauert etwas länger, ist landschaftlich aber wesentlich schöner, der zweite empfiehlt sich für Reisende, die möglichst schnell nach Gotland gelangen wollen.

Die Antwort auf die Frage, wie man am besten nach Schweden kommt, hängt natürlich vom eigenen Wohnort ab. Zum einen ist die **Anfahrt über Dänemark via Öresund-Brücke** möglich. Die Überfahrt über die Brücke ist **mautpflichtig.** Für Pkw bis zu 6 Meter Länge zahlt man online 59 € (einfach), Wohnmobile bzw. Pkw mit Anhänger kosten 96 €. Vor Ort sind die Preise etwa 5 % höher. Zahlen kann man in bar (auch Euro und US-Dollar) oder mit allen gängigen Kreditkarten. Wer die Brücke mehr als einmal pro Jahr überquert, für den lohnt sich der Kauf eines 43 € teuren BroPasses. Dieser gilt für 12 Monate und gewährt für jede Brückenpassage einen 50%igen Rabatt. Den Pass kann man online bestellen.

- **Nähere Infos:** oresundsbron.com.

Die **Mautstelle** liegt für beide Fahrtrichtungen auf der schwedischen Seite der Brücke. Wer mit Kreditkarte (Selbstbedienungsschalter) bezahlt, nutzt die blau gekennzeichnete Fahrspur, die gelbe Fahrspur (fremdbediente Mautstation) ist für Barzahler gedacht. Mit dem BroPass kann man an der Mautstelle langsam und ohne anzuhalten durchfahren.

Für die Scandlines-Fähren (Puttgarden/Rødby und Rostock/Gedser) und die anschließende Fahrt über die Öresundbrücke kann man **ermäßigte Kombitickets** kaufen – die sind umso günstiger, je weiter im Voraus man sie kauft.

Wichtiger Hinweis!

Mit dem Fahrrad oder gar zu Fuß darf man die Öresundbrücke **nicht** überqueren.

Fähren zwischen Deutschland und Schweden

Zwischen Puttgarden und Rødby sowie Rostock und Gedser verkehren die Fähren von Scandlines. Stena Line verbindet Rostock mehrmals am Tag mit Trelleborg. TT-Line betreibt die Linien zwischen Rostock, Travemünde sowie Swinemünde mit Trelleborg. Seit Frühsommer 2024 besteht auch eine Verbindung zwischen Travemünde und Karlshamn. Die Schiffe von Finnlines verbinden Travemünde und Malmö. Wer ab Kiel anreisen will, kann dies mit Stena Line tun, die von hier täglich nach Göteborg pendelt. Die Überfahrt dauert ca. 15 Stunden. Die Buchung einer Kabine oder eines Einzelbettes in einer Kabine ist erforderlich. Die Fährlinien kalkulieren nicht mehr mit Fixpreisen, sondern bieten je nach Nachfrage bzw. Saison und Tageszeit unterschiedliche Preise an. In der Nebensaison locken die Anbieter zudem mit interessanten Kombiangeboten. Es lohnt sich vor der Abreise einen Preisvergleich zu machen.

- **Finnlines,** www.finnlines.com/de
- **Scandlines,** www.scandlines.de
- **Stena Line,** www.stenalinetravel.com
- **TT-Line,** www.ttline.com
- Auf **Fährbuchungen** spezialisiert sind www.aferry.de und ferrycenter.de

Fähren nach Gotland

Täglich (teilweise auch mehrfach täglich) verkehren von Oskarshamn und Nynäshamn Schnellfähren in Richtung Visby, auf denen man in 3–3½ Stunden Gotland erreicht. Die Preise für die Überfahrt schwanken enorm und verändern sich je nach Saison, Linie und Abfahrts- und Buchungszeitpunkt. Als (sehr) groben Anhaltspunkt kann man von etwa 500 SEK/Tour ausgehen. Die aktuellen Ticketpreise werden erst bei der Onlinebuchung angezeigt. Wer telefonisch oder direkt am Fährterminal bucht, zahlt ein Serviceentgelt in Höhe von 70 SEK. Ermäßigungen gibt es für Jugendliche bis 25 Jahre, Studenten und Senioren ab 65 Jahren.

Vom Hafen Nynäshamn besteht nach Ankunft jeder Fähre eine Direktbusverbindung nach Stockholm. Die Fahrtdauer bis zur Endstation am Cityterminalen beträgt ca. eine Stunde. Von dort fährt auch 1¾ Stunden vor Abgang jeder Fähre ein Bus nach Nynäshamn ab. Im Sommer bestehen auch Fährverbindungen zwischen Västervik und Visby.

- **Buchung über Destination Gotland,** www.destinationgotland.se/de, Tel. +46 (0) 771) 223300.

Am Hafen von Visby

got_450rk

Mit dem Zug

Die durchgängige Anreise mit dem Zug ist aus den meisten Regionen nicht möglich. Mit einer geplanten Fahrtunterbrechung in Kopenhagen, Malmö, Stockholm oder einem weiteren der vielen reizvollen Orte Südschwedens lässt sich Gotland jedoch auch mit der Bahn sehr gut erreichen. Ab Hamburg gibt es täglich mehrere **Eurocity-Tagesverbindungen** bis Kopenhagen. Von Kopenhagen oder Malmö muss am nächsten Tag dann sehr früh die Weiterfahrt nach Oskarshamn erfolgen, damit noch ein Schiff nach Gotland erreicht wird. Alternativ dazu nimmt man den Nachtzug von Malmö nach Stockholm und nimmt von dort eines der Schiffe. Seit 2023 ist auch die Anreise mit dem **Nachtzug** zwischen Berlin/Hamburg und Stockholm möglich.

Für alle Züge empfiehlt sich wegen der beschränkten Platzzahl und den dann oft attraktiveren Preise eine frühzeitige Buchung.

Wem die Buchung internationaler Strecken zu kompliziert ist, der kann auch **Bahn-Agenturen** für sich – allerdings gegen Bezahlung – arbeiten lassen, so z.B. Gleisnost in Freiburg, www.gleisnost.de, Tel. (0761) 2055130.

Mit dem Bus

Busse fahren aus mehreren deutschen Städten nach Stockholm, allerdings meist mit Umsteigestopps. Von dort kann man dann mit der Bahn oder dem Bus zum Fährhafen in Nynäshamn weiterfahren. Ein Ticket Hamburg – Stockholm kostet z.B. bei Flixbus (www.flixbus.de) um die 60 Euro. Wer eines der vielen Specials nutzt, kommt aber oft schon deutlich günstiger in die schwedische Hauptstadt. Detaillierte Infos zu den Busverbindungen findet man unter www.busliniensuche.de.

Mit dem Flugzeug

Eine Direktverbindung zwischen Gotland und Deutschland, Österreich oder der Schweiz gibt es nicht. In der Regel fliegt man nach Stockholm Arlanda. Von dort fliegt an einigen Tage der Woche SAS, Scandinavian Airlines, (www.flysas.com) nach Visby weiter. Mehrmals täglich kommt man von Stockholm Bromma mit BRA, Braathens Regional Aviation (www.flygbra.se/en) nach Visby. Einige Male in der Woche fliegt die Fluglinie auch von Malmö und Göteborg in die gotländische Hautstadt.

- **Info:** Tel. 010 1095200, www.swedavia.se/visby.

Ein Economy-Ticket für einen Hin- und Rückflug aus Deutschland, Österreich oder der Schweiz nach Stockholm Arlanda bekommt man je nach Jahreszeit und Fluglinie oftmals schon für um die 100 €. Der Flugpreis von Stockholm nach Visby ist dann mitunter teurer.

Vom/Zum Flughafen

Die Anschlüsse mit öffentlichen Verkehrsmitteln zu den Flughäfen Bromma und Arlanda sind ausgezeichnet, zum Flughafen Visby verkehrt nur im Sommer ein Bus ins Stadtzentrum. Bus Nr. 61 passiert auf dem Weg von Visby nach

Mini-„Flug-Know-how"

Check-In

Nicht vergessen: Ohne einen gültigen Reisepass oder Personalausweis für EU-Staatsbürger und Schweizer kommt man nicht an Bord. Dies gilt auch für Kinder, die je nach Alter einen eigenen Kinderpass oder Personalausweis benötigen. Während der Reisesaison sollte man **2–3 Stunden vor Abflug** am Schalter der Airline eingecheckt haben. Je nach Fluggesellschaft kann man den Check-In ab 23 Stunden vor Abflug vorab zuhause im Internet erledigen und muss am Flughafen nur noch die ausgedruckte Boardkarte vorlegen und sein Gepäck an dem entsprechenden Schalter abgeben. Manche Fluglinien bieten darüber hinaus die Übermittlung des Boardkarten-Barcodes aufs Handy oder Smartphone an.

Das (Hand-)Gepäck

Man darf **pro Person** in der Regel ein **Handgepäck** (8 kg, 55 x 35 x 20 cm) **und zusätzlich ein Gepäckstück** (20 kg) einchecken. Aufgepasst: Informieren Sie sich vor Ihrem Flug bei Ihrer Airline über die konkreten Bestimmungen, da diese mitunter stark voneinander abweichen. Beim Packen des Handgepäcks sollte man darauf achten, dass **Flüssigkeiten** jeder Art nur in geringen Mengen bis zu jeweils 100 ml mit ins Flugzeug dürfen. Diese Substanzen muss man separat in einem durchsichtigen Plastikbeutel (z.B. Gefrierbeutel) transportieren, den man beim Durchleuchten in eine der bereitstehenden Schalen auf das Fließband legen sollte. Auch **elektronische Geräte** müssen in diese Schale gelegt werden, ebenso Gürtel mit einer Schnalle aus Metall.

Aus Sicherheitsgründen dürfen scharfe Gegenstände wie Messer, Nagelfeilen oder Scheren nicht im Handgepäck untergebracht werden. Diese Gegenstände sollte man unbedingt zu Hause lassen oder im aufzugebenden Gepäck verstauen, sonst werden sie bei der Sicherheitskontrolle einfach weggeworfen. Darüber hinaus gilt, dass leicht entzündliche Gase in Sprühdosen (Schuhspray, Campinggas, Feuerzeugfüllung) und Feuerwerkskörper etc. nicht im Koffer oder dem Handgepäck transportiert werden dürfen. Für **Raucher:** Ins Handgepäck und auch in den Koffer dürfen bei innereuropäischen Flügen weder Feuerzeug noch Streichhölzer, man darf aber ein Feuerzeug oder eine Streichholzpackung pro Person am Körper mitführen.

Ein kleiner **Tipp:** Um Stress und Ärger zu vermeiden, packen Sie neben den wichtigsten Dingen auch Utensilien ins Handgepäck, die Sie am ersten Tag in Ihrem Urlaub gebrauchen könnten. Wenn es an den Strand geht, packen Sie zum Beispiel direkt die Badekleidung ein. Falls das Gepäck Verspätung hat oder verloren geht, können sie trotzdem schon den ersten Tag genießen und müssen nicht direkt einkaufen gehen.

CO_2-Fußabdruck

Grundsätzlich gilt beim Thema **Umweltschutz:** Vermeiden ist besser als kompensieren. Auch längere Strecken lassen sich oft per Bahn, Bus oder Schiff zurücklegen, die allesamt eine bessere **Klimabilanz** haben als das Flugzeug. Wer nicht aufs Reisen mit dem Flugzeug verzichten will oder kann, hat die Möglichkeit, zusätzlich **Geld für Klimaschutzprojekte** auszugeben. Dabei ist jedoch darauf zu achten, in welche Projekte genau das Geld geht oder auch wie viel bei der jeweiligen Organisation für die Verwaltung stecken bleibt. Bisher als gut bewertete Organisationen sind u. a. atmosfair.de, myclimate.org sowie goclimate.com.

Slite auch den Flughafen (→ Karte S. 176). Er hält hier aber nur wenige Male am Tag, sodass er nur bedingt als Verbindung ins Zentrum taugt. Bus Nr. 62 hält an der Wegkreuzung zum Flughafen (swe. *Flygplatsvägen*). Von dort sind es noch etwa 650 Meter zu Fuß.

Vor dem Flughafen befindet sich auch ein **Taxistand.** Die Preise für die Fahrten sind meist außen am Rückfenster der Beifahrerseite angeschrieben. Da der Taxipreis in Schweden seit einigen Jahren nicht mehr staatlich festgelegt ist, kann sich der Preisvergleich lohnen. Der Fahrgast ist zudem keineswegs gezwungen, in das erste Taxi der Schlange einzusteigen. Man darf wählen, was einem (auch preislich) am meisten zusagt. Die Taxianbieter in Gotland „hören" auf die folgenden Nummern: (0498) 200200, (0498) 50000 und (0498) 150200.

Eine **Autoanmietung** am Flughafen ist ebenfalls möglich (Avis, Europcar, Hertz). Gute Vergleichsmöglichkeiten für alle Anbieter, Tarife und Konditionen bietet das Portal www.billiger-mietwagen.de.

Autofahren

→ Anreise
→ Notfälle

Wer die harten deutschen Autobahnsitten gewohnt ist, wird Autofahren in Schweden/auf Gotland schon bald als reinste Entspannung empfinden. Überall rücksichtsvolle Verkehrsteilnehmer, die ohne Stress ihrem Ziel entgegensteuern.

Zwischen den deutschen und schwedischen **Verkehrsregeln** bestehen keine großen Unterschiede. Trotzdem ist einiges zu beachten: Licht ist Pflicht, und zwar jeden Tag und zu jeder Stunde. Langsam heißt die Devise. Die **zulässige Höchstgeschwindigkeit** außerhalb geschlossener Ortschaften liegt zwischen 70 und 90 km/h, auf Autobahnen – von denen es auf Gotland aber keine gibt – darf man zwischen 90 und 110 km/h schnell fahren. Wohnwagengespanne dürfen nie schneller als 80 km/h fahren. Die schwedische Polizei führt häufig

got_451rk

Geschwindigkeitskontrollen durch, die Strafen für Geschwindigkeitsüberschreitungen sind empfindlich. Wer mit zu viel **Alkohol am Steuer** erwischt wird, für den ist der Urlaub (zumindest mit dem Auto) definitiv zu Ende, den Führerschein ist man dann für einige Monate los. Schon ein Glas Wein genügt, um die 0,2-Promille-Grenze zu überschreiten!

Auf Gotland ist das Verkehrsaufkommen so gering, dass auch in der Hochsaison auf den Landstraßen nur vergleichsweise wenige Autos unterwegs sind. Die Innenstadt von Visby ist in der Hochsaison für Fahrzeuge gesperrt; vor der Stadtmauer wurden große Parkplätze eingerichtet, sodass man kein Problem hat, sein Fahrzeug abzustellen.

Tanken

Damit nicht der falsche Kraftstoff in den Tank kommt, hier ein kleiner Übersetzer für die **Kraftstoffbezeichnungen:** *Blyfri 95* entspricht unserem Super Benzin, *Blyfri 98* ist Super Plus, Erdgas heißt *Ordongas,* Autogas wiederum gibt's unter der Bezeichnung *LPG.*

Unfall

Im Falle eines Unfalls oder einer Panne erhält man rund um die Uhr Hilfe von **Assistancekåren** (Tel. (020) 912912, assistancekaren.se) oder **FALCK,** Tel. (020) 383838.

Die Pannenhilfe vor Ort und das Abschleppen in eine Werkstatt (bis maximal 300 Euro) ist für ADAC Plus- oder Premium-Mitglieder und ÖAMTC-Mitglieder kostenlos. Wer einem **Automobilclub** angehört ruft am besten bei der Hotline im Heimatland an, dort vermittelt man dann an die schwedischen Kooperationspartner weiter.

- **ADAC,** Tel. 0049 89 222222 oder man verwendet die **ADAC Pannenhilfe App.** Über die App wird der Schaden ins System eingespeist und die Info weitergeleitet. Man erhält dann regelmäßig Statusupdates.
- **ÖAMTC Schutzbrief Nothilfe,** Tel. 0043 1 2512000 oder Tel. 0043 1 2512020 für medizinische Notfälle. www.oeamtc.at
- **TCS (Touring Club Schweiz),** Tel. 0041 58 827 22 20, www.tcs.ch/de

Der ADAC rät, bei jedem Unfall einen **Europäischen Unfallbericht** auszufüllen (Formulare kann man auf der ADAC-Seite ausdrucken). Dies erleichtert später die Schadensabwicklung mit der Versicherung.

Bei erheblichen Sachschäden, einem Wildunfall und selbstverständlich bei Personenschäden muss immer die **Polizei** verständigt werden. Wenn sich bei kleineren Sachschäden aber beide Verkehrsteilnehmer über die Schuldfrage einig sind und einen gemeinsamen Schadensreport aufsetzen, muss die Polizei nicht gerufen werden. Entscheidet man sich, die Polizei hinzuzuziehen, dürfen die am Unfall beteiligten Fahrzeuge nicht bewegt werden.

[<] Entspannt unterwegs:
Mit dem VW-Bus durch Gotland

0 10 km
©Reise Know-How Gotla08 8/24
Gotska Sandön
1
Gotska Sandön
OSTSEE
Hallshuk
Wohnmobil-stellplatz
Bläse
Kappelshamn
Fårösund
Fårö
2
3
Wohnmobil-stellplatz
Rute
Hangvar
Stenkyrka
Lummelunda
Lärbro
Lummelundagrottan
Hellvi
Tingstäde
Wohnmobil-stellplatz
Krusmyntagården
Wohnmobil-stellplatz
Wohnmobil-stellplatz
Slite
4
6
Wohnmobil-stellplatz
Wohnmobil-stellplatz
Bro
Bäl
Wohnmobil-stellplatz
Visby
Hejdeby
5
7
Vibble
Ekeby
Gothem
Hörsne
Träkumla
Dalhem
Wohnmobil-stellplatz
Wohnmobil-stellplatz
Roma
Tofta
8
Björke
Sjonhem
Anga
Wohnmobil-stellplatz
Västergarn
Väte
Vänge
Kråklingbo
Katthammarsvik
Sanda
Guldrupe
Ala
Östergarn
Herrvik
9
Buttle
Wohnmobil-stellplatz
Wohnmobil-stellplatz
Klintehamn
Etelhem
Alskog
10
Fröjel
Ljugarn
Lojsta
Wohnmobil-stellplatz
Ekstakusten
Levide
Garda
OSTSEE
Lau
Wohnmobil-stellplatz
Sproge
När
Hemse
Wohnmobil-stellplatz
Hablingbo
Alva
Wohnmobil-stellplatz
Tomtbod
Ronehamn
Havdhem
Grötlingbo
Näs
Burgsvik
Öja
Vamlingbo
Hamra
Hoburgs-gubben
Sundre
Vändburgs Hamn Wohnmobilstellplatz
Wohnmobil-stellplatz
Campingplätze
1 Lägerplats, S. 76
2 Sudersands Resort, S. 75
3 Solhaga Camping, S. 75
4 Slite Strand Resort, S. 64
5 Campingplatz Åminne Fritid & Havsbad, S.92
6 Visby Strandby, S. 39
7 Kneippbyns Resort, S. 44
8 Surflogiet, S. 84
9 Björkhaga Strandby, S. 88
10 Ljugarn Semesterby & Camping, S. 107

Barrierefreies Reisen

Gotland ist ein ideales Reiseziel für Menschen mit Handicap. Hotels und Restaurants sind meist für den Besuch von **Rollstuhlfahrern** eingerichtet. Auch die öffentlichen Verkehrsmittel sind behindertenfreundlicher, als man dies von zu Hause gewohnt ist. Generell ist hier die **Inklusion** von Menschen mit Behinderung in der Öffentlichkeit weiter fortgeschritten als in Deutschland.

- **DHR (Delaktighet Handlingskraft Rörelsefrihet),** Storforsplan 44, Box 43, 12321 Farsta, Tel. (08) 6858000, www.dhr.se.

Camping

→ Unterkunft

Auf Gotland gibt es eine ganze Reihe von Campingplätzen, angefangen vom einfachen **Naturcamping** bis zu Plätzen, auf denen man Luxuszelte zum **„Glamping"** mieten kann. An vielen Orten sind (teilweise kostenlos) Übernachtungsplätze für Wohnmobile vorhanden, auf denen man – oft in der Nähe von Sehenswürdigkeiten – sein Fahrzeug abstellen kann.

Stellplätze für Wohnmobile (→ Karte links) findet man (außerhalb etablierter Campingplätze) u.a. in Bläse (Hafen), Bro, an der Ekstakusten (tolle Lage mit Blick auf Stora Karlsö), Fårösund, Hablingbo (vor dem ehemaligen Dorfladen), Herrvik (Hafen), nähe Hoburgsgubben, Hörsne, Katthammarsvik (kein Service), Krusmyntagården (kein Service), vor Ljugarn Golfklubb, in Ljugarn beim Leuchtturm, Lummelundagrottan, vor dem Golfplatz in När, Östergarn (in der Nähe des Strandes) Sandkvie, vor dem Golfplatz in Slite, Tofta Strand (kein Service), Visby (am Gutebacken, einfacher Stellplatz), vor Visby Golfklubb, vor Visby Reningsverk (am Berg, der vom Fähranleger hochführt), Vändburg Hamn (in der Nähe von Holmhällar).

Wildes Zelten

„Wildes Zelten" ist auf Gotland möglich und durch das Jedermannsrecht (swe. *allemansrätten*) toleriert. Wer das vorhat, sollte sich aber über die diesbezüglichen Verhaltensweisen vorab genau informieren und die Ausführungen zum *allemansrätten* (→ S. 184) unbedingt durchlesen. Klar sollte in jedem Fall sein, dass man seinen Campingplatz in demselben Zustand verlässt, wie man ihn vorgefunden hat. Abfall darf weder liegen gelassen noch vergraben werden, sondern muss ohne Wenn und Aber wieder mitgenommen werden.

Campen außerhalb der Sichtweite von bewohnten Häusern ist für eine Nacht erlaubt. Gruppen benötigen dafür jedoch in jedem Fall die Erlaubnis des Grundeigentümers! Wollen Sie in der Nähe eines Hauses zelten oder länger als eine Nacht an einem Standort bleiben, müssen Sie ebenfalls die Erlaubnis des Eigentümers einholen.

Besondere Rücksichtnahme ist beim Campen mit Wohnwagen oder Wohnmobil geboten, denn das ist nur am Rande von Straßen erlaubt – und auch dort nur, wenn man damit gegen keine Verkehrsvorschrift verstößt und den Verkehr nicht behindert. Das Abstellen von Wohnmobilen auf Privatgelände ist strengstens verboten!

- **Weitere Infos:** www.naturvardsverket.se/allemansratten

Einkaufen

→ Essen und Trinken
→ Geld
→ Öffnungszeiten

Gotland ist eine sehr ländlich geprägte Insel mit nur wenigen Einwohnern. Fürs **Shopping** heißt das, dass der große Einkaufsbummel nur in der Inselhauptstadt Visby möglich ist. Größere **Einkaufszentren** gibt es darüber hinaus in den Hauptorten Klintehamn, Hemse, Ljugarn, Slite, Roma und Fårösund.

Auf Gotland arbeiten viele **Künstler und Kunsthandwerker,** deswegen kann man von der Insel auch originelle und wertvolle Andenken mit nach Hause nehmen. In Visby lädt eine ganze Reihe von **Galerien** zum Bummeln ein, und auch auf dem Land weisen immer wieder Schilder auf Kunstgalerien hin. Skulpturen, Bilder, Fotografien, Arbeiten aus Holz, Stein oder Metall – wer sich für Kunst interessiert, findet in Gotland sicher ein passendes Objekt. In der Nähe von Etelhem führt eine spezielle Keramikrunde von Galerie zu Galerie (keramikrundan.se, → S. 116)

Schafe spielen eine große Rolle auf Gotland, das erkennt man schon daran, dass in Visby Fahrthindernisse und Poller nicht einfach einfallslose Betonklötze sind, sondern „Skulpturen", die einen Widder darstellen. Wenn Sie diesen Widder im Laufe Ihres Urlaubs liebgewinnen und mit nach Hause nehmen wollen, so geht das ganz leicht. Natürlich nicht in der Originalgröße, sondern als kleine Nachbildung, die man u.a. bei *Akantus* am St. Hansplan in Visby kaufen kann. Schafe spielen auch als Wolllieferanten eine Rolle, deswegen sind Pullover ebenfalls ein beliebtes Mitbringsel.

Ein originelles Souvenir ist sicher auch eine Flasche gotländischer Wein. Geschmacklich hat so mancher „Franzose" noch (ein bisschen) mehr zu bieten, aber wer kann schon von sich behaupten, eine Flasche vom vermutlich nördlichsten Weingut der Welt zu besitzen? In Hablingbo liegt Schwedens ältestes Weingut und bei Burgsvik gibt es sogar ein weiteres Weingut. Dort hat ein schwedisch-italienisches Paar die **Långmyre Vineri** eröffnet. Allerdings kann man den Wein nicht direkt im Weingut kaufen, sondern wegen der schwedischen Alkoholgesetze nur in den staatlichen Alkoholgeschäften, Systembolaget (→ Exkurs, S. 148).

[>] Die besten Einkaufsmöglichkeiten hat man in der Inselhauptstadt Visby

got_452rk

Ein- und Ausreisebestimmungen

→ Mit Haustier unterwegs

Bei der Einreise nach Schweden werden die Papiere in der Regel nicht kontrolliert. Trotzdem muss man einen über den Rückreisezeitpunkt hinaus gültigen Personalausweis bzw. Reisepass mitführen. Kinder brauchen einen eigenen Reisepass.

Bürger aus Nicht-EU-Staaten (außer Schweizer) müssen gegebenenfalls ein Visum bei der entsprechenden Botschaft des Königreichs Schweden beantragen.

Der **Warenverkehr für den privaten Gebrauch** ist innerhalb der EU frei (gilt nicht für die Schweiz). Dennoch muss man darauf achten, dass die mitgebrachten bzw. ausgeführten Waren nicht Mengen überschreiten, die einen gewerblichen Gebrauch nahelegen. Innerhalb der EU-Länder gelten folgende Mengen- und Wertgrenzen pro Person:

- **Für mind. 17-Jährige:** 800 Zigaretten, 400 Zigarillos, 200 Zigarren oder 1 kg Tabak (müssen eine EU-Steuerbanderole haben, sonst vorschriftswidrig)
- **Für mind. 20-Jährige:** 10 l Spirituosen bzw. Alkopops, 20 l Zwischenerzeugnisse (Sherry, Portwein, Marsala), 60 l Schaumwein (in Deutschland keine Begrenzung von Wein, in Österreich 90 l Wein und davon max. 60 l Schaumwein) und 110 Bier; Kaffee 10 kg (keine Mengengrenze in Österreich).

Für die Rückkehr in die Schweiz gelten folgende Freimengen pro Person:

- **Für mind. 17-Jährige:** 250 Zigaretten/Zigarren oder andere Tabakprodukte; 1 l Spirituosen über 18 Vol.-% oder 5 l bis max. 18 Vol.-%; ohne Altersbeschränkung: 1 kg Fleisch; 1 kg Butter; 5 kg Öle und andere Pflanzenfette.

Heiße Diskussionen über scharfe Sachen – die schwedische Alkoholpolitik

Wollen Sie die sonst so ruhigen Gemüter der Schweden so richtig in Wallung bringen, so sprechen Sie mit ihnen über Alkohol. Wie in den Nachbarländern Norwegen und Finnland hat man auch in Schweden zu Hochprozentigem ein ganz besonderes – etwas gestörtes – Verhältnis.

Während des gesamten 20. Jahrhunderts war die Alkoholfrage ein **politisch kontrovers diskutiertes Thema.** Schon 1922 war über ein Verbot des Alkoholverkaufs abgestimmt worden. Nur mit einer hauchdünnen Mehrheit von 51 Prozent wurde das damals abgelehnt. Stattdessen musste jeder Schwede beim Alkoholkauf von nun an ein Einkaufsbuch vorlegen, in dem eingetragen wurde, wie viel und welche Art von Alkohol er erwarb. Damit wurde sichergestellt, dass niemand zu viel von dem Teufelszeug kaufte. Erst 1955 wurde das nach seinem Erfinder benannte Bratt-Buch abgeschafft. Dafür stiegen aber die Preise – nach und nach wurde immer fester an der Steuerschraube gedreht, und im steten Wechsel mit Finnland und Norwegen stand Schweden in der Statistik an der Spitze der Länder, in denen Alkohol am teuersten ist. Ursprünglich diente die hohe Steuer allein als „erzieherische" Maßnahme, inzwischen hat sich der Staat von diesen Einkünften so abhängig gemacht, dass ihm an einem Rückgang des Alkoholkonsums gar nicht gelegen sein kann. Wegen der **hohen Preise** ist die – natürlich illegale – Schwarzbrennerei auf dem Lande weit verbreitet. „Hembränd", der Selbstgebrannte, ist bekannt für seinen hohen Alkoholgehalt und manchmal berüchtigt wegen seiner schlechten Qualität.

Mit 18 Jahren kann man in Schweden zwar Ministerpräsident werden, eine Flasche Wein kaufen darf man deswegen noch lange nicht. Dazu muss man **20 Jahre** alt sein. Erst seit 1977 ist es nicht mehr strafbar, betrunken in der Öffentlichkeit aufzutreten. Bis dahin konnte – theoretisch – jeder berauschte Festgast auf dem Heimweg festgenommen werden.

Die restriktive schwedische Alkoholpolitik geht bis ins 19. Jahrhundert zurück. Damals

got_453rk

wurden im ganzen Land Abstinenzlervereine, die den Missbrauch von Branntwein bekämpften, gegründet. Sowohl von der Kirche als auch von den Gewerkschaften wurde der Alkoholmissbrauch und später der Alkoholgenuss verteufelt. Auch im 20. Jahrhundert hatten die Abstinenzler noch großen politischen Einfluss. 1977 musste auf ihren Druck hin der Verkauf von mittelstarkem Bier in Lebensmittelgeschäften eingestellt werden. Ein Trinkverhalten, wie man es in Mitteleuropa als normal erachtet, konnte sich unter diesen Bedingungen nie entwickeln. Ein Glas Wein oder Bier zum Mittagessen ist in Schweden verpönt – wenn dann am Wochenende aber getrunken wird, dann meist richtig. Wegen dieser Trinkgewohnheiten, dem extremen Wochenend- und Festsaufen, erscheint Schweden auch als ein Land mit **überdurchschnittlich vielen Alkoholikern.** Wer am Samstagabend durch Stockholm streift oder mit der Freitagnachtfähre nach Finnland übersetzt, wird als „Schwedenneuling" beim Anblick der vielen Alkoholleichen aus dem verwunderten Kopfschütteln nicht mehr herauskommen. Aber der da gewonnene Eindruck ist völlig falsch. Betrachtet man den **absoluten Alkoholverbrauch pro Jahr,** liegt Schweden statistisch gesehen weit hinter Deutschland.

Inzwischen hat man auch bei der schwedischen Regierung die **Schwachstellen der eigenen Alkoholpolitik** erkannt. Man hat die Steuern für niedrigprozentigen Alkohol gesenkt, die für hochprozentigen aber angehoben. Eine völlige Abkehr vom skandinavischen Sonderweg gibt es deswegen noch lange nicht: Alkohol kann man auch heute nur in speziellen staatlichen Verkaufsläden – **Systembolaget** – kaufen.

[<] Wegen der restriktiven schwedischen Alkoholpolitik ist Bier deutlich teurer als hierzulande

Falls die Reisemitbringsel diese Freigrenzen überschreiten, muss man Einfuhrsteuern zahlen.

Nähere Informationen

- **Schweden:** www.tullverket.se, Tel. (0771) 520 520
- **Deutschland:** www.zoll.de
- **Österreich:** www.bmf.gv.at
- **Schweiz:** www.ezv.admin.ch

Einreise mit Haustieren

Wer sein Haustier mit nach Schweden nehmen will, braucht dafür:

- **Eine Kennzeichnung mit Mikrochip:** eine deutlich erkennbare Tätowierung reicht nur bei Tieren, deren Tätowierung vor dem 3. Juli 2011 vorgenommen wurde. Da es mit der Lesbarkeit des Chips mitunter Probleme gibt, diesen evtl. vor der Abreise checken und, falls vorhanden, das eigene Lesegerät mitbringen.
- **Eine Impfung gegen Tollwut:** für Hunde, Katzen und Frettchen ab 3 Monaten, entsprechend den Empfehlungen des Impfstoffherstellers mit einem zugelassenen Impfpräparat.
- **Eine Dokumentation in Form eines Haustierpasses,** in dem der zuständige Tierarzt alle notwendigen Maßnahmen notiert.
- **Anmeldung bei der Einreise beim Zoll,** weitere Informationen gibt es beim Tierarzt und auf https://jordbruksverket.se.

Elektrizität

Die Stromspannung beträgt **230 Volt.** Es werden **keine Adapter** für Elektrogeräte, wie sie in Mitteleuropa üblich sind, benötigt.

Essen und Trinken

→ Verhaltenstipps

Wer in Gotland essen gehen will, sollte sich auf ein Preisniveau gefasst machen, das etwa 10–20 % über dem deutschen liegt. Eine einfache Pizza ist kaum unter umgerechnet 15 Euro zu haben, ein Hauptgericht im Restaurant kostet gut das Doppelte, und für ein Bier sind mindestens 7–8 Euro fällig. Für ein Glas Wein muss man sogar noch mehr kalkulieren. Auffällig: Je hochwertiger das Restaurant, desto geringer wird der preisliche Unterschied zu Deutschland.

Zudem wird durchweg **gute Qualität** geboten. Speziell auf Gotland wird viel Wert auf **regionale Küche** gelegt, bei der vor allem Produkte von der Insel zum Einsatz kommen. Im Sommer wird Gotland zum Gourmetparadies. Das liegt daran, dass in Stockholm dann viele Spitzenlokale geschlossen sind, deren Köche „Arbeitsurlaub" auf Schwedens Sonneninsel machen. **Sterneküche** auf der Insel ist also keine Seltenheit. Kaum mehr vorstellbar, dass in früheren Jahrhunderten Robbenfleisch eines der Hauptnahrungsmittel der Gotländer war.

Vegetarische Gerichte bietet in Gotland fast jedes Restaurant an. **Veganer** haben es da deutlich schwerer. Auf dem Internet-Blog *Vegan Gotland* erhält man jedoch (allerdings nur auf Schwedisch) Infos, in welchen Läden auf der Insel man vegane Lebensmittel kaufen kann und welche Cafés und Restaurants vegane Speisen anbieten.

- **vegangotland.blogg.se**

Preiskategorien in diesem Buch

Durschnittliche Kosten für ein **Menü**:

①	bis 235 SEK
②	235–470 SEK
③	ab 470 SEK

Typisch schwedisch, typisch gotländisch

Smörgåsbord

Wahrscheinlich schon auf der Anfahrt auf dem Schiff haben Sie das schwedische *smörgåsbord* kennengelernt, den riesigen **Selbstbedienungstisch mit vielen leckeren kalten und warmen Gerichten.** Seinen Ursprung hat das *smörgåsbord* in der Tradition der Bauernfeste, als das ganze Dorf zusammengekommen ist und jeder Gast ein oder zwei Mahlzeiten zum Fest mitbrachte. Dann baute man das Ganze auf einem Tisch auf, und los ging die Schlemmerei. Der richtige *smörgåsbord*-Spezialist schlemmt übrigens nach System. Es wird nicht einfach aufgepackt, was gefällt, sondern man beginnt mit den Fischgerichten, geht dann zu den kalten Vorspeisen über, bevor man sich

got_454rk

das Warmgericht seiner Wahl auf den Teller lädt und das Ganze mit dem Dessert und einem kleinen Stück Käse abschließt.

Köttbullar

Typisch schwedisch sind auch die **Fleischklößchen,** *köttbullar,* die aber durch ihre fettreiche Straßenkioskausgabe viel von ihrem guten Ruf verloren haben. Gegessen werden die Fleischklößchen mit **Kartoffelbrei,** *potatismos.*

Janssons frestelse

Die sogenannte „Versuchung des Herrn Jansson", ist ein **Kartoffelgericht** verfeinert mit Zwiebeln, Anchovis und vor allem einer ausgezeichneten Sahnesoße.

Pytt i panna

Pytt i panna ist das **Spargericht** auf allen schwedischen Speisekarten. Das lässt sich dadurch erklären, dass man das Rezept für dieses Gericht einfach als „ab mit den Resten in die Pfanne" beschreiben könnte. Es besteht meist aus Kartoffeln, Wurst, Fleischresten und ein paar Erbsen und Zwiebeln. Über dem Ganzen wird ein Spiegelei aufgeschlagen.

Fisch

Bekannt ist Schweden für seine Fischgerichte. *Gravad lax* ist **frischer, marinierter Lachs,** der mit Salz, Zucker, Pfeffer und vor allem Dill gewürzt wird. Gereicht werden dazu Salzkartoffeln. **Gebackener Hering** (swe. *strömming*) ist der proletarische Bruder des feinen Lachses. Nur starken Mägen ist *surströmming* **(saurer Hering)** zu empfehlen. Dieses stinkende Etwas von Fisch schreckt nicht nur durch seinen Geruch, sondern auch durch seine Konsistenz ab. Wer es dennoch versuchen will, sollte sich unbedingt einen schwedischen Klaren bereitstellen, um das Ganze etwas magenverträglicher zu gestalten. Ebenfalls nicht jedermanns Geschmack ist der *lutfisk,* der getrocknete und in Lauge eingelegte **Stockfisch.** Gern gegessen werden Fischsalate. Speziell auf Gotland ist **geräucherte Flunder** sehr beliebt.

Straßenküche für den schnellen Hunger

got_455ta

Fleisch

Gerichte aus Rentier- und Elchfleisch gibt es auf dem schwedischen Speisezettel selbstverständlich auch. Doch *renskarv,* in Scheiben geschnittenes **Rentierfleisch,** oder gar ein Elchsteak kommen wesentlich seltener auf den Tisch, als man vielleicht meint. Dies gilt vor allem für Gotland, denn auf der Insel leben weder Rentiere noch Elche. Dafür werden auf Gotland vermehrt **Lammgerichte** gegessen, denn Gotland ist schließlich die Insel der Schafe, und nicht umsonst ziert ein Widder die Landesflagge. *Glödhöppa* ist gekochte Lammbrust, die oft mit Steckrübenpüree serviert wird. Trotzdem ist nicht jedes Lammgericht zu empfehlen. *Lammskallar* sind in Milch gekochte Lammköpfe – klingt speziell, oder?

Kartoffeln

Wie überall im Norden sind Kartoffeln auch auf Gotland die Beilage, die zu allem passt. Hier ist man allerdings besonders stolz auf seine Produktion und überzeugt, dass der kalkhaltige Boden die Knollen von der Insel **besonders wohlschmeckend** werden lässt. Mehr als bei uns legt man Wert auf **Sortenvielfalt** und weil Kartoffel eben nicht gleich Kartoffel ist, baut man beispielsweise auf dem Bauernhof *Stora Tollby* in der Gemeinde Fole ganze 23 Sorten davon an.

Saffranspannkaka, Kajpsoppa, Spargel und Trüffel

Typisch gotländisch ist der **Safrankuchen** (swe. *saffranspannkaka*), der lauwarm und oft zusammen mit *salmbärsylt,* dem Mus einer Waldbrombeere, die nur auf Gotland wächst, gegessen wird.

Auch *Kajpsoppa* gibt es nur hier, eine **Suppe** aus einer ganz speziellen lokalen Zwiebelsorte. Sie erinnert geschmacklich etwas an unseren Lauch. Stolz sind die Gotländer auch auf ihren (grünen) **Spargel.** Internationale Spitzenklasse hat der **Trüffel** der Insel, der jedes Jahr von Mitte Oktober bis Mitte November beim Trüffelfestival zelebriert wird (gotlandstryffelfestival.se, → Exkurs S. 68).

⌃ Dinner im Fabriken Furillen im Norden der Insel

Knäckebrot

Ansonsten ist da noch das Knäckebrot, der vielleicht **größte schwedische Exportschlager** der letzten Jahrhunderte. Das lang haltbare Brot wurde in schwedischen Bauernhöfen „erfunden". Im Winter, wenn die Flüsse und Bäche zufroren, konnte kein Mehl gemahlen werden. Darum machte man sich im Herbst daran, einen Vorrat für den ganzen Winter zu backen, im Frühjahr buk man den Sommervorrat. In den wenigen Sommermonaten hatten die Bauern nämlich so viel zu tun, dass keine Zeit zum Brotbacken blieb.

Getränke

Wer an schwedische Getränke denkt, dem fallen zunächst natürlich **Akvavit** und (Absolut) **Wodka** ein. Rein statistisch gesehen, werden in Schweden aber **Milch und Kaffee** am meisten getrunken. Fast 170 Liter konsumiert jeder Schwede davon pro Jahr. Beim Kaffeekonsum sind die Schweden, nach Nachbar Finnland und dem kleinen Luxemburg, die Nummer drei der Welt. Noch bis vor Kurzem war es üblich, dass man in den Kaffeehäusern nur die erste Tasse bezahlen musste, die zweite Tasse (swe. *påtår*) gab es umsonst. In einer Zeit, in der nicht mehr der Kunde, sondern das Geld König ist, sind viele Kaffeehäuser leider dazu übergegangen, jede Tasse einzeln zu berechnen. Einige immerhin bieten sie jedoch zu einem vergünstigten Preis an.

Mit 57 Liter pro Jahr und Person (zum Vergleich: Deutschland 89 Liter) bleibt der **Bierverbrauch** deutlich hinter dem Kaffeekonsum zurück. Während hierzulande der Bierkonsum allerdings seit Jahren zurückgeht, steigt er in Schweden beständig an. In den letzten Jahren haben sich auf Gotland viele **Mikrobrauereien** geründet. Zur Tradition gehört es, dass man auf dem Land zu besonderen Festen ein besonderes **niedrigalkoholisches Hausbier** herstellt. Auf der Insel nennt man es passenderweise *gotlandsdrikke*. Im Supermarkt kann man das Getränk nicht kaufen, wer sich allerdings selbst als Hobbybrauer versuchen will, hier die Zutatenliste: Malz, Wacholderessig, Hopfen, Wasser, Zucker und Hefe. Wenn Sie dann mit dem Ergebnis ihrer Braukunst zufrieden sind, können Sie sich für die Weltmeisterschaft im „Gotlandsdrikke brauen" anmelden. Die findet am ersten Samstag im Oktober statt.

In einer ehemaligen Zuckerfabrik in Roma brennt man heute **Whisky** (www.gotlandwhisky.se), in Linde macht ein findiger Brenner aus Lebensmittelabfällen Wodka und Gin (→ Infokasten, S. 114) und in Hablingbo und Burgsvik liegen die zwei **Weingüter** der Insel.

Gourmetküche mit lokalen Rohwaren, hier im Bonden & Bönorna in Slite

got_456rk

Feiertage, Feste und Events

→ Gotland: Zu jeder Zeit, S. 16
→ Traditionen und Bräuche, S. 210

Feiertage

Folgende Tage sind in Schweden Feiertage, an denen auch die Geschäfte geschlossen bleiben: Neujahr, Heilige Drei Könige, Karfreitag, Ostermontag, Tag der Arbeit (1. Mai), Himmelfahrt, 6. Juni (Nationalfeiertag), Mittsommer, Allerheiligen, Heiligabend, 1. und 2. Weihnachtsfeiertag sowie Silvester.

Ferien

Die Sommerferien beginnen in Schweden Mitte Juni und enden Ende August. Die meisten Betriebe sind im Juli geschlossen, und dann verschwinden alle aufs Land. Wenn überhaupt, arbeiten dann die Betriebe und Behörden nur mit Notbesatzung. Im März haben die Kinder Skiferien. Den Familienskiurlaub verbringt man aber meist an Ostern, wenn die Tage schon wieder länger sind und die Temperaturen steigen. Für diesen Zeitraum sind die Skihütten schon Monate vorher ausgebucht. Für Gotland hat das aber keine Bedeutung, denn als Skigebiet kann man die Insel wahrlich nicht bezeichnen. Hierher kommen die meisten Touristen im Juli. Auch zwischen Weihnachten und Neujahr sind die Hütten auf Gotland gut gebucht.

Events

- An **Ostern** steht in Visby der **Ostermarsch** auf dem Programm. Bei dem wird aber nicht für Arbeiterrechte demonstriert, sondern es ziehen 4000 Hexen durch die Stadt.
- In der **Walpurgisnacht,** also der Nacht vom 30. April auf den 1. Mai brennen überall auf der Insel die Walpurgisfeuer.

got_457rk

- Im Mai, an dem **langen Wochenende nach Christi Himmelfahrt** haben alle Galerien und Ateliers geöffnet.
- Während der **Bergmanwoche** erinnert man **Ende Juni** an fünf Tagen mit Filmen, Lesungen und anderen Veranstaltungen an den großen schwedischen Regisseur *Ingmar Bergman* (www.bergmancenter.se/bergmanveckan).
- **Anfang Juli** dreht sich bei den **Stångaspelen** alles um traditionelle gotländische Sportarten wie Varpa und Pärkspel (→ S. 116, www.gutniskidrott.org/stangaspelen).
- Die schwedische Entsprechung zum politischen Aschermittwoch in Deutschland findet **Ende Juli** statt. Bei der **Almedalswoche** treffen sich die Politiker aller großen politischen Parteien zu Beratungen, Konferenzen, Journalistengesprächen und öffentlichen Reden. Touristen halten sich dann lieber abseits von Visby auf, denn dort sind die Hotelzimmer knapp und extrem teuer (almedalsveckan.info).
- **Anfang August** spielt ganz Visby verrückt, wenn man während der **Mittelalterwoche** (→ Exkurs, S. 37) eine Zeitreise von mehr als 760 Jahren in die Vergangenheit macht. Man kann mehr als 500 Veranstaltungen besuchen. Höhepunkte sind Theateraufführungen in den Ruinen und die Ritterspiele, bei denen tapfere Recken hoch zu Ross gegeneinander antreten. An zahlreichen Ständen kann man besondere Mitbringsel kaufen – natürlich alles handgemacht. Wer bei der Mittelalterwoche in Visby dabei sein will, muss sein Hotelzimmer monatelang im Voraus buchen (www.medeltidsveckan.se).
- Während **Fårönacht,** der *Fårönatta,* am **dritten Wochenende im September,** feiert sich die Insel im Norden mit vielen Veranstaltungen selbst (→ S. 75).

◁ Die Mittelalterwoche ist die größte Veranstaltung auf Gotland

- Von **Mitte Oktober bis Mitte November** findet auf Gotland das **Trüffelfestival** statt. Dann lädt die lokale Trüffelvereinigung zu einer Trüffelwoche inklusive Trüffelakademie, Trüffelbankett und Trüffelzeremonie im Dom der Inselhauptstadt Visby. Auch der Trüffelkoch des Jahres wird ausgezeichnet. Vor allem aber nimmt die schmackhafte Knolle die Hauptrolle auf den Speiskarten der Inselrestaurants ein. (→ Exkurs S. 68, gotlandstryffelfestival.se).
- Am **letzten Wochenende im Oktober** treffen sich Motorradfans aus ganz Europa zum **Gotland Grand National,** dem weltgrößten Enduro-Rennen, bei dem über 3000 Teilnehmer am Start sind und noch mehr am Rand der Strecke zuschauen. Ort des meist sehr schlammigen Vergnügens ist der Schießplatz von Tofta (gotlandgrandnational.se).

Geld

Da Schweden nicht der Europäischen Währungsunion angehört ist dort die Schwedische Krone (SEK) die offiziell gültige Währung.

Wer nach Schweden reist braucht (mindestens) eine **Kreditkarte.** Ansonsten wird der Urlaub finanztechnisch zum Hindernislauf. Vieles lässt sich nur noch mit Karte bezahlen, **Barzahlung ist absolut unüblich** und in vielen Ge-

Wechselkurse

- 1 Euro = 11,28 Schwedische Kronen (SEK)
- 10 SEK = 0,89 Euro
- 1 Schweizer Franken (SFr) = 11,71 SEK
- 10 SEK = 0,85 SFr

(Stand: Juni 2024)

schäften/Restaurants etc. gar nicht mehr möglich. Auch Kleinstbeträge, etwa das Brötchen beim Bäcker oder eine Postkarte am Souvenirstand, zahlt man mit Karte. Es ist sogar Teil der offiziellen Regierungspolitik, Schweden zum ersten bargeldfreien Land der Welt zu machen.

Zur Sicherheit sollten Sie es machen wie die meisten Schweden: Haben Sie immer **zwei Kreditkarten unterschiedlicher Anbieter** bei sich – dann bekommen Sie keine Probleme, wenn einmal eine Karte nicht angenommen wird. Oft wird einem beim Kauf die Frage gestellt, ob man in Euro oder Schwedischen Kronen bezahlen möchte. Hier immer die Kronenvariante wählen. Zahlt man in Euro, wird die *Dynamic Currency Conversion* zugrunde gelegt, die erhebliche Kosten verursachen kann. Dasselbe gilt auch, wenn man Bargeld am Automaten abhebt, also auch hier immer den gewünschten Betrag in Kronen abheben.

Neue Karten-Standards

Wer mit seiner normalen Bankkarte (statt einer Kreditkarte) im Ausland zahlt, nutzte dafür bisher meist den Maestro- oder VPAY-Standard (zu erkennen am entsprechenden Zeichen auf der Karte). Diese von den Kreditkartenfirmen Mastercard und Visa angebotenen Systeme laufen aus und werden durch die **neuen Standards Mastercard debit** und **Visa debit** ersetzt.

Bankkunden erfahren das in der Regel dadurch, dass sie eine entsprechende neue Karte ausgestellt bekommen. Ob die neuen Karten dann schon überall funktionieren, lässt sich zurzeit noch nicht sagen. Im Zweifel erkundigen Sie sich vor der Reise bei Ihrer Bank.

An den **Bankautomaten** kann man mit Kreditkarten bzw. der Bankkarte (→ Infokasten unten) und der jeweiligen Geheimnummer problemlos Geld abheben. Welche Kosten für die Barabhebung anfallen, ist abhängig von der kartenausstellenden Bank und von der Bank, bei der die Abhebung erfolgt. Wer unbedingt Bargeld verwenden möchte, sollte das Geld am besten gleich am Flughafen abheben. Geldautomaten sind nämlich wegen des Rückgangs an Barzahlungen nur noch selten zu finden.

Sperrnotruf für Kreditkarten

Bei **Verlust oder Diebstahl** der Kredit- oder Maestro-(EC-)Karte sollte man diese umgehend sperren lassen. Für deutsche Karten gibt es die **einheitliche Sperrnummer** 0049 116 116 und im **Ausland** zusätzlich 0049 30 4050 4050.

Einige Banken gehören nicht dem Notrufsystem an; deren Karten lassen sich unter folgenden Nummern sperren:

- **Barclaycard:** 040 89099877
- **Advanzia Bank Inland:** 0800 8801120, **Ausland:** +49 345 21973030
- **ConsorsBank:** 069 66571333 (gilt für Visa-Kreditkarten)
- **Hanseatic Bank:** 040 600096422
- **International Card Services B.V.:** 0211 69152699
- **Mercedes-Benz Bank:** 069 66571333
- **Postbank Inland:** 0228 55005500, **Ausland:** +49 69 66571333
- **PPRO Financial Ltd:** 00800 48437776
- **Santander Bank:** 02161 2729889
- **TeamBank AG:** 0721 120966001 (gilt für easy Credit)

- **Targobank:** 0211 90020444
- **Valovis:** 069 264897555
- **Wüstenrot Bank:** 07141 16755500

Der **TCS** (Schweiz) betreibt einen Kartensperrservice, Infos unter Tel. 0844 888 111. Ansonsten gelten für **österreichische und schweizerische Karten**:

- **Maestro/Bankomat,** (A-)Tel. 0043 1 204 8800; (CH-)Tel. 0041 58 8272220
- **UBS:** 0041 44 8283135
- **Crédit Suisse:** 0041 800 80048

Für MasterCard, VISA, American Express und Diners Club sollten Österreicher und Schweizer sich die Rufnummer der kartenausstellenden Bank notieren.

Preisniveau

Schweden ist kein günstiges Reiseland, grob geschätzt liegen die **Preise für Lebensmittel** etwa 10–15 % über denen, die man hierzulande kennt. **Alkohol** ist im Verhältnis noch teurer, hier muss man etwa mit einem Preisaufschlag von bis zu einem Drittel rechnen. Weil Dienstleistungen generell sehr teuer sind, werden **Restaurantbesuche** zum Luxus. Um Feiertagszuschläge für das Personal zu vermeiden, haben viele Restaurants am Sonntag geschlossen. Wobei im niedrigen Preissegment die Unterschiede zu Deutschland höher ausfallen als in der Spitzengastronomie. In Toprestaurants wird man, mit Ausnahme des Alkohols, nur noch geringe Preisdifferenzen feststellen. **Kleidung** ist im Vergleich zu Deutschland kaum teurer, dasselbe gilt für die Preise im öffentlichen Nahverkehr.

Gesundheit

→ Gesundheitswesen, S. 201

Die gesetzlichen Krankenkassen in Deutschland und Österreich garantieren auch in Schweden im akuten Krankheitsfall eine Behandlung. Als Anspruchsnachweis benötigt man seit einigen Jahren eine **Europäische Krankenversicherungskarte.** Die muss nicht extra beantragt werden, vielmehr ist sie automatisch auf der Rückseite der Versichertenkarte aufgedruckt. Privatpatienten erkundigen sich am besten vor Antritt der Reise bei ihrem Anbieter, ob und inwieweit die Kosten im Ausland übernommen werden

Bei einem Notfall ist die **Notaufnahme** (swe. *akutmottagning*) der Krankenhäuser zuständig. Sie können sich aber auch in einem **Gesundheitszentrum** (swe. *vårdcentral*) oder von einem **Arzt** behandeln lassen. Da die Leistungen nach den gesetzlichen Vorschriften im Ausland abgerechnet werden, muss man auch als Tourist (ab einem Alter von 20 Jahren) einen **Eigenanteil** für die Behandlung übernehmen, der beträgt für den Arztbesuch 100 bis 350 SEK, für einen „Besuch" in der Notaufnahme zahlt man 350 SEK, für die stationäre Behandlung werden 100 SEK/Tag in Rechnung gestellt. Allerdings gibt es jährliche Obergrenzen. Pro Jahr muss man höchstens 900 SEK für Arztbesuche und 1200 SEK für den Aufenthalt im Krankenhaus bezahlen.

Bevor man zum Arzt geht, kann man sich erst einmal unter der Telefonnummer 1177 **kostenfrei beraten** lassen.

Falls notwendig, wird man dann an den entsprechenden Arzt verwiesen.

Der Gang zum **Zahnarzt** (swe. *tandläkare*) kann teuer werden. Alle Kosten bis zu 3000 SEK trägt der Versicherte vollständig; was darüber hinaus geht, muss zur Hälfte selbst bezahlt werden. Kinder und junge Erwachsene bis 24 Jahre werden beim Zahnarzt kostenlos behandelt. Ob und inwieweit die gesetzliche Krankenkasse die verauslagten Kosten erstattet, ist je nach Kasse unterschiedlich.

Medikamente erhalten Sie auf Rezept bei jeder **Apotheke** (swe. *apotek*), allerdings verbleibt dem Patienten, je nach Medikament unterschiedlich, ein Selbstbehalt.

Wichtige Adressen auf Gotland

- **Krankenhaus,** Visby lasarett, St. Göransgatan 3, Tel. (0498) 269000.
- **Zahnärztlicher Notdienst,** Wisby Tandvård, Adelsgatan 13, Tel. (0498) 216116, Visby-Korpen, Brömsebrov. 8, Tel. (0498) 268813.

Auslandskrankenversicherung

Schon allein wegen der in der Regel sehr günstigen Preise lohnt sich der Abschluss einer Auslandskrankenversicherung. Zur **Erstattung der Kosten** benötigt man ausführliche Quittungen (mit Datum, Namen, Bericht über Art und Umfang der Behandlung, Kosten der Behandlung und Medikamente).

[>] Auch Wikingerhunde müssen in der Stadt an die Leine genommen werden

Mit Haustier unterwegs

→ Ein- und Ausreisebestimmungen

Wer mit seinem Hund in Schweden unterwegs ist, muss sich zusätzlich zu den Einreisebestimmungen noch an einige weitere Regeln halten. Zwischen dem 1. März und dem 20. August besteht auf Feldern und in Wäldern Leinenzwang für Hunde. Auf Campingplätzen und in der Stadt muss man Hunde ebenfalls an die Leine nehmen und wer ins Restaurant gehen möchte, sollte sich vorher erkundigen, ob Hunde dort willkommen sind. Auch an Stränden und Badestellen sind Hunde oft nicht erlaubt. Auf Fähren kann es sein, dass eine Beförderung des Haustiers nur in speziellen Haustierkabinen möglich ist; deshalb sollte frühzeitig gebucht werden. Bei Unterkünften ist es ratsam, sich vorab zu informieren, ob Tiere gestattet und was für Bedingungen daran geknüpft sind.

got_458rk

Information

Allgemeine Informationen

- **visitsweden.de:** Die Internetseite des offiziellen schwedischen Fremdenverkehrsamtes bietet unter anderem Informationen zu den verschiedenen Regionen, Unterkunftsmöglichkeiten und Hinweise für Reisende an. Auch einen Newsletter kann man abonnieren, der über aktuelle Geschehnisse wie Neueröffnungen und Events informiert. Eine Unterseite befasst sich speziell mit **Gotland:** visitsweden.de/regionen/sudschweden/gotland

Region Gotland

- **gotland.com:** Informationen über Gotland erhält man bei Region Gotland (Touristenvereinigung der Region Gotland). Auf der Homepage findet man auch aktuelle Informationen auf Englisch und Deutsch, die bei der Reisevorbereitung helfen. **Informationen vor Ort** bekommt man im Donnerska huset, Donners plats 1, Visby, Tel. (0498) 201700.
- **gotland.se:** Auf dieser Seite informiert die Region Gotland über alles Wichtige abseits des Tourismus, ideal für alle, die Hintergrundinformation über die Insel suchen. Die Seite ist zwar nur auf Schwedisch, aber auch für diejenigen, die die Sprache nicht verstehen, hat die Homepage vorgesorgt: Es wird die Google-Übersetzungsfunktion angeboten; klicken Sie dafür einfach oben rechts auf „Translate" und wählen Sie Ihre bevorzugte Sprache aus.

Mit Kindern unterwegs

→ Hinweise zur Benutzung,

Gotland ist ein **ideales Reiseziel für Familien mit Kindern.** Die langen Sandstrände, die flach ins Meer hineinführen, sind für Kinder bestens geeignet. Lediglich bei starkem Wind ist Vorsicht geboten. **Fahrradtouren** überfordern auf Gotland auch Kinder nicht. Hohe Erhebungen gibt es nicht und die Stra-

Klima

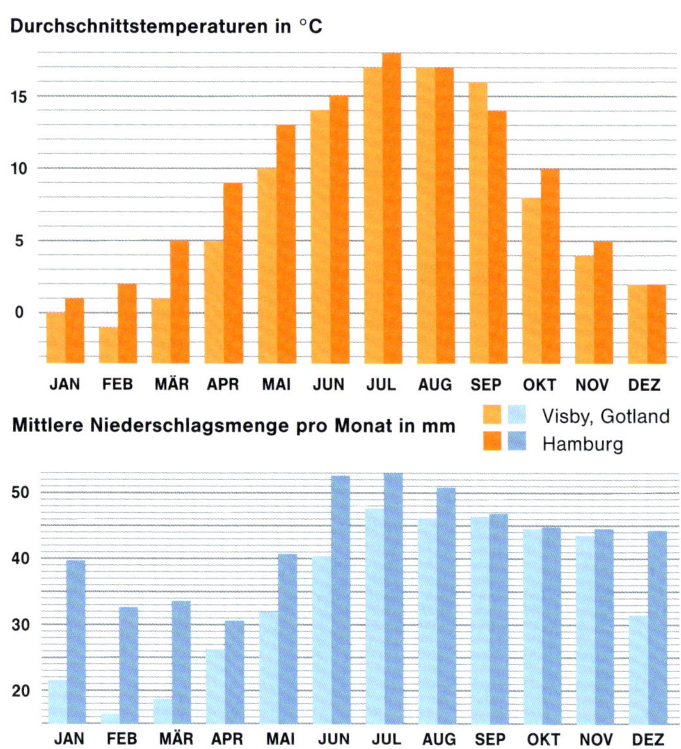

ßen sind wenig befahren. Einige Reiterhöfe bieten **Ausritte/Reitkurse** speziell für Kinder und Jugendliche an. Im **Ferienland Kneippbyn** nur wenige Kilometer vor den Toren Visbys können die Kleinen auf Pippi Langstrumpfs Spuren wandeln und die berühmte Villa Kunterbunt besuchen. Tapfere Krieger – aber auch Bauern, Burgfräuleins und Königinnen – sind während der **Mittelalterwoche** (→ Exkurs, S. 37) Anfang August gefragt. Da dabei nicht nur die Akteure, sondern auch viele Zuschauer in Mittelalterkleidung unterwegs sind, kommen hier alle, die Spaß am Verkleiden haben, auf ihre Kosten. Interessant für Kinder und Jugendliche ist auch das **Museum Fenomenalen** in Visby, in dem Wissenschaft auf kindgerechte „Mitmach-Art" präsentiert wird.

Kinderermäßigungen werden übrigens fast überall gewährt. In vielen Museen habe Kinder und Jugendliche sogar freien Eintritt.

Klima und Reisezeit

Gotland gilt als die **Sonneninsel Schwedens** und hat das **beste Klima** des Drei-Kronen-Reiches. Im Vergleich zu anderen schwedischen Tourismusregionen scheint hier die Sonne am längsten, und es regnet am wenigsten.

Wegen seiner Lage inmitten der Ostsee herrscht auf Gotland ein **ungewöhnlich mildes Klima.** Gemessen am südschwedischen Festland zählt man hier deutlich weniger Frostnächte. Auch was die Anzahl der Sonnenstunden und die Höhe der Temperatur anbelangt, belegt Gotland im innerschwedischen Vergleich einen Spitzenplatz. Ganz unten liegt Gotland, was die Niederschlagsmenge betrifft. Das Inselinnere weist mit einer Jahresniederschlagsmenge von 550 mm zwar noch durchschnittliche Werte auf, aber an der Küste misst man stellenweise nur um die 430 mm – eine für Schweden extrem niedrige Menge.

Nicht umsonst verbringen auf Gotland auch viele Schweden gerne ihren Urlaub. Viele Stars aus Kunst und Politik, wie etwa der Regisseur *Ingmar Bergman* oder der ehemalige (ermordete) Ministerpräsident *Olof Palme,* haben oder hatten hier ihren Sommersitz.

Gotland kann bereits im **Mai** sehr gut bereist werden. Der Wonnemonat macht hier seinem Namen meist alle Ehre. Strahlend blauer Himmel und Temperaturen um 20 Grad sind keine Seltenheit. Außerdem ist der Mai der **Monat mit den meisten Sonnenstunden** – rein statistisch lächelt dann fast 350 Stunden im Monat die Sonne. Kein Wunder, dass auch die Pflanzen den Mai lieben und Gotland ein einziges blühendes **Blumenmeer** ist.

Auch der **Juni** ist als Ferienmonat uneingeschränkt empfehlenswert. Noch sind die **Strände fast menschenleer,** denn der **Hauptferienmonat der Schweden** ist der **Juli.** Dann ist es noch wärmer, aber auch regenreicher als im Vormonat. Die Hotels und Ferienhäuser sind in diesem Monat **meist ausgebucht,** wer dann unterkommen will, muss lange im Voraus gebucht haben und zudem mit deutlich höheren Preisen rechnen. **Anfang August** findet in Visby die **Mittelalterwoche** (→ Exkurs, S. 37) statt, ein Schauspiel, das man sich nicht entgehen lassen sollte. Danach beginnt eigentlich schon die **Nachsaison,** und obwohl das Wetter immer noch sehr gut ist, leert sich die Insel. Für deutsche Touristen, deren Haupturlaubssaison ohnehin meist der August ist, ist die Insel dann das **ideale Reiseziel.** Die Unterkünfte sind preisgünstiger und auch ohne lange Vorausbuchung zu bekommen, und an den Stränden der immer noch sommerwarmen Ostsee ist man fast für sich allein. Einziger **Nachteil:** Vielerorts haben Restaurants und Kneipen schon geschlossen. In der **Nebensaison** hat man außerhalb von Visby Schwierigkeiten, ein geöffnetes Restaurant zu finden, und selbst in der Hauptstadt schließen manche Restaurants Mitte/Ende August.

got_459ta

Der **September** ist der **ideale Monat für Aktivurlauber.** Spaziergänger, Wanderer und Fahrradfahrer fühlen sich auch dann noch wohl auf der Insel. Im Herbst regnet es häufig. Trotzdem hat diese Jahreszeit durchaus ihren Reiz – allerdings nur für **wetterfeste Besucher.** Wer einsame Strandspaziergänge im Wind mag, auch mal ein paar Regengüsse wegstecken kann und mit sich und einer herrlichen, aber dann auch **rauen Natur** allein sein will, der fühlt sich im **Oktober,** im herbstlichen Gotland, wohl. Der **Winter** gleicht mehr dem an der deutschen Ostseeküste – also meist **schmuddelig und feucht** – als dem im übrigen Skandinavien mit viel Sonne, Schnee und niedrigen Temperaturen. Die Monate **November bis Januar** sind die mit den **meisten Regen- bzw. Niederschlagstagen.** Mehrmals im Monat braucht man dann den Regenschirm. Durch die Insellage bleibt es aber auch dann **verhältnismäßig mild.** Im **März und April** geht es zwar temperaturmäßig etwas aufwärts, die **Sonnentage nehmen zu** und auch die **Tage werden wieder länger.** Trotzdem reisen in dieser Jahreszeit nur die Hardcore-Gotland-Fans auf die Insel.

Kommunikation unterwegs

Telefonieren

- **Telefonate nach Schweden:** Auslandsvorwahl + Landeskennziffer 46 + Ortsvorwahl unter Weglassung der 0 + Teilnehmernummer.
- **Telefonate von Schweden:** nach Deutschland 0049, nach Österreich 0043 und in die Schweiz 0041.

Mobiltelefon

Das eigene Mobiltelefon lässt sich in Schweden problemlos nutzen. Seit 2017 fallen **keine Roaminggebühren** für die Handy-Nutzung im EU-Ausland mehr an. Man telefoniert also zu denselben Konditionen wie zu Hause. Das gilt grundsätzlich auch für Prepaid-Karten. Eine Ausnahme stellen Verträge mit geringem Inklusivvolumen dar, hier darf der Anbieter einen Aufschlag berechnen – erkundigen Sie sich danach. **Vorsicht** ist bei allen Verträgen bei der Wahl von 0180 und 00800er Nummern geboten – weil diese der Roam-like-at-Home-Regelung nicht unterworfen sind, können Anrufe richtig teuer werden.

Internet

Viele öffentliche Einrichtungen und nahezu alle Hotels und Restaurants auf Gotland bieten **kostenlose WLAN-Nutzung** an, in Visby auch fast alle Restaurants. Die **Netzabdeckung** ist auch in den entlegenen Teilen der Insel ausgezeichnet.

LGBT+

Schweden gilt als **eines der tolerantesten Länder der Welt.** Schon seit 2009 können gleichgeschlechtliche Ehen geschlossen werden und auch die meisten Schweden sind sehr offen und tolerant. Die Schwulen- und Lesbenbewegung auf Gotland ist sehr überschaubar. Das **Aktivistenbündnis Gotland Pride** veranstaltet einmal jährlich eine Themenwoche mit Vorträgen, aber auch Partys. Die Termine können unter gotlandpride.se nachgeschaut werden, außerdem bietet die Seite noch weitere Informationen. Für die Rechte von Schwulen, Lesben und Transgender-Personen setzt sich der **Gleichstellungsbeauftragte** ein.

- **Weitere Infos (nur auf Schwedisch):** https://gotland.se/utveckla-gotland/manskliga-rattigheter-och-mangfald/hbtqi-

Notfälle

→ Autofahren
→ Geld

Sowohl Polizei als auch Feuerwehr und Rettungsdienst erreicht man in Gotland unter der Notfallnummer 112.

Bei Notfällen (aber nur wirklichen) unterstützen auch die jeweiligen Botschaften in Stockholm, in Visby gibt es ein deutsches Konsulat.

- **Deutsche Botschaft,** Skarpögatan 9, Stockholm, Tel. (08) 6701500, in dringenden Notfällen außerhalb der Dienstzeiten (nicht aber zwischen 24 und 8 Uhr) auch Tel. 070 8529420, www.stockholm.diplo.de.
- **Deutsches Konsulat,** Hamngatan 3, Visby, Tel. (0702) 179508, visby@hk-diplo.de.
- **Österreichische Botschaft,** Banérgatan 10, Stockholm, Tel. (08) 6651770, www.bmeia.gv.at/oeb-stockholm.
- **Schweizer Botschaft,** Valhallavägen 64, Stockholm, Tel. (08) 6767900, www.eda.admin.ch/stockholm.

◁ Bei schönem Wetter laden die Strände, hier der Strand Sudersand, zum Baden ein

Öffnungszeiten

Im Gegensatz zu Deutschland kennt Gotland **keine staatlich festgelegten Öffnungszeiten.** Zumindest die großen **Supermärkte** haben bis 20 bzw. 22 Uhr geöffnet, viele von ihnen sogar am Sonntag. Die meisten kleinen **Boutiquen** in Visby schließen dagegen schon um 18 Uhr. **Banken** haben montags bis freitags von 9.30 bis 15 Uhr geöffnet, am Donnerstag bis 18 Uhr. In der **Nebensaison** sind manche Geschäfte geschlossen, bzw. nur zu verkürzten Öffnungszeiten geöffnet.

Post

Das **Porto** für Briefe und Postkarten in Länder der Europäischen Union und in die Schweiz beträgt 36 SEK, innerhalb Schwedens zahlt man 18 SEK. Briefmarken (swe. *frimärken*) kann man manchmal zusammen mit den Postkarten in Andenkenläden kaufen. Alternativ kann man das Porto auch **online** zahlen: portal.postnord.com/skickadirekt.

Rauchen

Raucher haben es schwer in Schweden. Das Land will bald vollkommen rauchfrei sein. Bereits seit Juli 2019 gilt ein erweitertes Rauchverbot in ganz Schweden. Dies umfasst Straßencafés, Spielplätze, Bushaltestellen, Sportplätze und Bahnhöfe zuzüglich zu den vorher schon verbotenen Bereichen: öffentliche Verkehrsmittel, Geschäfte, Boutiquen, Restaurants, Bars und andere öffentliche Gebäude.

Reisegepäck und Ausrüstung

→ Klima und Reisezeit

Im Prinzip kann man auch ohne Koffer nach Schweden fahren, denn alles, was man benötigt, bekommt man dort, wenn auch meist teurer als hierzulande.

Besondere **Bekleidungsvorschriften** braucht man in Gotland nicht zu beachten. Auch im Sommer sollte man einen leichten Pullover für den Abend und eine Regenjacke im Gepäck haben. Da man in Schweden generell etwas „feiner" gekleidet ausgeht als in Deutschland, sollte man dies beim Kofferpacken gegebenenfalls bedenken. Dafür braucht man als **Wanderer** keine besondere Ausrüstung in den Koffer packen. Die Strecken sind allesamt einfach und können mit jeder Art von festem Schuhwerk begangen werden.

Alkohol ist in Schweden extrem teuer, deswegen mag sich die Mitnahme von ein, zwei Flaschen Wein, Likör oder Schnaps als Gastgeschenk lohnen. Seit Schweden der EU angeschlossen ist, sind die strengen Einfuhrbeschränkungen für Alkohol aufgehoben worden. Inzwischen darf man Alkohol zum persönlichen Bedarf einführen (→ Ein- und Ausreisebestimmungen).

got_460rk

Sicherheit

Wer auf Gotland Urlaub macht, braucht **keinerlei Bedenken** um seine Sicherheit haben. Auf dem Land werden hier nach wie vor die Türen nicht verschlossen, Diebstähle sind äußerst selten. Gewaltverbrechen sind nahezu unbekannt und kommen höchstens im Sommer vor, wenn betrunkene Urlaubsgäste vom schwedischen Festland handgreiflich werden. Trotzdem sollte man natürlich nicht leichtsinnig sein und dieselbe Vorsicht walten lassen wie auch zu Hause.

⌃ Man darf so lange wie man will: Die Öffnungszeiten können die Geschäfte selbst festlegen

Sport und Aktivitäten

Sportler werden sich auf Gotland wohl fühlen, denn für sie gibt es unzählige Möglichkeiten. Fahrradfahren und Schwimmen sind die Hauptsportarten. Aber auch zum Wandern, Reiten und Golfspielen lädt die Insel ein.

Baden und Wassersport

Für die Schweden ist Gotland mit seinen langen Stränden und den vielen Sonnenstunden ein beliebtes Sommerreiseziel und die Badeinsel Nr. 1. Wer sich ins Wasser wagt, darf allerdings kein Weichei sein. 16 °C ist im Hochsommer die Normaltemperatur der Ostsee und selbst in heißen Jahren wird das Wasser allenfalls 18 °C warm.

0 10 km
©Reise Know-How Gotla11 8/24
Bredsand
Gotska Sandön
Gotska Sandön
OSTSEE
Ekeviken
Digerhuvud
Gamlehamn
Sudersand
Hallshuk
Fleringe
Fårösund
Ireviken
Kappelshamn
Bunge
Lickershamn
Rute
Bungeviken
Jungfrun
Nyhamn
Stenkyrka
Lärbro
Valleviken
Lummelunda
Hellvi
Tingstäde
Kyllaj
Martebo
Othem
Hideviken
Brissund
Hide
Slite
Snäckgärdsbadet
Bro
Boge
Norderstrand
Gustafsvik
Bäl
Hejdeby
Visby
Åminne
Kneippbyn
Follingbo
Källunge
Vibble
Ekeby
Gothem
Träkumla
Dalhem
Roma
Tofta
Björke
Sjonhem
Anga
Tofta Strand
Västergarn
Väte
Vänge
Katthammarsvik
Guldrupe
Kräklingbo
Östergarn
Kovik
Hejde
Buttle
Sandviken
Klintehamn
Klintehamn
Sjauster
Warfsholm
Gryngeviken
Etelhem
Alskog
Folhammar
Fröjel
Lojsta
Ljugarn
Sandhamn
Garda
Levide
Djupvik
Linde
Lye
Lau
Fardhem
Sproge
Burs
Hemse
Närshamn
Silte
Herta
Kvarnåkershamn
Alva
Ronehamn
Tomtbod
Havdhem
Eke
Gansviken
Grötlingbondd
Nisseviken
OSTSEE
Grötlingbo
Näs
Fide
Fidenäs
Björklunda
Öja
Burgsvik
Vamlingbo
Hamra
Holmhällar
Sundre
Heligholmen
Strand
die besten Strände
Raukgebiet

Strände

Hier ein alphabetisches Verzeichnis der Strände auf Gotland (erst wird der Ort genannt, dann die Art des Strandes, zuletzt Sonstiges; siehe auch Karte links):

- **Åminne:** Sand; einer der schönsten Strände, Minigolf, Boulebahn und Kiosk
- **Björklunda:** Sand; Kiosk
- **Brissund:** Kiesel, in der Nähe von Krusmyntagården
- **Bungeviken:** Sand
- **Burgsvik:** Sand; flach und kinderfreundlich, Kiosk
- **Djupvik:** Sand; Restaurant, Kiosk
- **Ekeviken:** Sand
- **Fårösund:** Sand
- **Fidenäs:** Sand; Kiosk
- **Gansviken:** kinderfreundlich, mit Sand und Rasen
- **Grötlingboudd bei Grötlingbo:** Felsen, Sand
- **Gryngeviken:** Sand
- **Herta (teilweise auch Herte und Hörte):** Sand; Kiosk, Minigolf
- **Heligholmen (Holmhällar):** Sand; Kiosk in Strandnähe; Raukgebiet in der Nachbarschaft, weiter draußen gefährliche Unterströmung
- **Hideviken bei Hide:** Sand, kinderfreundlich
- **Ireviken:** Sand; Kiosk, Restaurant, Jugendherberge in der Nähe
- **Kappelshamn:** Sand, Felsen
- **Katthammarsvik:** Sand, Kiosk, Fischräucherei
- **Klintehamn/Warfsholm:** Sand
- **Kneippbyn:** Felsen; Kiosk
- **Kovik/Björkhaga Strandby:** großer Sandstrand, Restaurant, Spielplatz, Kiosk
- **Kvarnåkershamn:** Sand; Kiosk, Minigolf, Boulebahn
- **Kyllaj:** Sand und Stein, relativ steil abfallend
- **Lickershamn:** Felsen (und kleiner Sandstrand), Kiosk, Räucherei
- **Ljugarn:** Sand; Kiosk, Minigolf, Restaurant, einer der größten Touristenorte
- **Närshamn:** Sand; Kiosk
- **Nisseviken:** Sand
- **Nyhamn:** Sand
- **Ronehamn:** Felsen, Sand; Kiosk, Restaurant
- **Sandhamn:** Sand, Kinderspielplatz in der Nähe, Kiosk
- **Sandviken:** Sand, Kiosk
- **Sjauster:** langer Sandstrand, Toiletten
- **Slite Strandbad:** Sand; Kiosk, Minigolf, Tennisplatz
- **Sudersand:** Sand; Kiosk, Restaurant
- **Tingstäde:** Sand; der Strand liegt an einem See, Kiosk
- **Tofta:** Sand; größter Strand der Insel, Kiosk, Restaurant, Lebensretter
- **Valleviken:** Sand; Kiosk
- **Visby Gustafsvik:** Sand; Kiosk, Minigolf
- **Visby Norderstrand:** Felsen; Kiosk, Minigolf
- **Visby Snäckgärdsbadet:** Sand; Kiosk, Minigolf, Wasserrutsche, Tennis
- **Visby Strandbad:** Felsen; in Hafennähe

Kajak

Am Hafen von Herrvik und neben dem Strand von Slite (neben den Glampingzelten) kann man am **Kajakautomat** (https://www.kayakomat.com) ein Boot ausleihen. Ausgehend von Gangvide gård (gangvidefarm.se), kann man mit dem Kanu über den kleinen **Fluss Närsån** bis zur Ostsee paddeln.

Tauchen

Tauchsportler finden bei Dyk & Sport Gotland in Lärbro den richtigen Ansprechpartner.

- **Tel. (073) 6603282,** dykochsportgotland.se

Windsurfen

Vor **Ar,** im äußersten Norden der Insel gelegen, ist bei westlichen und nordwestlichen Winden ein ausgezeichneter Surfspot, bei **Ekeviken** steigt man am besten bei nordwestlichem und nordöstlichem Wind aufs Brett und vor **Gnisvärd** bei Wind aus Südosten. Viele halten **Ireviken** für den besten Surfspot der Insel, insbesondere bei Winden aus Ost oder Nord. Weitere Surfspots findet man bei **Katthammarsvik** (bei Wind aus allen nördlichen Richtungen), **Nisseviken, Sandviken** und **Sudersand.** Mit seinem flachen Strand eignet sich **Skra** gut als Revier für Anfänger.

Golf

In Schweden mag vieles teurer sein als in Deutschland, Golfspielen ist es definitiv nicht. Da im Drei-Kronen-Reich Golf ein **Volkssport** ist, den jeder betreiben kann, ist die Atmosphäre auf schwedischen Plätzen eine ganz andere als hierzulande. Gotland hat sich in den letzten Jahren zu einer regelrechten Golferinsel entwickelt, auf der Jahr für Jahr neue Plätze entstehen. In Visby gibt es in der Nähe des Flugplatzes gleich zwei Plätze, einen 18-Loch-Kurs und einen „Übungskurs", auf dem auch Anfänger gerne gesehen sind. In Gumbalde/Stånga, När und Slite kann auf 18-Loch gespielt werden. In Västergarn, 22 km südlich von Visby, liegen ein 18- und ein 9-Loch-Kurs. Ebenfalls neunmal locht man in Ljugarn ein. Hier treffen sich diejenigen, die Golf wirklich locker nehmen, denn dieser Kurs gilt als der leichteste der Insel, und der Spaß steht im Vordergrund. Außer den genannten gibt es in Gotland noch einige *Pay & Play*-Bahnen, auf denen alle – auch ohne Clubmitgliedschaft und Platzreife – die Schläger schwingen dürfen. Solche Bahnen stehen in Västerhejde, Vamlingbo, Stenkyrka und Visby zur Verfügung. Golftouristen können übrigens von Gotlands Turistförening ein englischsprachiges Informationsheft zum Thema Golf anfordern.

- **Weitere Infos:** golfaruntgotland.se und www.gotlandsgdf.se

Radfahren

Faszinierende Landschaften, ein gut ausgebautes Wegenetz und eine höchste Erhebung, die gerade einmal 82 Meter hoch ist. Gotland ist die perfekte Insel für Anfänger und erfahrene Langstreckenradler.

Einmal rund um die Insel: Immer in Meeresnähe geht es auf dem **Gotlandsleden** mit dem Fahrrad auf 540 Kilometern um Schwedens Sonneninsel herum. Die meisten Radler beginnen ihre Tour nach der Ankunft mit der Fähre in Visby. Das ist praktisch, denn in der Inselhauptstadt kann man nicht nur Fahrräder leihen, sondern auch die gesamte Ausrüstung, die man für so eine Tour braucht – Fahrradhelme, Packtaschen und sogar Campingausrüstung. Denn da das schwedische Jedermannsrecht, das *allemansrätten,* innerhalb bestimmter Grenzen „wildes Camping" erlaubt, macht sich mancher auch mit dem Zelt auf den Weg.

Wirklich routinierte Radfahrer schaffen den Gotlandsleden an einem verlängerten Wochenende, realistischer für Gelegenheitsradler ist es, für die Tour eine Woche einzuplanen. Wer sich vierzehn Tage Zeit nimmt, macht aber auch

got_461rk

nichts verkehrt, denn sicher wird man hier und da von der vorgegebenen Route abzweigen wollen.

Wem der Gotlandsleden mit seinen 540 Kilometer zu lang ist, kann mit einer **Querung der Inselmitte** (via Roma) gleich zwei Touren absolvieren. Die Nordschleife ist dann 212 km, die Südschleife 256 km lang. Der Weg ist auf der gesamten Strecke ausgeschildert (weißes Fahrrad auf rotem Grund), zu über 90 % asphaltiert und führt meist über wenig befahrene Nebenstraßen. Erhebungen gibt es kaum, die einzigen (geringen) Anstiege führen im Wesentlichen vom Strandlevel auf das Inselplateau hinauf. Um den gesamten Weg abzuradeln braucht man, allein schon wegen der Länge, trotzdem etwas Raderfahrung und Kondition.

Tagestouren kann jeder in Angriff nehmen. Mit der App *Komoot* kann man Fahrradrouten auf Gotland abrufen, zur Orientierung reicht aber *Google Maps* problemlos aus.

Fahrradparadies:
Der Gotlandsleden führt rund um die Insel

Fahrräder/Fahrradverleih

Für eine Tagestour reicht ein Rad ohne Gangschaltung bzw. mit drei Gängen, wie es viele Ferienhausvermieter und Campingplätze vermieten. Mit einem 7-Gang-Tourenrad ist man für fast alle Touren gewappnet. Wer eine Tour auf dem Gotlandsleden plant, sollte vielleicht trotzdem das eigene Rad mitbringen, nicht weil man sonst die (geringen) Anstiege nicht schafft, sondern weil beim eigenen Rad der Fahrkomfort einfach höher ist.

■ **Gotlands Cykeluthyrning,** Skeppsbron 2, Visby, Tel. (0498) 214133, geöffnet Mitte Mai–Mitte Sept. (danach kann man zwar auch noch Fahrräder mieten, aber nur noch nach Voranmeldung), gotlandscykeluthyrning.com. Das Angebot bei Gotlands größtem Fahrradverleih ist groß. Preisbeispiele: 3-Gang-Rad 100 SEK/Tag, 7-Gang-Rad 160 SEK. In der E-Version beträgt die jeweilige Mietgebühr 300 bzw. 340 SEK, Fahrradhelme kosten 10 SEK. Man kann sogar Zelte mieten oder ein Gesamtpaket, das Fahrrad und Helm sowie Zelt und die komplette Campingausrüstung (exkl. Schlafsack) umfasst.

Radreiseveranstalter

Wer nicht allein unterwegs sein will, der kann sich u.a. bei www.radweg-reisen.de einbuchen.

Mountainbikes

Mountainbiker finden im Gotland Bike Park in Slite über 200 km Wege für alle Kenntnisstufen vom Anfänger bis zum Profi.

- **Cementa Arena,** Vikhagsvägen 4, Slite, www.gotlandbikepark.se. Die genauen Routen findet man unter: www.trailforks.com/region/gotland-bike-park-20872.

got_462rk

Reiten

Reiten kann man auf Gotland auch. Unter anderem bei folgenden Reitställen:

- **Fårö Islandshästar,** Tel (070) 6900432, faroislandshastar.se
- **Gervide Gård,** Romakloster, Tel. (070) 5959037, www.gervidegard.com
- **Hallvide Islandshästgård,** Slite, Tel. (0498) 48 50 32
- **Knuts Fjordhästar,** Väskinde, Tel. (0498) 270300, www.knutsfjordhastar.se

Wer nicht selber reiten will, sondern lieber zusieht und wettet, sollte auf der **Trabrennbahn in Visby** vorbeischauen, auf der im Sommer drei- bis fünfmal im Monat gelaufen wird.

Wandern

Um Enttäuschungen vorzubeugen: Gotland ist keine Wanderinsel. Wer in Schweden ernsthaft wandern will, sollte eine andere Region als Reiseziel wählen. Trotzdem, und das ist kein Widerspruch, kann man hier ausgezeichnet wandern, allerdings sind die meisten Strecken nichts anderes als ausgedehnte Spaziergänge, die zu der ein oder anderen Natursehenswürdigkeit führen. Über die Insel verstreut liegen 153 Naturreservate. In fast jedem davon kann man Ausflüge zu Fuß unternehmen. Dafür braucht man in der Regel aber weder Karte noch Wanderausrüstung. Festes Schuhwerk reicht aus; ein Getränk und etwas Proviant schaden natürlich nie. Die **Wanderwege** in den Naturreservaten sind ausgezeichnet ausgeschildert, sodass man keine Angst haben muss, sich zu verlaufen. Wer trotzdem einen Referenzpunkt haben möchte, lädt sich die App *Komoot* herunter, wobei zur Orientierung auch *Google Maps* völlig ausreicht.

Vorschläge für Wanderungen/Spaziergänge finden Sie bei den Ortsbeschreibungen. Hervorzuheben sind hier aber die Wanderungen von Herrvik nach Sysne und die von Visby über das Naturreservat Södra Hällarna zur Steilklippe Högklint.

Wer länger unterwegs sein will, der folgt dem gotländischen Olafsweg von St. Olofsholm 55 km in Richtung des Doms von Visby (→ S. 65, www.svenskakyrkan.se/visbystift/st-olavsleden-gotland).

Der **Klintkustleden** führt auf 50/60 km von Visby/Brucebo an die Nordspitze der Insel. Der **Östkustenleden** ist knapp 80 km lang und führt von Anga durch acht Naturschutzgebiete bis nach Närsholm (östkustleden.se).

Wer Schwedisch spricht oder versteht findet in dem Buch „Vandra på Gotland" von *Eva Tivell* einen guten Ratgeber.

Als einer der wenigen **Reiseanbieter** in Deutschland bietet Wikinger Reisen Wandertouren auf Gotland an, www.wikinger-reisen.de.

☐ Wanderer im Naturpark Södra Hällarna bei Visby

Sprache

→ Kleine Sprachhilfe, S. 217

Schwedisch ist eine **nordgermanische Sprache** und wird heute von etwa neun Millionen Menschen gesprochen. Außer in Schweden selbst spricht man noch in Teilen Finnlands Schwedisch. Auffallend bei der **Aussprache** ist der „musikalische Akzent" der Sprache, ein für Ausländer ungewohntes Auf und Ab in der Sprachmelodie. Die **Grammatik** der Sprache ist relativ einfach. Es gibt beispielsweise, mit Ausnahme des Genitiv -s, keine Kasusendungen, und bei den Verben kommen keine Personalendungen vor.

Das schwedische **Vokabular** weist Ähnlichkeiten mit dem Deutschen und Englischen auf. Wer diese beiden Sprachen spricht, etwas Fantasie hat und gerne knobelt, kann auch ohne Vorkenntnisse schon einiges in einer schwedischen Tageszeitung entziffern. Hört man einen Schweden sprechen, wird man aber zunächst nur wenig verstehen. Die Aussprache verlangt Übung. Aber einen Trost gibt es immer: In keinem Land Europas sprechen so viele Menschen so gut Englisch wie in Schweden.

Hinweise zur Aussprache

- **å** wird ähnlich dem deutschen o ausgesprochen
- **u** wie ü
- **v** wie w
- **g** vor e, i, y, ä, ö wie j

Das **Gotländische oder Gutnische** ist ein eigenständiger schwedischer **Dialekt.** Der wichtigste Unterschied zum „Hochschwedisch" ist die konsequente Verwendung von Diphthongen (Doppelvokalen). Beispielsweise heißt das schwedische Wort für Tier „djur", gesprochen djüür, ein Gotländer würde das Wort in seinem Dialekt djaur aussprechen. E wird wie ei ausgesprochen, ein langer u-Laut wie iu.

Unterkunft

→ Camping

Gotland ist eine Ferieninsel, entsprechend vielfältig ist die Auswahl an Unterkunftsmöglichkeiten. Allerdings beschränkt sich das Angebot auf die Hauptreisesaison im Sommer. Viele Anbieter schließen bereits Mitte August/Anfang September und kaum einer macht vor Mitte Mai/Anfang Juni wieder auf. Ausnahmen sind die Hotels in der Inselhauptstadt Visby. Aber selbst dort hat nicht jedes Haus ganzjährig geöffnet. Wer in der Nebensaison unterwegs ist, sollte deswegen vorab unbedingt sicherstellen, dass die eingeplante Unterkunft auch Gäste empfängt.

Preiskategorien in diesem Buch

Richtwerte für ein **DZ** während der Hochsaison (Mitte Juli).

①	bis 2200 SEK
②	2200–2600 SEK
③	ab 2600 SEK

Ferienhäuser

Die beliebteste Art des Urlaubs auf Gotland ist die Übernachtung im Ferienhaus. Diese kann man über die einschlägigen Plattformen (→ Infokasten Buchungsportale) buchen, oder aber man vertraut sich einem Ferienhausvermittler an. Ein einheimischer Anbieter ist **Gotlandsstugor.** Auch die bekannten Ferienhausanbieter wie beispielsweise Casamundo (www.casamundo.de), Fewo Direkt (www.fewo-direkt.de) oder Novasol (www.novasol.de) haben Gotland im Angebot. Auf der Webseite von Region Gotland findet man eine Suchfunktion für Ferienhäuser, Hotels und Pensionen (gotland.com).

In schwedischen Ferienhäuern ist es üblich, dass der Gast **Bettzeug und Handtücher** selbst mitbringt und zu Ende des Aufenthalts sein Haus putzt. Wer dies alles nicht will, kann den **Service** in der Regel dazubuchen. Das kostet dann allerdings extra.

- **Gotlandsstugor:** www.gotlandsstugor.com, Tel. (0498) 266500

Hotels

Hotels sind relativ teuer auf Gotland. Unter 100 Euro/Person bekommt man fast nirgends ein Doppelzimmer. In Visby ist die Hotelauswahl ausgesprochen groß. Auf dem Land wird es dagegen schon schwieriger, eine geeignete Unterkunft zu finden. In den vergangenen Jahren sind aber einige beeindruckende Boutiquehotels entstanden.

☐ Zelten im Luxus: Glamping in Slite

Überblick Buchungsportale

Als Ergänzung zu den sorgfältig zusammengetragenen Unterkunftsempfehlungen in diesem Buch können Buchungsportale wie *Booking.com, hrs.de, Agoda.com* oder *Airbnb.de* dazu genutzt werden, aktuelle Preise und die Bewertungen anderer Reisender einzusehen sowie Unterkünfte direkt zu buchen.

Die Plattformen arbeiten mit Unterkünften aller Art zusammen und machen diese für Reisende leicht auffindbar. **Bewertungen, Fotos und Filtermöglichkeiten** nach zahlreichen Details helfen bei der Auswahl. Auch der Kontakt zwischen Vermietenden und Unterkunftssuchenden sowie die Bezahlung können über die Plattformen abgewickelt werden.

Eine gewisse **Vorsicht** ist bei der Benutzung dennoch geboten. Wann immer möglich, sollten die Angaben mit zusätzlichen Quellen überprüft werden. Sind die Bewertungen wirklich auf allen Plattformen und Suchmaschinen so gut? Sind sie so zahlreich, dass ein Missbrauch unwahrscheinlich ist? Weshalb genau fanden die Bewertenden die Unterkunft gut und stimmt das mit meinen Interessen überein? Häufig hilft die jeweils eigene Internetseite der Unterkunft, Google Street View oder ein Anruf, um genauere Informationen zu bekommen.

Wem einzelne Aspekte besonders wichtig sind, der sollte auf jeden Fall **genau prüfen** – z.B. ob der versprochene „geschlossene Parkplatz" wirklich so beschaffen ist, dass man das vollgepackte Auto dort stehenlassen möchte. Auch der angepriesene „Bestpreis" und die durch die Plattformen suggerierte knappe Verfügbarkeit lösen sich bei einem Anruf vielleicht in Luft auf, weil die Vermietenden einen eigenen günstigen Preis bieten, um sich die teure **Vermittlungsprovision** an die Plattform zu sparen.

Während die Plattformen also eine praktische Hilfe bei der Reiseplanung sein können, empfiehlt sich doch häufig ein **kritischer zweiter Blick!**

Jugendherbergen

In Gotland gibt es acht Jugendherbergen der *Svenska Turistföreningen* (www.svenskaturistforeningen.se). Besitzt man einen internationalen Jugendherbergsausweis aus dem Heimatland, schläft man in diesen Jugendherbergen zum günstigeren Tarif, sonst muss man eine Tagesmitgliedschaft erwerben. In schwedischen Jugendherbergen kann man **altersunabhängig** absteigen, folgerichtig heißt das schwedische Wort für Jugendherberge auch *Vandrarhem,* übersetzt „Wandererheim".

Preise: Je nach Saison und Ausstattung der Herberge bekommt man ein Bett ab ca. 250 SEK.

Viele einfachere Unterkünfte firmieren unter dem Begriff Hostel ohne irgendeiner Organisation anzugehören.

got_463rk

Verhaltenstipps

Du

In Schweden wird jeder geduzt – einzige Ausnahme sind Mitglieder des Königshauses, aber denen werden Sie wahrscheinlich kaum begegnen. Das führt dazu, dass viele Schweden, die Deutsch sprechen, ihren Gesprächspartner auch in der Fremdsprache **duzen.** Das hat nichts mit ungebührlicher Distanzüberschreitung zu tun, sondern beruht lediglich auf **unterschiedlichen Sprachgewohnheiten.** Wenn Sie bemerken, dass Ihr Deutsch sprechender schwedischer Gesprächspartner Sie duzt, steigen Sie einfach darauf ein, das erleichtert ihm und Ihnen die Kommunikation.

got_398ta

Danke – tack!

Freundlichkeit ist Trumpf in Schweden. Man bedankt sich für alles, wirklich alles. Selbst derjenige, der einem anderen etwas gibt, bedankt sich dafür, dass es der andere annimmt. Deswegen lautet das **wichtigste schwedische Wort,** das jeder Tourist beherrschen muss: tack! Auch wenn Sie von einer schwedischen Familie eingeladen werden, sollten Sie sich zum Abschied ausgiebig bedanken. Aber das allein reicht noch nicht. Als guter **Gast** werden Sie sich bei Ihrem Gastgeber das nächste Mal, wenn sie ihn sehen, mit einem *Tack för senast* – Danke für das letzte Mal – nochmals bedanken. Wenn Sie den Gastgeber auf absehbare Zeit nicht wieder treffen werden, ist zwei oder drei Tage nach der Einladung der Griff zum Telefonhörer fällig.

Nummerlapp

Sie stehen beim Bäcker und kommen nicht dran, warten auf der Post ewig lang, und beim Geldwechsel auf der Bank ziehen auch alle an ihnen vorbei? Dann haben Sie wahrscheinlich noch nie etwas vom *Nummerlapp* gehört. Wenn man einen Laden betritt, zieht man aus einem kleinen Kästchen einen **Zettel, auf dem eine Nummer steht.** Irgendwo im Raum hängt eine **Anzeigentafel,** die die Nummer anzeigt, die gerade bedient wird. Und wenn die eigene Nummer aufleuchtet, ist man dran. Der *Nummerlapp* ist eine skandinavische Erfindung und verhindert, dass sich irgendein ungeduldiger Zeitgenosse an einer Schlange vorbei nach vorne drängeln kann.

got_464rk

Kleidung

Die Schweden sind zwar ein ziemlich formloses Völkchen, doch wenn man abends ausgeht, putzt man sich gerne etwas heraus. Demzufolge sollte man als Tourist auch darauf gefasst sein, dass manches Lokal einen **„Dresscode"** hat und entsprechende Kleidung verlangt.

Alkohol

Hochprozentiges ist in Schweden **sehr teuer** und zudem nur in **speziellen Alkoholgeschäften** (swe. *Systembolaget*) zu kaufen. Bier mit einem Alkoholgehalt von weniger als 3,5 Gewichtsprozent gibt es auch in Lebensmittelläden (Mindestalter für Alkoholkauf 20 Jahre!). Bevor man ein Bier oder ein Glas Wein im Restaurant bestellt, sollte man einen Blick auf die Getränkekarte werfen – mit Preisen von mindestens 7–8 Euro für ein großes Bier und 10 Euro für ein Glas Wein muss man rechnen. Wenn Sie im Restaurant trotz der hohen Preise Alkoholisches zu sich nehmen wollen, müssen Sie darauf achten, dass das Lokal Ihrer Wahl auch das Recht **zum Alkoholausschank** hat – das ist nicht selbstverständlich. In der Öffentlichkeit sollte man sich mit dem Trinken alkoholischer Getränke zurückhalten, denn ansonsten gerät man leicht in den Ruf, Alkoholiker zu sein (→ zur Thematik auch den entsprechenden Exkurs, S. 148).

Trinkgeld

Trinkgeld wird in Schweden kaum gegeben. Das **Aufrunden des Betrages** ist zwar in Ordnung, aber keiner wird Ihnen böse sein, wenn Sie das nicht tun.

⌃ Nicht jedes Restaurant hat eine Alkohollizenz

< Ein (mehrfaches) Danke für die Bedienung gehört zur guten Etikette

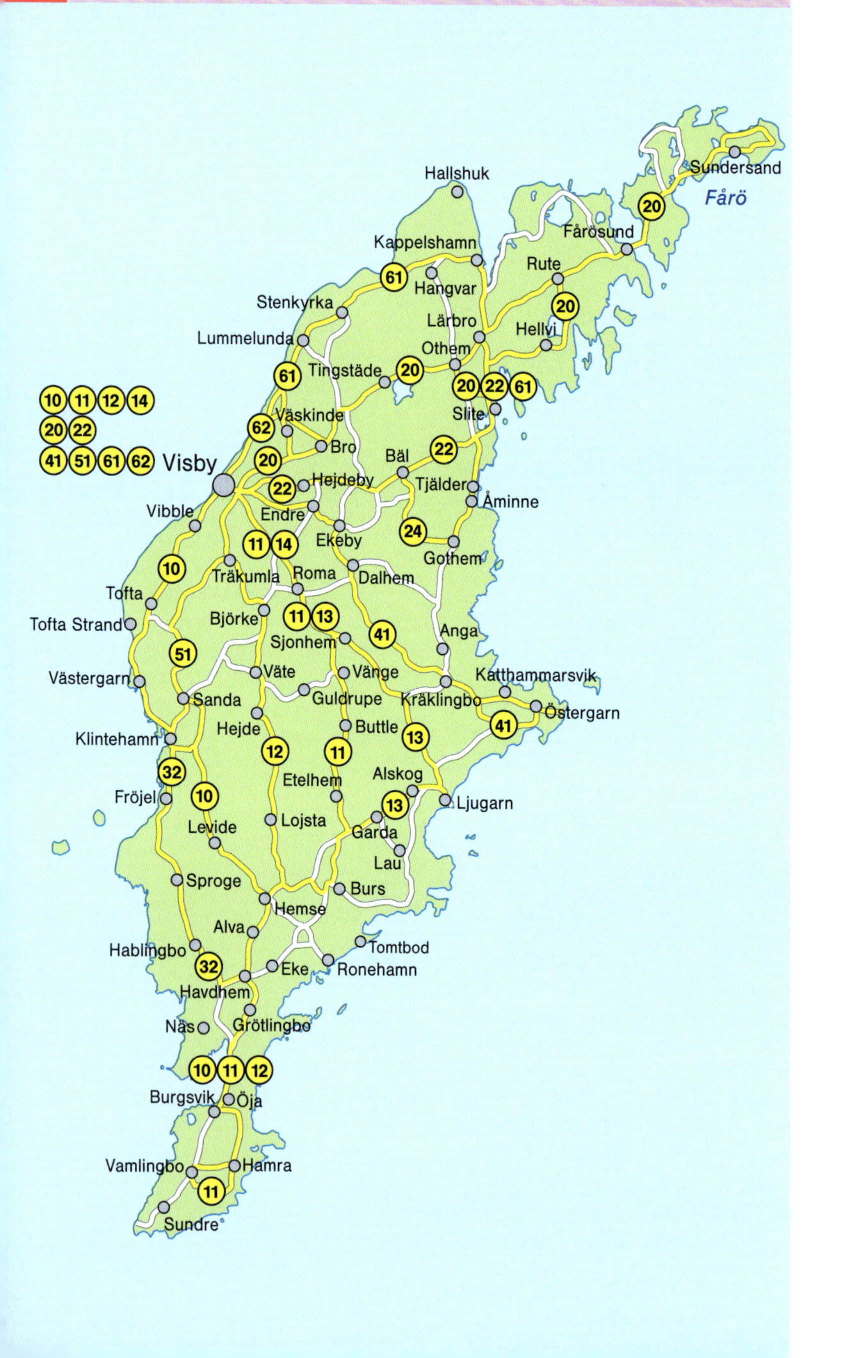
0
10 km
©Reise Know-How
Gotla09 8/24
Hallshuk
Sundersand
Fårö
Fårösund
Kappelshamn
Rute
Hangvar
Stenkyrka
Lärbro
Hellvi
Lummelunda
Othem
Tingstäde
Slite
Väskinde
Bro
Bäl
Visby
Hejdeby
Tjälder
Åminne
Vibble
Endre
Ekeby
Gothem
Träkumla
Roma
Dalhem
Tofta
Tofta Strand
Björke
Anga
Sjonhem
Västergarn
Väte
Vänge
Katthammarsvik
Sanda
Guldrupe
Kräklingbo
Östergarn
Hejde
Buttle
Klintehamn
Alskog
Etelhem
Ljugarn
Fröjel
Lojsta
Levide
Garda
Lau
Sproge
Burs
Hemse
Alva
Tomtbod
Hablingbo
Eke
Ronehamn
Havdhem
Näs
Grötlingbo
Burgsvik
Öja
Vamlingbo
Hamra
Sundre

Verkehrsmittel

→ Anreise
→ Autofahren
→ Sport und Aktivitäten/Radfahren, Reiten

Busse

Die gute Nachricht zuerst: Nahezu jeder Ort der Insel ist mit öffentlichen Verkehrsmitteln zu erreichen. Die schlechte gleich hinterher: Die **Fahrpläne** richten sich oft nach den Zeiten des Schulbesuchs der Kinder, sodass zu den meisten Orten nur ein- oder zweimal täglich Busse verkehren – und das oft zu besucherunfreundlichen Zeiten. In der Sommersaison, wenn die Kinder Ferien haben, verkehren manche Linien gar nicht. Relativ häufig befahren werden lediglich die Strecken Visby – Roma – Hemse, Visby – Tingstäde – Slite – Fårösund und Visby – Tofta – Klintehamn. Wer eine Rundreise auf Gotland mit dem Bus plant, muss sich deswegen sehr genau informieren und sollte unbedingt den aktuellen Busfahrplan konsultieren: www.gotland.se/kollektivtrafiken.

Der **Stadtbusverkehr** in Visby ist – je nachdem, wo man hinwill – zwischen katastrophal und hervorragend einzuordnen. Manche Strecken werden zweimal stündlich bedient, andere nur zweimal täglich. Um unnötige Wartezeiten zu vermeiden, sollte man hier immer mit einem Fahrplan in der Tasche unterwegs sein. Der **zentrale Busbahnhof** in Visby liegt vor dem Stadttor Österport.

Zeit

Wer nach Gotland reist, muss seine **Uhr nicht umstellen** – ganzjährig gilt die gleiche Zeit wie in Deutschland, Österreich und in der Schweiz.

Verzeichnis der Buslinien auf Gotland

Linie 10	Burgsvik – Klintehamn – Visby
Linie 11	Burgsvik – Roma – Visby
Linie 12	Burgsvik – Hejde – Visby
Linie 13	Garda – Roma
Linie 14	Roma – Visby (nicht im Sommer)
Linie 20	Fårösund – Visby
Linie 22	Lärbro – Visby
Linie 24	Åminne – Bäl
Linie 32	Havdhem – Klintehamn
Linie 41	Katthammarsvik – Visby
Linie 51	Klintehamn –Visby
Linie 61	Slite – Visby
Linie 62	Väskinde – Visby

got_465rk

6 Land und Leute

Fiskeläge Helgumannen

Geografie und Geologie

Abgesehen von Seeland ist Gotland mit einer Fläche von 3140 Quadratkilometern die **größte Insel der Ostsee.** Sie ist 125 Kilometer lang und misst an der breitesten Stelle 53 Kilometer. Die **höchste Erhebung** beträgt lediglich 82 Meter. Die Insel zeichnet sich durch ihre besonders abwechslungsreiche Natur aus. Egal ob karge Heideflächen oder grüne Wiesen, steile Felsküsten oder badefreundliche Sandstrände, Wälder oder Seen – Gotland hat alles zu bieten. Eine Besonderheit sind die **Raukar,** bizarre Felsgebilde, die von Wind und Wetter im Laufe der Jahrtausende geschaffen wurden und die wie Wesen aus einer anderen Welt in Meeresnähe stehen.

Wie alles anfing

Der folgende kurze Einblick in die Geologie wird Fachleute sicher nicht zufriedenstellen können. Er gibt aber doch einen Überblick über die **Entstehungsgeschichte** der Insel, die während der **Silurzeit** vor etwa 400 Millionen Jahren ihren Anfang nahm. Damals bildete das heutige Skandinavien zusammen mit dem europäischen Teil Russlands einen eigenen Kontinent, der aber nicht im hohen Norden, sondern auf Höhe des Äquators lag.

Wie man heute weiß, besteht die Erde nicht aus einem zusammenhängenden Stück, sondern aus verschiedenen **Platten,** die sich um ungefähr 15 Zentimeter pro Jahr gegeneinander verschieben. Im Laufe der Jahrmillionen wanderte Gotland auf diese Weise in Richtung Norden.

Kalkstein und Mergel

Die Insel besteht vor allem aus **Kalkstein,** der aus abgestorbenen Korallen, Schnecken, Muscheln oder Schwämmen entstand, die im Silur auf den Meeresboden herabsanken und im Laufe von Millionen von Jahren zusammengedrückt und dadurch härter wurden. **Mergel,** die zweite Gesteinsart auf Gotland, ist eine Mischung aus Kalk und Ton.

Da Kalkstein härter ist als Mergel, bestehen die höher gelegenen Teile der Insel meist aus diesem Gestein. Mergel verwittert dagegen leicht und bildet die Grundlage für den fruchtbaren Ackerboden. Deswegen findet man die fruchtbarsten Felder meist in tieferen Lagen.

Als die Insel unter dem Eis verschwand

Die „jüngere“ geologische Geschichte begann vor ca. 1,65 Millionen Jahren. Damals wurde der Norden durch **drei Eiszeiten** geprägt, während denen Gotland unter einer viele hundert Meter dicken Eisdecke verschwand. Erst zum Ende der letzten Eiszeit vor etwa 11.500 Jahren tau(ch)te Gotland wieder auf – allerdings lugten damals nur die höchsten Teile der Insel als kleine und kahle Eilande aus dem Wasser. Als im Laufe der Zeit das Eis völlig abschmolz und somit der Druck nachließ, hob sich das Land und immer größere Teile der Insel

„entstiegen" dem Wasser. Die **Landhebung** ist auch heute noch nicht abgeschlossen, Gotland hebt sich immer noch um einige Millimeter pro Jahr aus dem Wasser.

Skulpturen aus Stein

→ Karte „Strände und Raukar", S. 166

Die **Raukar,** die bizarren „Steinskulpturen", die schon *Carl von Linné* mit Verwunderung betrachtete und mit „Statuen, Pferden und allerlei Geistern und Teufeln" verglich, entstanden erst nach der letzten Eiszeit und sind ein **Produkt von Wind und Wetter.** Die härteren Teile, eine besonders widerstandsfähige Kalksteinart, blieben in teilweise abenteuerlichen Formen stehen, die weicheren verwitterten und wurden im Laufe von Jahrtausenden ausgespült.

Zeugen aus grauer Vorzeit

Wegen seiner geologischen Geschichte ist Gotland **eines der besten Fundgebiete für Fossilien.** Am häufigsten findet man Korallen, die in der Zeit des Silur, als das Klima warm und feucht war, besonders reichhaltig vorkamen. Außerdem schneckenähnliche Gastropoden und Bivalvia, eine frühzeitliche Muschel. Bestimmte Strände gelten bei Fossiliensammlern als besonders Erfolg versprechend, so zum Beispiel Ireviken an der Westküste, Snäckgärdsbaden und Röver Liljas Höhle südlich von Högklint, Klinteberget in der Nähe der Kirche von Klinte und Djupvikstrand bei Fröjel. Im Süden der Insel werden Fossiliensammler vor allem bei Kettelvik und Hoburgen fündig. Auch Broa auf Fårö und Gothemshammar bei Gothem sind ergiebige Fundorte. Da die Gegend um das heutige Gotland besonders reich an Fossilien aus der Silurzeit ist, wird diese Epoche auch **Gotlandium** genannt.

got_466rk

⊡ Gotland besteht vor allem aus Kalkstein

got_467rk

Noch ein **Hinweis:** Das Sammeln von Fossilien ist legal – verboten ist allerdings das Aufschlagen von Gestein zur Fossiliensuche und auch das Fossiliensammeln in Naturschutzgebieten.

Flora und Fauna

Insel der Rosen

Gotland ist auch unter dem Namen „Insel der Rosen" bekannt, und dementsprechend blühen im **Spätsommer** überall auf der Insel, aber vor allem in den engen Gassen der Hauptstadt Visby, die Blumen der Liebe. Wegen ihres milden Klimas und ihres fruchtbaren Bodens hat die Insel dem Pflanzenfreund aber noch weit mehr zu bieten. Wer im **Frühsommer** nach Gotland kommt, betritt eine blühende Insel. Da der Übergang zwischen Winter und Sommer nur sehr kurz ist, scheinen die Pflanzen die Frühlingssonne regelrecht aufzusaugen. Innerhalb weniger Tage verwandelt sich die karge Winterlandschaft in ein **üppiges Blumenmeer.** Vor allem stechen dann die üppigen **Fliederbüsche** ins Auge, die an den Rändern vieler Felder und in fast allen Gärten ihren Platz haben. Bemerkenswert ist die **Vielzahl der Orchideenarten,** die auf der Insel gedeihen – Botaniker haben 36 davon gezählt. Dem Laien mögen die Namen nur wenig sagen, Orchideenfreunde aber spitzen die Ohren, wenn sie hören, dass hier Knabenkraut und Händelwurz, Hohlzunge und Waldhyazinthe, Fliegenragwurz und Waldvögelein, Stendelwurz und Zweiblatt, Vogelnestwurz, Korallenwurz und sogar der seltene Frauenschuh wachsen. Die **Blütezeit der Orchideen** erstreckt sich von Mitte Mai bis Mitte August. Weniger selten als Orchideen, aber mit seinem satten Rot genauso schön ist der **Mohn,** den man im Sommer vielerorts auf der Insel leuchten sehen kann. Überall auf der Insel trifft man auch auf den blau blühenden **Nat-**

ternkopf. Der am häufigsten auftretende Baum in den Wäldern ist die **Kiefer,** je weiter man nach Norden kommt desto öfter begegnet man auch dem **Wacholder.**

Inzwischen wird auf Gotland auch **Wein** angebaut, und vereinzelt sollen sogar **Pfirsiche** wachsen. Besonders stolz sind die Gotländer auf ihre **Kartoffeln,** die wegen des kalkhaltigen Bodens einen ganz vorzüglichen Geschmack haben.

Igel statt Elch

Die schlechte Nachricht zuerst: Der bei deutschen Touristen so beliebte Elch ist auf Gotland nicht heimisch. Auch sonst gibt es nur sehr wenige Säugetierarten. Das „Nationaltier" ist der **Igel,** der hier häufiger vorkommt als in jedem anderen Teil Schwedens. Zum Wettrennen mit ihm kann auch auf Gotland der **Hase** antreten, der hier ebenso durch die Landschaft hoppelt wie das **Wildkaninchen.** In Acht nehmen müssen sie sich dabei lediglich vor zwei Feinden, dem **Fuchs** und dem Auto.

Viele **Vögel** brüten auf Gotland, so beispielsweise auch der „Nationalvogel" der Insel, der **Halsbandschnäpper** (swe. *Halsbandsflugsnappare*). Eine Besonderheit ist, dass man auf der Insel einerseits **Seevögel** wie Trottellummen (Brutplätze auf der Insel Stora Karlsö) beobachten kann, aber auch **Vögel, die im Wald und auf der Heide leben** wie Raufußkauz, Birkhuhn (relativ häufiges Vorkommen rund um Torsburgen) und Heidelerche. Außerdem brüten auf Gotland sowohl **Stein- als auch Seeadler.** Für viele Zugvögel dient die Insel inmitten der Ostsee als **natürlicher Rastplatz** auf dem Weg zu den Winterquartieren in Südeuropa und Afrika bzw. in die Brutgebiete im Norden. Vogelfreunde sollten unbedingt das **Museum** des Vogelmalers *Lars Jonsson* in Vamlingbo ansehen (→ S. 132). Reisen zur Vogelbeobachtung nach Gotland bietet der Veranstalter *Birdingtours* an (www.birdingtours.de).

Umwelt- und Naturschutz

Das **Fernwärmenetz** von Visby wird inzwischen zu fast 100 % mit **erneuerbarer Energie** versorgt. Als Brennstoff dienen hauptsächlich „Hackschnitzel", Restprodukte aus der Sägewerksindustrie. Außerdem wird die Fernwärmeanlage mit dem Biogas einer stillgelegten Müllhalde sowie von der städtischen Kläranlage beheizt. Auch die Wärme des Meerwassers wird zu Heizzwecken genutzt. Anlass für den Bau des Fernwärmenetzes in den achtziger Jahren des 20. Jahrhunderts war neben Umweltgründen auch der **Denkmalschutz.** Die meisten Gebäude der Altstadt von Visby sind nämlich aus gotländischem Kalkstein erbaut, und diese Gesteinsart reagiert besonders anfällig auf Emissionen, die bei der Verbrennung fossiler Brennstoffe entstehen. Konkret hieß dies, dass die historische Bausubstanz extrem vom Verfall bedroht war.

[<] Kaninchen sieht man sehr häufig

Überall auf Gotland stehen alte Mühlen, denn **Windkraft** wurde hier schon lange genutzt. Freilich nicht zur Energieerzeugung, sondern u.a., um Getreide zu mahlen. Die Räder der alten Mühlen drehen sich nicht mehr, dafür sind aber inzwischen fast 200 Windkraftanlagen auf der Insel entstanden, die pro Jahr etwa 500 GWh Strom produzieren und damit 50 % des auf der Insel verbrauchten Stroms liefern. Die **größte Windkraftanlage** mit über 80 „Windrädern" liegt vor Näsudden an der Südwestküste Gotlands. In einem neuen Bauabschnitt werden dort die ältesten Windräder durch neue ersetzt, die dann bis 200 Meter hoch werden sollen. Außerdem untersucht man gegenwärtig die Möglichkeit, auch an Land eine größere Anlage zu bauen. Vorausgesetzt alle damit verbunden Probleme können gelöst werden, würden zwischen Ljugarn und Lojsta 70 neue Windräder aufgestellt. Es geht aber nicht nur um die Energieproduktion, sondern auch darum, **Energie zu sparen.** Ein Beispiel: Die Stadt- und Hochschulbibliothek in Visby kommt mit minimalem Energieverbrauch aus. Kühlung und Heizung erfolgen durch ein System, bei dem sowohl das Wasser der nahen Ostsee als auch die Energie der Sonne genutzt werden.

Das Jedermannsrecht, der sanfte Umgang mit der Natur

Das schwedische Jedermannsrecht (swe. *Allemansrätten*) gestattet es jedem, sich **frei in der Natur zu bewegen,** dort zu zelten und Beeren und Pilze zu sammeln. Auch wilde Blumen darf man pflücken und herabgefallene Zweige und Reisig auflesen. Natürlich ist jede Pflanze tabu, die unter **Naturschutz** steht. Das trifft beispielsweise auf alle Orchideenarten zu, die auf Gotland wachsen.

Roter Farbtupfer am Wegesrand – Klatschmohn ist eine der häufigsten Pflanzen auf Gotland

got_468rk

Eingefriedetes Gelände darf durchquert werden, solange die Umzäunung nicht beschädigt wird und Tore bzw. Gatter wieder geschlossen werden. Zäune von Hausgrundstücken dürfen keinesfalls überklettert werden!
Leider wird das Jedermannsrecht, gerade auch von deutschen Touristen, oft missbraucht. **Abfälle** werden zurückgelassen, die chemische Toilette des Wohnmobils wird im Wald „entsorgt", seltene Pflanzen als „Souvenir" ausgegraben usw. In den 90er-Jahren des 20. Jahrhunderts wurde deshalb im schwedischen Reichstag bereits über die **Abschaffung des Jedermannsrechts** debattiert. Dies steht inzwischen glücklicherweise nicht mehr zur Debatte. Einige schwedische Kommunen haben aber das wilde Campen und das Abstellen von Wohnmobilen auf Rastplätzen über Nacht verboten. In Gotland ist beides noch nicht der Fall. Hier versucht man es eher mit Zuckerbrot statt Peitsche. Fast jede Kommune stellt kostenlose (oder sehr preisgünstige) **Stellplätze für Wohnmobile** zur Verfügung (→ S. 145).

Geschichte

Der Widder in der Flagge

Die gotländische Flagge zeigt einen stehenden **Widder auf blauem Grund,** der ein goldenes Kreuz mit roter Fahne trägt. Der **Ursprung der Flagge** geht auf das Jahr 1560 zurück, als Gotland zum dänischen Reich gehörte. Die Flagge wurde geschaffen, um die schwedischen Ansprüche auf die Insel deutlich zu machen. Sie zeigte einen silberfarbenen Widder auf rotem Grund, der die blau-gelbe schwedische Flagge trug. Die gegenwärtige Version wird seit dem 15. Mai 1936 benutzt, als Gotland eine Flagge mit dem Motiv des Widders auf blauem Grund von König *Gustav V.* überreicht wurde.

Ab und zu sieht man auch eine Flagge, die ein **grünes Kreuz auf gelbem Grund** zeigt. Dabei steht das Gelb für die Felder, den fruchtbaren Boden, die Strände und die Sonne, das Grün für den Wald in der Mitte des Landes. Diese inoffizielle Flagge gibt es erst seit 1991. Sie wurde geschaffen, um die Verbindung zum Norden zu zeigen – alle nordischen Länder verwenden das Kreuzsymbol in ihrer Flagge – und die Gemeinsamkeit mit der anderen schwedischen Ostseeinsel Öland zu dokumentieren: Deren Flagge zeigt ein gelbes Kreuz auf grünem Grund.

Tjelvar war der Erste

Laut der **Gota-Sage,** in der im 13. Jahrhundert die Geschichte der Gotländer niedergeschrieben wurde, war *Tjelvar* der erste Inselbewohner. Die Geschichte erzählt, dass er zusammen mit seiner Familie auf die damals verzauberte Insel kam, welche nur nachts dem Meer entstieg und bei Tagesanbruch wieder versank. Dadurch, dass er das Feuer nach Gotland brachte, konnte er diesen Fluch lösen und verhindern, dass die Insel allmorgendlich aufs Neue unterging. Die ersten Zeilen der Gota-Sage lauten denn auch: „Gotland war von dunklen Mächten heimgesucht, so dass es am Tag im Meere versank und ihm in der Nacht

got_070rk

wieder entstieg. Aber dieser Mann (gemeint ist *Tjelvar*) brachte als erster das Feuer auf die Insel, die fortan nie mehr unterging."

Obwohl man bei Åminne eine **Schiffssetzung** (Grab) besichtigen kann, in der angeblich *Tjelvars* Leichnam begraben liegen soll, sieht die historische Wahrheit doch etwas anders aus.

Besiedlung

Vor etwa 8000 Jahren kamen die ersten Menschen nach Gotland. Die Landschaft, die sie vorfanden, ist mit der heutigen nicht vergleichbar. Die Insel war deutlich kleiner, Buchten und Landzungen viel markanter. Ganz im Norden gab es zumindest andeutungsweise einen Schärengarten, die Meeresoberfläche lag im nördlichen Gotland 25 Meter und im südlichen Gotland 10 Meter höher als heute. **Moore, Binnenseen, Flüsse** und **Bäche** kennzeichneten die Landschaft. Das Klima war wesentlich wärmer und feuchter, und die Neuankömmlinge hatten keine Schwierigkeiten, sich aus dem reichhaltigen Angebot der Natur zu ernähren. Neben dem **Sammeln von Früchten, Beeren und Nüssen** betrieben sie vor allem **Fischfang** und gingen auf die **Jagd.** Die Vögel in den Wäldern und an den Stränden waren leichte Beute für die geschickten Jäger. **500 bis 1000 Menschen** lebten damals auf der Insel. In der Nähe von Bunge, Lärbro und Gothem haben Archäologen **Überreste von einfachen Siedlungen** aus jenen Tagen gefunden. Im Laufe der Zeit wurde das Klima rauer, und die Natur warf nicht mehr genug Nahrung für alle ab. Deswegen begannen die Menschen ungefähr 4000 Jahre vor unserer Zeitrechnung mit dem **Anbau von Nutzpflanzen und der Tierhaltung** – die ersten gotländischen Bauern waren geboren. Allerdings vollzog sich der Übergang zur Ackerbaugesellschaft in Wellen, denn immer, wenn sich das Klima verbesserte, kehrten die Bauern wieder zu Jagd und Fischfang zurück.

Der Widder ziert die gotländische Flagge

Schon damals lebten die Gotländer nicht isoliert von der Außenwelt. Sie hatten bereits **Kontakt mit anderen Völkern rund um die Ostsee** und betrieben mit ihnen Handel. Mit den sehr einfachen Booten der damaligen Zeit konnten die Menschen die Ostsee nicht ohne Zwischenstopp überqueren – egal welches Ziel sie hatten, sie mussten Gotland anlaufen –, und so entwickelte sich die Insel schon bald zu einem wichtigen **Handelsplatz.**

Bronzezeit

Auch während der Bronzezeit, die in Schweden erst um **1800 v. Chr.** begann, war Gotland ein bedeutender Handelsplatz. Darauf weisen die etwa 500 Funde aus dieser Zeit hin. Nach Schonen ist Gotland damit die schwedische Region mit der höchsten Zahl an Relikten aus der Bronzezeit. Die vielen riesigen **Grabhügel aus Feldsteinen und Kalksteinbrocken** stammen ebenfalls aus dieser Periode. Nur wenige von ihnen wurden bis jetzt untersucht, einen Schatz jedenfalls hat man in keinem gefunden, sondern lediglich kleinere Schmuckstücke wie Nadeln und Bronzespangen. Über 500 Jahre lang fanden die führenden Männer und Frauen der gotländischen Gesellschaft ihre letzte Ruhe in Grabhügeln.

Etwa 1000 Jahre vor dem Beginn unserer Zeitrechnung fingen die Gotländer dann an, ihre verstorbenen Angehörigen zu verbrennen und deren sterbliche Überreste in **Schiffssetzungen** zu begraben. Mit Hilfe eines solchen „Schiffes" konnte dann der Verstorbene ins Jenseits hinübergleiten. Obwohl manche Schiffssetzungen bis 45 Meter lang sind, wurde meist nur eine Person in ihnen bestattet. Deswegen nimmt man an, dass nur besonders einflussreiche und mächtige Personen zu der Ehre eines so aufwendigen Begräbnisses kamen. Die meisten der über 350 Schiffssetzungen in Gotland stammen aus der Zeit zwischen 1100 und 500 v. Chr. Besonders eindrucksvoll sind die in **Gnisvärd und Gannarve,** beide an der Westküste in der Nähe von Klintehamn gelegen.

Darüber, wie die Menschen in der Bronzezeit lebten, weiß man nur wenig. Welchem Glauben hingen sie an? Welche Götter verehrten sie, welchen Riten gingen sie nach? All diese Fragen versucht man heute, durch die Interpretation von Grabbeigaben und Felsritzungen zu beantworten. So folgert man beispielsweise aus dem **häufigen Vorkommen von Sonnensymbolen** in den Ritzungen, dass die Menschen damals irgendeine **Art von Sonnenkult** praktizierten.

Eisenzeit

Von **500 v. Chr. bis ins 11. Jahrhundert** hinein spricht man von der skandinavischen Eisenzeit. Die **ersten Eisenwaren,** die man auf Gotland benutzte, waren alle importiert, und es dauerte etwa 200 Jahre, bis die Gotländer selbst die **Herstellung von Eisen** beherrschten. In jenen Tagen, als sich das Klima verschlechterte, war es zwingend notwendig, Vorräte für den Winter anzulegen. Auch die **Schafzucht** wurde immer wichtiger, denn die Wolle der Tiere brauchte man dringend, um warme

Winterkleidung herzustellen. Die Wirtschaft basierte auf Fleisch, Wolle, Häuten, Leder, Milch, Knochen und Horn. Sogar Käse wurde hergestellt. Die Bedeutung des Getreides stieg erst in den Jahrhunderten nach Christi Geburt. Auf ihren Äckern bauten die Bauern Gerste, Roggen und Weizen an.

Römerzeit

Obwohl die Nordgrenze des Römischen Reiches weit südlich von Gotland verlief, hatten die **Römer** auch hier **großen Einfluss.** Einerseits lernten die Gotländer von der damals überlegenen Technik der Römer, andererseits spielte der Handel eine große Rolle. Vor allem Häute, Wolle und Eisen, aber auch Pferde und Versklavte waren bei den Römern gefragte Handelswaren. Die Römer tauschten dafür Luxuswaren wie zum Beispiel Bronzeschalen, Weinkellen, Glas, sowie Gold- und Silbermünzen ein. Wie wichtig die **Insel als Handelsplatz in römischer Zeit** war, zeigt die Tatsache, dass mehr als 70 % aller römischen Münzen, die man in Nordeuropa entdeckte, auf Gotland gefunden wurden. Durch die Verbindungen mit den Völkern des Mittelmeeres kamen die Gotländer auch mit der **Schrift** in Kontakt. Eine der ältesten Runeninschriften Schwedens steht auf einer Speerspitze, die in der Nähe von Stenkyrka im Nordwesten Gotlands gefunden wurde. Sie wurde auf das 3. oder 4. Jahrhundert n. Chr. datiert.

Die Feinde kommen

Die **erste Hälfte des ersten Jahrtausends** stand im Zeichen des wirtschaftlichen Aufstiegs der Insel. Der Handel führte zu Wohlstand und Reichtum, und der wiederum ließ andere Völker begehrliche Blicke in Richtung der Insel werfen. Ungefähr 500 Jahre nach Beginn unserer Zeitrechnung wurde Gotland vermutlich von einer großen Welle

got_469rk

Digerrojr: Eine Grabstätte aus der Bronzezeit

von **Plünderungen und Verwüstungen** überrollt. Dies schließen die Wissenschaftler daraus, dass die meisten Gebäudeüberreste, die man aus dieser Zeitperiode gefunden hat, Anzeichen von Brandschatzungen und gewaltsamer Zerstörung zeigten.

Jeder dritte muss gehen, sagt die Sage

Auch die Gota-Sage berichtet für diesen Zeitraum von großer **Not auf der Insel.** Sie gibt als Begründung aber eine **Übervölkerung** an, die dazu führte, dass jeder dritte Einwohner durch Losentscheid zur **Auswanderung** gezwungen wurde. Die dazu Verurteilten wollten aber nicht freiwillig gehen und verschanzten sich der Sage zufolge hinter den großen Mauern der Torsburg. Viel half ihnen das aber nicht, denn schließlich wurden sie doch verjagt – zunächst auf die Nachbarinsel Fårö, danach auf die estnische Insel Dagö, und schließlich mussten sie quer durch Russland bis nach Konstantinopel fliehen. So jedenfalls geht die Sage, deren Erzählungen aber schon lange von der Wissenschaft widerlegt sind.

Vendel-Zeit

In der Vendel-Zeit, zwischen 550 und 800, bauten die Gotländer den **Handel mit dem Baltikum** weiter aus, und der **Wohlstand** nahm allmählich wieder zu. Jetzt gingen auch die Inselbewohner, die kurze Zeit zuvor noch selbst Opfer von Überfällen geworden waren, mit dem Schwert auf Reise. Auf den Fahrten wurde jetzt nicht mehr nur ge- und verkauft, sondern mitunter auch geraubt. Aus dieser Zeit stammen die großen **Bildsteine.** Sie waren sparsam mit Wirbelrädern, Ruderschiffen, Spiralen und einfachen Tierbildnissen ausgeschmückt. Diese Motive waren wichtige Elemente der damaligen religiösen Zeremonien. Einer der sehenswertesten Bildsteine steht heute in Ardre.

Bündnis mit dem Svea-Reich

Im **8. Jahrhundert** schlossen die Gotländer ein **Militärbündnis** mit dem damals in der Region dominierenden Svea-Reich. Im Wesentlichen sah dieser Schutzbund so aus, dass die Inselbewohner Steuern abführten und dafür von den Svear nicht überfallen wurden. Die Gota-Sage erzählt dazu: „So unterstellten sich die Gotländer aus eigenem freien Willen dem König des Svea-Reiches, damit sie frei und ohne jede Gefahr in alle Orte des Svea-Reiches fahren konnten, ohne dass sie dafür Zoll oder andere Abgaben bezahlen mussten ... Schutz und Hilfe sollte der König den Gotländern gewähren, wenn diese solche benötigten, und er konnte dies auch von ihnen verlangen."

Gotländische Wikinger

Zwischen 800 und 1100 war in Schweden und somit auch auf Gotland die **Zeit der Wikinger.** Als tapfere, aber auch brutale Krieger sind sie allseits bekannt, was man weniger weiß, ist, dass sie auch geschäftstüchtige Händler waren. Die gotländischen Wikinger zogen vor allem in Richtung Osten und hielten **in-**

tensive Handelskontakte mit Russland – die weitesten Handelsfahrten führten bis Kyjiw und sogar nach Konstantinopel. Doch nicht alle Wikinger waren mit den Schiffen auf Handels- und Plünderfahrten unterwegs. Im Gegenteil, die Mehrzahl der damals etwa 20.000 Inselbewohner ging dem unspektakulären Beruf des Bauern nach. Vor allem wurden damals Gerste, Weizen, Roggen, Hafer, Hanf und Flachs angebaut. Das wichtigste Nutztier war das Schaf, aber gehalten wurden auch Schweine und Rinder. Pferde wurden als Zieh- und Reittiere genutzt, außerdem war es ein wichtiges Statussymbol und ein zentraler Bestandteil des Kultes.

Die Gotländer waren damals vermögend, aber anders als heute trugen sie ihre Schätze nicht auf die Bank, sondern vergruben sie im Erdreich. Die Wissenschaft rätselt darüber, warum sie dies taten und vor allem warum viele der **vergrabenen Schätze** nicht mehr ausgegraben wurden. Aus der Prägung der Münzen geht hervor, dass die Gotländer ihre Schätze in der Zeit von 800 bis 1150 vergruben. In den ersten zwei Jahrhunderten, bis ungefähr 970, dominieren arabische Münzen, danach vor allem englische und deutsche. Nach 1050 nimmt die Zahl der Schätze ab, dafür wird ihr Umfang größer. Noch heute kann es passieren, dass ein gotländischer Bauer beim Umackern seiner Felder auf einen Tonkrug mit hunderten von Münzen stößt. Allerdings hat der Finder daran nur begrenzte Freude, denn jeder Fund muss bei den Forschern des Läns-Museums abgeliefert werden. Um die professionelle Schatzsuche zu verhindern, ist die Benutzung von Metalldetektoren auf Gotland verboten!

Die Christianisierung: Mit Gewalt oder ohne?

1028 gilt als das Jahr der Christianisierung der Insel. Damals kam der norwegische König *Olaf Haraldsson* (später auch als *Olaf der Heilige* bekannt) auf die Insel und bekehrte die damals mächtigsten Inselfürsten. Allerdings hatten sich schon einige der Inselmächtigen vor *Olafs* Ankunft dem Christentum zugewandt, so dass der König leichtes Spiel hatte. So jedenfalls berichtet es die Gota-Sage. Andere historische Quellen sprechen davon, dass *Olaf* das Christentum mit dem Schwert auf die Insel brachte. Eine **Legende** berichtet, dass der König ein gutnisches Bauernheer in der Schlacht auf der Laikarhaid bei Lärbo besiegte und die Überlebenden danach zur Übernahme des christlichen Glaubens gezwungen habe. Der „Beweis" für diese Geschichte ist der Sangelsten, ein großer Findling, der noch heute die Stelle der angeblichen Schlacht markiert. Er hat einige „Einkerbungen", die dort entstanden seien, wo des Königs Ellbogen und Knie platziert waren, als er vor der Schlacht Gott im Gebet um Hilfe bat.

Die heutige Wissenschaft hält mit einer Theorie dagegen, die den weniger spektakulären Standpunkt vertritt, dass das Christentum schlicht durch die vielen **Handelsreisenden** auf die Insel gebracht wurde und Olaf nie auf Gotland war. Nun, zumindest über das ungefähre Datum der Christianisierung sind sich Gota-Sage und moderne Wissenschaft einig.

[>] Zwischen dem späten 12. und frühen 14. Jahrhundert konnte sich auch die kleinste Gemeinde eine Kirche leisten; hier die Kirche von Tofta

got_470rk

Aufschwung ins Mittelalter

Im Norden dauerte das Mittelalter von etwa **1050 bis 1525,** von der Annahme des Christentums bis hin zur lutherischen Reformation. Gotland war schon immer ein wichtiges Handelszentrum, und diese Position festigte die Insel im Laufe des Mittelalters zunehmend.

Besonders die **deutschen Kaufleute** waren sehr interessiert am Handel mit Gotland und daran, die Insel als Basis für den äußerst lukrativen Austausch mit Russland zu benutzen. Gotland erlebte in der Zeit von Mitte des 12. bis Mitte des 14. Jahrhunderts einen enormen wirtschaftlichen Aufschwung und gehörte zu den **wohlhabendsten Regionen Europas.** Dies zeigt sich übrigens auch daran, dass es zu einem schier unglaublichen **Boom im Kirchenbau** kam und sich jede auch noch so kleine Landgemeinde eine Steinkirche leistete. Damals wurden im Laufe von 200 Jahren mehr als 100 Kirchen errichtet. Auch die einfachen Bauern lebten im Mittelalter unter besseren Bedingungen als ihre „Kollegen" andernorts. Sie waren frei, sie führten ihre Höfe ohne einen fordernden Adligen über sich, sie konnten im nahen Meer fischen, und wenn sie einen Überschuss produzierten, konnten sie ihre Waren problemlos verkaufen.

Der Aufstieg von Visby

Auf Gotland gab es im frühen Mittelalter mehrere **wichtige Handelsorte,** zu denen auch Visby gehörte. Noch aber war die Stadt nur eine unter vielen. Erst um **1150,** als hier ein Freihafen für ausländische Kaufleute eröffnet wurde, begann die rasante Entwicklung Visbys zu einer der wichtigsten Städte Nordeuropas. Allerdings vollzog sich dieser Aufstieg völlig unabhängig vom Rest der Insel. Visby wurde nicht die Hauptstadt des Inselreichs, sondern zu einem Konkurrenten. Dieser Zustand verstärkte sich im Laufe der folgenden Jahrhunderte, denn schon bald stellten zugewanderte **deutsche Hanse-Kaufleute** die Mehrheit der Stadtbevölkerung. Allmählich wurde auch der wirtschaftliche Unterschied zwischen Land und Stadt immer größer: Während Visby als Handelsmetropole reicher wurde, kam der wirtschaftliche Aufschwung im Rest der Insel zum Stillstand. Die große **Stadtmauer,** die vermutlich zwischen 1250 und 1288 erbaut wurde und bis heute in Gänze erhalten ist, wurde nicht gegen äußere Feinde errichtet, sondern zum **Schutz Visbys** vor der Inselbevölkerung.

Stadt gegen Land – der Bürgerkrieg

1288 schließlich ließen sich die immer wieder aufkeimenden Konflikte nicht mehr lösen, und es kam zum Bürgerkrieg. **Auslöser** war das Handelsprivileg, das Visby für sich beanspruchte, das die Landstädte aber nicht beachteten. Über den genauen Verlauf der Kämpfe ist nur wenig bekannt, dass die Städter aber schließlich die Oberhand behielten, ist gesicherte Tatsache. Allerdings konnten die Sieger ihren Triumph nicht uneingeschränkt genießen. Auch das siegreiche Visby war durch den Krieg geschwächt, was sich der **Schwedenkönig Magnus Ladulås** zunutze machte. Er zwang die Kaufleute der Stadt, ein Dokument zu unterschreiben, in dem sie die Schuld am Ausbruch des Krieges auf sich nahmen und auch zugeben mussten, dass sie die Stadtmauer ohne Zustimmung des Königs errichtet hatten. Natürlich war *Magnus Ladulås* kein Gerechtigkeitsfanatiker, der sich auf die Seite der unterdrückten Landbevölkerung stellte. Ihm ging es allein um Macht und Geld. Und deswegen musste Visby hohe Geldstrafen bezahlen und sich zwangsweise weiter an das Schwedenreich annähern. Dadurch wiederum wurde die Spaltung zwischen Stadt und Land noch weiter zementiert.

Trotzdem gewährte das Schicksal der Insel eine letzte Schonfrist; Gotland waren noch einmal fast 80 Jahre mit Wohlstand und wirtschaftlichem Aufschwung gegönnt. Doch anstatt diese Zeit für die Aussöhnung zwischen Stadt und Land zu nutzen, vertieften sich die Gräben zusehends. Als der dänische König *Waldemar Atterdag* 1361 zur Eroberung Gotlands ansetzte, traf er auf eine tief zerstrittene Inselbevölkerung. Der hoch gerüsteten Armee des Königs stellte sich ein Bauernheer von 1800 nur leicht bewaffneten Soldaten entgegen. Ohne Unterstützung der Städter, die das Gemetzel vom sicheren Ausguck ihrer Stadtmauer mit ansahen, hatten die Bauern keine Chance und wurden bis auf den letzten Mann vernichtet. Vielleicht hätte ein Bündnis von Stadt und Land dem Dänenkönig Einhalt bieten können, so aber war die ganze Insel leichte Beute, denn natürlich machte *Waldemar Atterdag* nicht vor den Toren Visbys kehrt, sondern erzwang nach einer Belagerung die Übergabe der Stadt. Lange hat man angenommen, dass die Stadtbevölkerung von sich aus die Stadttore öffnete und eine Plünderung in Kauf nahm, nachdem Atterdag versprochen hatte, niemanden zu töten. Inzwischen aber setzt sich mehr und mehr die Ansicht durch, dass die Dänen gar keine Drohung anwenden mussten und es auch zu keiner Plünderung kam. Vielmehr hatten die Visbyer Kaufleute angenommen, sie könnten auch unter dem Dänenkönig weiter unbehelligt Handel treiben. Doch die Zeit gotländischen Wohlstands ging mit dem Einzug der Dänen in Visby ein für alle Mal zu Ende. Dass dieser Niedergang nahezu von einem Tag auf den anderen kam, kann man am Kirchenbau ablesen. Alle Bauprojekte wurden unverzüglich eingestellt, Kirchen, die sich damals im Bau befanden, wurden nie fertig gestellt, und es dauerte bis ins 20. Jahrhundert, bis in Gotland die nächste Steinkirche errichtet wurde. Auch Steinhäuser, die in der Zeit der wirtschaftlichen Blüte auch auf dem Land zum Standard gehörten, verschwanden. Ab 1361 musste man sich wieder mit einfachen Holzhäusern begnügen.

Unruhige Zeiten

Im Laufe der nächsten Jahrhunderte wurde Gotland zu einem wehrlosen Spielball fremder Mächte. Bis 1645 blieb es die meiste Zeit unter Dänenherrschaft, doch kam es immer wieder zu längeren Zwischenperioden, in denen andere Mächte das Sagen hatten. 1394 fielen die **Vitalienbrüder** über die Insel her. Das waren nichts anderes als rücksichtslose Piraten – zu denen übrigens auch *Klaus Störtebecker* gehörte –, die den abgesetzten König *Albrecht von Mecklenburg* gegen die neue Königin *Margarethe* unterstützten. 1398 wurde Gotland vom **Deutschen Orden** erobert und von der Herrschaft der Piraten befreit. Der Orden verkaufte die Insel aber zehn Jahre später wieder an *Margarethes* Nachfolger **Erich von Pommern.** Der zeigte in seinen politischen Entscheidungen wenig Geschick und verlor einen Krieg nach dem anderen. Schließlich wurde er als Unionskönig abgesetzt und floh nach Gotland. Wenn

Die Stadtmauer sollte Visby nicht vor fremden Armeen, sondern der eigenen Landbevölkerung schützen

got_471rk

got_081rk

die Gotländer bis dahin gedacht hatten, es ginge ihnen schlecht, lernten sie jetzt wirkliche Not kennen. Um die Burg Visborg in der Nähe von Visby errichten zu können, belegte *Erich* die Inselbewohner mit horrenden Steuern und zwang sie zur Fronarbeit. Außerdem terrorisierte er die gesamte Ostsee mit seiner Seeräuberflotte, die Jagd auf Handelsschiffe machte. Erst 1449 wurde *Erich von Pommern* aus Gotland vertrieben, und von da an führten wieder die Dänen das Regiment. Die Vertreter der **dänischen Krone** betrachteten Gotland mehr oder minder als ihr Privateigentum und entsprechend benahmen sie sich auch. Wie es ihren Untertanen ging, spielte für sie keine Rolle. Die Insel verarmte immer mehr, und aus der einst reichen Handelsniederlassung wurde das **Armenhaus des Nordens.** *Sören Norby* war einer der Vertreter des Königs und trieb es besonders schlimm. *Norby* war 1517 von König *Christian II.* eingesetzt worden und blieb auch im Amt, als der König wenig später abgesetzt wurde. Mit Gotland als Basis kämpfte er beharrlich für die Wiedereinsetzung Christians. Er beutete nicht nur die Gotländer aus, sondern etablierte ein kleines **Seeräuberreich** und ging vom Stützpunkt Visby aus immer wieder auf Kaperfahrten.

Irgendwann wurde dies den Handelskaufleuten zu viel. 1523 versuchte der schwedische König *Gustav Wasa,* zwei Jahre später die Flotte der Lübecker Handelskaufleute, dem Treiben Einhalt zu gebieten. Beim **Angriff der Lübecker** wurden große Teile Visbys zerstört, einige Kirchen gingen in Flammen auf. Die Piraten wurden aus Gotland vertrieben, doch die Insel blieb noch mehr als 100 Jahre bei Dänemark. Erst als deren Großmachtzeit zu Ende und eine Provinz nach der anderen verloren ging, musste man auch Gotland 1645 im **Frieden von Brömsebro** an Schweden abtreten. Damals war Gotland aber so arm, dass sich die Schweden über ihren „Preis" nur beschränkt gefreut haben dürften. Außerdem stritten Stadt und Land nach wie vor um die Frage der Handelsrechte und blockierten sich so gegenseitig.

Mit dem Mittelalterfestival erinnert man an den Einmarsch der Dänen im Jahre 1361

Anfänglich zeigte man in Stockholm kein großes Interesse an Gotland, doch allmählich erkannte man, dass nur ein wirtschaftlich starkes Gotland die ersehnten Steuern würde bezahlen können. Es wurde also ein regelrechtes **Wirtschaftsförderungsprogramm** ins Leben gerufen, und auf den Inseln wurden mehrere Industriebetriebe etabliert.

1676 eroberte dann noch ein letztes Mal Dänemark die Insel. Allerdings währte dieses Intermezzo nur drei Jahre und hatte auch kaum Auswirkungen auf die Bevölkerung. Bei ihrem erzwungenen Abzug sprengten die Dänen die **Burg Visborg.** Deren **Überreste** wurden in den folgenden Jahrhunderten als riesiger Steinbruch verwendet. Heute ist kaum mehr etwas vom einstigen Stolz *Erich von Pommerns* zu sehen.

Krieg mit Russland

Im **18. Jahrhundert** lag Schweden mit Russland im Krieg, und im Zuge dieser Auseinandersetzungen wurde auch Gotland in Mitleidenschaft gezogen; besonders die Ostküste war **Angriffen der russischen Flotte** ausgesetzt. Doch trotzdem ging es mit Gotland nun wieder allmählich bergauf.

Nicht zuletzt, weil die Vertreter der schwedischen Krone **zahlreiche Reformen** durchsetzten, baute man u.a. das Straßennetz aus. Aus dieser Zeit stammen auch die „Meilensteine“, die man heute noch vielerorts am Wegesrand sehen kann. Allerdings konnten sich nicht alle Neuerungen durchsetzen. So scheiterte beispielsweise der königliche Befehl, Kartoffeln anzubauen an der Unkenntnis der Bauern, die den über der Erde wachsenden Teil der Pflanze ernteten und mit dessen Geschmack gar nicht zufrieden waren.

1741 bekam die Insel **berühmten Besuch:** Der Botaniker *Carl von Linné* (Exkurs → S. 196) kam hierher, um im Auftrag des Königs die Flora zu erforschen und zugleich nach Möglichkeiten zu suchen, wie man die Ressourcen der Insel am besten nutzen könnte.

Die russische Eroberung der Damenherzen

Auch im **19. Jahrhundert** hatten die Kriege, die das schwedische Mutterland führte, Auswirkungen auf das Schicksal der Insel. Im **schwedisch-russischen Krieg** besetzten **Soldaten des Zaren** im April 1808 für wenige Wochen die Insel. Die Eroberung vollzog sich auf etwas kuriose Weise, aber immerhin ohne Blutvergießen. Die russischen Schiffe landeten an einer anderen Stelle als geplant, daher mussten die Soldaten in Fußmärschen bis Visby vorrücken. Die Bauern drohten ihnen dabei zwar mit Heugabeln, aber zu größeren Auseinandersetzungen kam es nicht. Auch die Bürger von Visby scheuten den Streit und ließen die Russen – nachdem diese das Versprechen abgegeben hatten, nichts zu zerstören – in die Stadt ein. Die Soldaten, die unter dem Befehl von Admiral *Nikolai Bodisco* standen, hielten sich auch an ihr Versprechen der Friedfertigkeit und wurden bei den Bürgern der Stadt einquartiert. Schon bald entwickelten sich die feschen Offiziere zu Lieblingen der Visbyer Oberschicht, bei deren Festen sie gern gesehene Gäste waren. Seit jenen kurzen Tagen der Be-

Carl von Linné

Am 23. Mai 1707 wurde der Pfarrerssohn *Carl von Linné* in der kleinen, entlegenen Gemeinde Råshult in der Provinz Småland geboren. Vor dem Haus hatte sein Vater „zum Vergnügen für sich und seine Frau" ein Kräutergärtchen angelegt, und schon früh entwickelte der kleine *Carl* ein Interesse für Pflanzen. Nach dem Schulabschluss siedelte von *Linné* zunächst nach Lund und dann nach Uppsala über. 1741 promovierte er in den Fächern Medizin und Anatomie und machte sich sofort danach **im Auftrag des Königs** auf den Weg nach **Gotland.**

Wikimedia.org © Alexander_Roslin

Dort sollte er die Pflanzenwelt beschreiben, aber auch nach Möglichkeiten suchen, wie die Krone die gotländischen Naturressourcen am effektivsten ausbeuten könnte. Als er von der Reise zurückkam, erhielt er den **Professorentitel** in dem Fachgebiet, in dem er weltbekannt wurde, der **Botanik.** Im gleichen Jahr wurde ihm auch die Gestaltung des Botanischen Gartens in Uppsala übertragen. *Linné* reiste nicht nur nach Gotland, sondern u.a. auch nach Lappland und in die Niederlande. An den meisten seiner Reisen lässt er uns durch seine **Reiseschilderungen** teilhaben. *Linné* brachte durch die **von ihm geschaffene Fachsprache** Klarheit ins Gewirr der Pflanzenbeschreibungen. Er legte genau fest, wie und in welcher Reihenfolge man bei der Beschreibung vorzugehen habe. Die so genannte binäre Nomenklatur, bei der jeder Pflanze ein Gattungs- und Artenname zugeordnet wird (etwa *Linnaea borealis* für das Moosglöckchen), geht ebenfalls auf den schwedischen Botaniker zurück. Als *Linné* am 10. Januar 1778 starb, hatte er bereits einen **Nachfolger** gefunden – sein Sohn *Carl* setzte seine Arbeit fort und ergänzte die Pflanzenbeschreibungen seines Vaters.

Carl von Linné hat 1741 eine ausgedehnte Gotlandreise unternommen

satzung soll in den Adern so manchen Gotländers russisches Blut fließen.

Genauso unspektakulär wie die Eroberung verlief auch der **Rückzug.** Als nach drei Wochen eine 2000 Mann starke schwedische Truppe auf der Insel landete, kapitulierte *Bodisco* einfach und zog sich mit seinen Männern von der Insel zurück. *Bodiscos* Leute ließen dabei keine getöteten gegnerischen Soldaten, sondern nur einige gebrochene Frauenherzen zurück. Diese Episode spielte für die Entwicklung der Insel keine Rolle, wird aber in jedem Geschichtsbuch als **Kuriosum** erwähnt, denn schließlich gehörte Gotland auf diese Weise für kurze Zeit zum russischen Zarenreich. Für *Bodisco* hatte sein friedlicher Rückzug zunächst böse Folgen. Zar *Alexander I.* gefiel es gar nicht, dass seine Truppen Gotland kampflos den Schweden überließen und deswegen schickt er *Bodisco* ins Exil im Norden Russlands. Später aber begnadigte er ihn und ernannte ihn zum Kommandanten der Seefestung Sveaborg (heute Suomenlinna) vor der Küste Helsinkis.

Wirtschaftswachstum dank Teer und Tourismus

Die **gotländische Wirtschaft** erlebte im 19. Jahrhundert eine **neue Blütezeit,** besonders gefragte Exportgüter waren **Holz, Teer und Kalkstein.** Auch die seit dem Mittelalter bestehende Abhängigkeit der gotländischen Bauern von den Kaufleuten aus Visby löste sich auf. Das viele hundert Jahre alte System des Tauschhandels und des Kredits in den staatlichen Kaufläden wurde gelockert.

Auf dem Lande durften wieder Märkte abgehalten werden und die Menschen konnten erneut direkt miteinander handeln. Den **zunehmenden Wohlstand** kann man auch daran erkennen, dass in den Landgemeinden wieder vermehrt **Steinhäuser** gebaut wurden. Ende des 19. Jahrhunderts stand auch Gotland im Zeichen der **Industrialisierung,** 1883 wurde beispielsweise eine große Zementfabrik gebaut, die bald schon 200 Arbeiter beschäftigte.

Die **Bevölkerungszahl** wuchs, Ende des 19. Jahrhunderts lebten 53.000 Menschen auf Gotland, mehr als doppelt so viele wie noch einhundert Jahre vorher. Und dies, obwohl viele Menschen auswanderten und die Bauern damals schon eine bewusste Nachwuchsplanung betrieben: Damit der Hof nicht unter zu vielen Nachfahren aufgeteilt werden musste, galten zwei Kinder als ideal – ein Sohn, der den Besitz erbte und eine Tochter, die man „wegverheiraten" konnte.

Ende des 19. Jahrhunderts kamen auch die ersten **Sommergäste** auf die Insel, der Tourismus wurde langsam, aber sicher eine wichtige Einnahmequelle. Vor allem die reichen Stockholmer, aber auch Mitglieder der deutschen High Society, verbrachten hier ihren Urlaub.

Die Weltkriege

Alles andere als Urlaub war der erzwungene Aufenthalt einer Gruppe deutscher Seeleute während des **Ersten Weltkriegs.** 1915 wurde der deutsche **Minenräumer „MS Albatross"** von russischen Kriegsschiffen vor Gotland unter

Beschuss genommen. Schwer beschädigt und brennend lief das Schiff vor Östergarn auf Grund. Mehrere deutsche Soldaten fanden dabei den Tod; an sie erinnert ein **Gedenkstein** auf dem Friedhof von Östergarn (→ S. 100).

Auch während des **Zweiten Weltkriegs** war Schweden neutral. Gotland stand aber trotzdem nicht abseits des Kriegsgeschehens, denn durch die zentrale Lage mitten in der Ostsee war die Insel ganz automatisch von den Auseinandersetzungen zwischen den Kriegsparteien betroffen. 1944 kam es dann zur **Katastrophe,** als die **Gotland-Fähre,** die zwischen Visby und Nynäshamn verkehrte, irrtümlich von einem russischen Kriegsschiff versenkt wurde. Lediglich zwei Menschen überlebten.

Nach dem Krieg verließen immer mehr Gotländer die Insel – man war einfach zu weit weg vom Geschehen, und wer Karriere machen wollte, der zog aufs **Festland.** Erst in den 1960er-Jahren wendete sich dieser Trend, und heute leben mit ca. 61.000 Einwohnern aber immer noch kaum mehr Menschen auf der Insel als Ende des 19. Jahrhunderts.

Vorposten an der Ostsee

Zu Zeiten des **Kalten Krieges** war Gotland ein **wichtiger Stützpunkt** des schwedischen Militärs. Einige Gebiete waren damals für Ausländer gesperrt. Nach dem Untergang der Sowjetunion und den darauffolgenden Jahren der Entspannung wurde die **Ostseeinsel** dann **demilitarisiert,** 2005 das letzte Regiment abgezogen. Das hat sich aber nach der Besetzung der Krim 2014 und dem Überfall Russlands auf die Ukraine im Februar 2022 grundlegend geändert. Allein durch seine Lage ist Gotland der **wichtigste Vorposten** für die schwedische Armee, viele sprechen von einem „Flugzeugträger" in der Ostsee. Bis Kaliningrad sind es nur 300 km. Entsprechend ist das **Militär** auch wieder auf die Insel **zurückgekehrt,** regelmäßige Patrouillenflüge gehören zur Routine. Anders als früher gibt es aber keine Zonen mehr, die Touristen nicht betreten dürfen.

got_472rk

Politik

Wer regiert?

Schweden ist eine **konstitutionelle Monarchie,** in der der König das formelle Staatsoberhaupt ist, gegenwärtig *Carl XVI. Gustaf.* In den Klatschspalten deutscher Boulevardzeitungen taucht das schwedische Königshaus immer wieder auf, denn Königin *Silvia* ist deutscher Herkunft. Der König lernte seine Auserwählte bekanntermaßen während der Olympischen Spiele 1972 in München kennen, wo *Silvia Sommerlath* – wie sie damals hieß – als Hostess arbeitete. Ebenfalls ein gefundenes Fressen für die bunten Blätter sind die Königskinder Prinz *Carl-Philip,* Prinzessin *Madeleine* und Kronprinzessin *Victoria. Victoria* landete zunächst wegen ihrer öffentlich eingestandenen Bulimie-Erkrankung in den Schlagzeilen und dann wegen ihrer Liebesheirat mit dem nicht-adeligen *Daniel Westling.* Die Geburten ihrer Kinder, Prinzessin *Estelle* und Prinz *Oscar,* sorgten ebenso für Schlagzeilen wie die Hochzeit von Prinzessin *Madeleine* mit *Christopher O'Neill,* einem britisch-amerikanischen Geschäftsmann sowie die Geburten und Taufen ihrer drei Kinder. Die Boulevardblätter beherrschen die „Königs" mit Sicherheit, über politische Macht verfügen sie aber nicht. Die liegt beim Reichstag bzw. dem Ministerpräsidenten und der von ihm benannten Regierung.

☒ Seit dem Angriff Russlands auf die Ukraine ist Gotland als militärischer Vorposten in der Ostsee wieder wichtig geworden

Seit Oktober 2022 wird Schweden von einer **Mitte-Rechts-Minderheitsregierung** unter Ministerpräsident *Ulf Kristersson* von der Moderaten Sammlungspartei regiert. Um Mehrheiten im Parlament zu bekommen, ist die Regierung auf die Unterstützung der Schwedendemokraten, *Sverigedemokraterna,* einer Partei am äußersten rechten Rand, angewiesen. Im **schwedischen Reichstag** sitzen 349 Abgeordnete, die alle vier Jahre neu gewählt werden. Wahlberechtigt sind alle Schweden über 18 Jahre. Wie in Deutschland verhindert eine Sperrklausel (4 %), dass Kleinstparteien ins Parlament einziehen.

Regionalpolitik

Es gibt in Schweden zwei Arten von Organen für die kommunale Selbstverwaltung: einerseits die **Gemeinden,** andererseits den **Provinziallandtag** (swe. *landsting*). Das Land ist in **20 Provinzen** und eine so genannte **„provinziallandtagsfreie Gemeinde",** nämlich **Gotland,** unterteilt. Da aber nur marginale Unterschiede zwischen den Rechten und Pflichten von Provinzen und der „provinziallandtagsfreien Gemeinde Gotland" bestehen, kann man die Ostseeinsel durchaus als 21. Provinz betrachten. Der Provinziallandtag wird alle vier Jahre zeitgleich mit dem Reichstag gewählt. Dabei sind nicht nur Schweden, sondern alle in Schweden ansässigen Staatsangehörige aus einem Mitgliedsland der Europäischen Union sowie aus Island und Norwegen **wahlberechtigt.** Andere in Schweden ansässige Ausländer sind dann wahlberechtigt, wenn sie vor der Wahl mindestens drei Jahre in Schweden amtlich gemeldet sind. Die Hauptaufgabe der Landtage ist die **Krankenpflege.** Außer einigen wenigen Privatkrankenhäusern werden alle Hospitäler von den Provinziallandtagen getragen. Ferner gehört zu den Aufgaben der Landtage die **Unterstützung des Kulturlebens** in ihrer Provinz. Weitere wichtige Aufgaben sind u.a. die regionale Wirtschaftsförderung und die Organisation des öffentlichen Personennahverkehrs.

Nach den **Regionalwahlen von 2022** sind die Sozialdemokraten mit 31 % die stärkste Partei. Sie bilden mit der konservativen *Moderata Samlingspartiet,* die etwas über 18 % der Stimmen erhielt, die Regierung. Im Vergleich zum Rest des Landes sind die rechtsradikalen Schwedendemokraten auf Gotland relativ schwach vertreten. Von den 71 „Regionalbevollmächtigten" gehören ihnen nur acht an.

Im Vergleich zum Tourismus spielt die Landwirtschaft nur eine untergeordnete Rolle

got_473rk

Wirtschaft

Die meisten Menschen auf Gotland arbeiten in **Tourismus, Landwirtschaft und Verwaltung.** Der größte einzelne Arbeitgeber ist das „Land Gotland", bei dem 5500 der insgesamt 27.000 berufstätigen Gotländer beschäftigt sind. Einige hundert Gotländer sind bei der staatlichen Rentenversicherungsanstalt beschäftigt. Großunternehmen gibt es kaum, selbst in dem großen Zementwerk in Slite arbeiten nur wenige hundert Menschen. Vielmehr bestimmen **kleine und mittelgroße Betriebe** das Wirtschaftsleben der Insel. Nirgendwo in Schweden gibt es im Verhältnis zur Einwohnerzahl so viele Kleinbetriebe mit unter 20 Angestellten wie hier. Die Fischerei spielt kaum noch eine Rolle, hier sind nicht einmal mehr 2 % der arbeitenden Bevölkerung beschäftigt. Die **Arbeitslosigkeit** ist starken saisonalen Schwankungen unterworfen und liegt aktuell mit 5,2 % (Stand 2023) unter dem Landesdurchschnitt von 7,9 %.

Gotland zählt zu den **strukturschwachen Regionen** in Schweden und hat deswegen auch Anspruch auf die teilweise von der EU finanzierten **Ausgleichszahlungen für benachteiligte Gebiete.** Ziel dieser Förderung ist es, auf dem Land andere Einkunftsmöglichkeiten als die Landwirtschaft zu schaffen und das Investitionsklima für Unternehmen zu verbessern. Besonderes Augenmerk wird auch auf Ausbildung und Forschung gelegt.

Tourismus

Der Tourismus spielt für Gotland schon seit langem eine wichtige Rolle. Bereits Ende des 19. Jahrhunderts kamen viele gestresste **Großstädter aus der beinahe benachbarten Hauptstadt** Stockholm hierher, um ihre Sommerfrische zu verbringen. Auch die **deutsche Oberschicht** stieg damals gerne in den Hotels der Insel ab. Im Prinzip hat sich an dieser Verteilung (fast) nichts verändert: Die meisten einheimischen Besucher kommen nach wie vor aus Stockholm, die meisten ausländischen Touristen reisen aus Deutschland an. Die **Besucherzahlen** nahmen bis zur Coronapandemie ständig zu und haben 2022 wieder die Marke von 950.000 Gastübernachtungen/Jahr aus dem Vor-Coronajahr 2018 erreicht.

Die steigenden Einkünfte aus dem Tourismus sind zugleich **Stärke und Schwäche** der Insel, zumindest so lange es nicht gelingt, die **Tourismussaison** entscheidend zu verlängern. Genau genommen erstreckt sich die Hauptsaison gerade einmal über vier bis sechs Wochen. Im Juli sind zwar die meisten Beherbergungsbetriebe ausgebucht, und dann machen auch die Restaurants gute Geschäfte. Doch das reicht nicht aus, um zehn, elf „Hungermonate" zu überdauern. In Visby ist man zwar etwas besser aufgestellt als auf dem flachen Land, hier sorgen Konferenzgäste und Wochenendausflügler aus der Hauptstadt dafür, dass die Nachsaisonflaute nicht allzu hart wird. Viele Arbeitsplätze im Tourismus werden deswegen von **Saisonkräften** besetzt, im Sommer bedienen in vielen Kneipen und Restaurants Studierende aus Stockholm und auch der Barmann hinter dem Tresen kommt meist aus der Hauptstadt.

Gesundheitswesen

Das **schwedische Gesundheitssystem** ist selbst krank. Es wird eisern gespart, jedes vierte Krankenhaus wurde inzwischen geschlossen, ein Drittel der Betten sind weggefallen. Auch die Patienten selbst müssen zur Sanierung beitragen und vor jeder Behandlung erst einmal den Geldbeutel zücken. Wer krank ist, dem wird beispielsweise ein Arbeitstag vom Gehalt abgezogen, für jeden Arztbesuch wird eine **Selbstbeteiligung** fällig. Ein **Grund für die Krise:** Die Bezahlung des Pflegepersonals ist sehr niedrig, hunderte von Stellen, besonders in abgelegenen Gebieten, können nicht besetzt werden. Immer intensiver bemüht sich der schwedische Staat deswegen um Kräfte aus dem Ausland.

Viele Patienten klagen über **überfüllte Notaufnahmen, Bettenmangel und monatelanges Warten auf einen Facharzttermin.** Dass man auf Routineoperationen warten muss, wird in Schweden inzwischen allgemein akzeptiert, doch selbst akute Krebspatienten müssen mitunter monatelang „Schlange stehen". Das ist für die Betroffenen nicht nur ärgerlich, sondern kann unter Umständen auch lebensbedrohend sein.

Doch es gibt auch Gutes aus Schweden zu berichten. Wer einmal ein Bett in einem schwedischen Krankenhaus hat, den erwartet eine **hervorragende Betreuung.** Die Ärzte nehmen sich Zeit für ihre Patienten, und die Ausstattung der Krankenhäuser ist top. Der Sparzwang im schwedischen Gesundheitswesen lässt sich zwar auch auf **Gotland** feststellen. Im innerschwedischen Vergleich geht es den Gotländern aber noch am besten. Die Wartezeiten für einen Arzttermin sind relativ kurz.

Menschen und Kultur

Architektur

Die gotländischen Kirchen

Gotland ist die **Insel der Kirchen.** Nirgends im Norden findet man auf so kleinem Raum so viele Gotteshäuser. Das hat damit zu tun, dass die Ostseeinsel zwischen der Mitte des 12. Jahrhunderts und 1361, dem Jahr, in dem die Dänen die Insel eroberten, zu den **reichsten Gegenden Europas** gehörte und sogar kleine Dörfer das Geld zum Bau beeindruckender Kirchen hatten.

Als das Christentum im **11. Jahrhundert** nach Gotland kam, wurden zunächst **kleine Holzkirchen** gebaut, von denen heute kaum noch Reste erhalten sind. Dass es für die ersten Christen gar nicht so leicht war, ein Gotteshaus zu errichten, erzählt die Gota-Sage. Sie weiß zu berichten, dass ein gewisser *Botaisr aus Akebäck* die erste Kirche baute. Die Inselbevölkerung, die damals noch zu großen Teilen heidnisch war, fand die Idee aber offenbar nicht so gut und brannte das Holzkirchlein sofort nieder. *Botaisr* ließ sich aber nicht einschüchtern und machte sich sofort daran, eine zweite Kirche zu bauen. Als sich die Inselbevölkerung erneut um die Kirche scharte, um sie niederzubrennen, stieg er auf das Dach der Kirche und drohte: „Wenn ihr die Kirche niederbrennen wollt, dann müsst ihr mich mit ihr verbrennen“. Da *Botaisr* aber einer der mächtigsten Herrscher der Insel war, wagten es die Bauern nicht noch einmal, die Kirche in Brand zu setzen. Ob es *Botaisr* und seine Kirche je gegeben hat, lässt sich heute nicht mehr feststellen. Wissenschaftlich gesichert ist aber, dass im 11. Jahrhundert mehrere Holzkirchen auf der Insel errichtet wurden. Schon im **12. Jahrhundert** entstanden dann die **ersten Kirchen aus Kalk- und Sandstein.**

Zunächst kamen die Baumeister aus dem Ausland, doch schon bald erlernten die Gotländer die zum Kirchenbau nötigen Techniken. Während der Hochzeit des Kirchenbaus im späten 12. und frühen 14. Jahrhundert boten auf der Insel **„Kirchenbaufirmen“** ihre Dienste an, die dann im Auftrag ein ganzes Gotteshaus erstellten. In solchen „Firmen“ waren alle benötigten Spezialisten beschäftigt: Baumeister, Maurer, Steinmetze, Bildhauer, Maler, Zimmerleute, Schmiede und Kalkbrenner. Für „einfache“ Arbeiten, das Brechen von Steinen, das Schlagen von Bauholz und den Transport des gesamten Baumaterials, waren die Bewohner des Dorfes zuständig.

Heutige Besucher werden auf ihrer Reise über die Insel immer wieder auf die **Namen einheimischer Baumeis-**

ter stoßen, wie zum Beispiel *Egypticus, Elasticus* und *Ronensis*. Von ihnen kennt man jedoch keine Lebensdaten, und selbst ihre Namen sind „Kunstprodukte“, die sie erst von der Nachwelt und anhand der baulichen Vorlieben „verpasst“ bekamen.

Die **ersten Steinkirchen** wurden im **romanischen Stil** gebaut. Sie glichen einander; Turm, Langhaus und Chor hatten ähnliche Proportionen. Der Chor wurde fast immer durch eine halbrunde Apsis abgeschlossen. Fenster gab es nur wenige, die Nordmauern der Kirchen waren sogar immer fensterlos, die Portale waren klein und ohne Schmuck. Die Bildhauer bewiesen ihr Können vor allem bei den **Taufbecken,** die auch heute noch zu den eindrucksvollsten Sehenswürdigkeiten der gotländischen Landkirchen gehören. Die für unsere Zeit enorme Größe der Becken erklärt sich dadurch, dass damals nicht nur der Kopf des Täuflings mit Wasser übergossen, sondern das ganze Kind unter Wasser getaucht wurde. Die gotländischen Taufbecken waren in ihrer Zeit so beliebt, dass sie auch exportiert wurden. Typisch für die Inselkirchen sind die **bunten Kalkmalereien,** die Wände und Gewölbe zieren.

Im Laufe des **13. Jahrhunderts** wurden in den meisten Landgemeinden die Kirchen erweitert. Zwar hätten die wenigen Dorfbewohner auch in den kleinen romanischen Kirchen ausreichend Platz gefunden. Doch die Bauern waren inzwischen reich und das sollte sich auch in ihren Kirchen widerspiegeln. Im **gotischen Stil** wurden der Chor angebaut und das Langschiff erweitert, und meist wurde an das Kirchengebäude auch ein Turm angefügt. Die Baumeister vergrößerten auch die Fenster und versahen sie mit den für die Gotik typischen Spitzbögen. Die Portale wurden erweitert und durch Säulen, Figuren und Ornamente verschönert. Über vielen Eingangsportalen thront der auferstandene Christus. Aus dieser Zeit stammen auch die prachtvollen **Triumphkruzifixe,** die noch heute in den meisten Inselkirchen hängen. In den weniger reichen Gemeinden fehlte manchmal das Geld, um die ganze Kirche im gotischen Stil umzubauen. Doch auch dort ließen die Bauern zumindest den Chor vergrößern. Dadurch erhielten die Kirchen ein fast sattelförmiges Aussehen. So kann man an der **Form einer Kirche** noch heute erkennen, wie reich die Gemeinde war.

Gotland ist landesweit für seine Kirchen bekannt. Zu den schönsten zählt die von Öja

got_474rk

0 10 km

Gotska Sandön
Fyrplatsen
Gotska Sandön
OSTSEE
Hallshuk
Hall
Kappelshamn
Hangvar
Stenkyrka
Lummelunda
Tingstäde
Martebo
Lokrume
Väskinde
Bro
Hejdeby
Visby
Vibble
Västerhejde
Endre
Follingbo
Träkumla
Tofta
Vall
Roma
Björke
Eskelhem
Hogrän
Viklau
Väte
Västergarn
Sanda
Guldrupe
Hejde
Klintehamn
Klinte
Fröjel
Gerum
Lojsta
Eksta
Levide
Linde
Fardhem
Sproge
Silte
Hemse
Alva
Hablingbo
Rone
Havdhem
Eke
Ronehamn
Grötlingbo
Näs
Fide
Burgsvik
Öja
Hamra
Vamlingbo
Sundre
Fårö
Fårö
Fleringe
Fårösund
Bunge
Rute
Lärbro
Hellvi
Othem
Slite
Boge
Hejnum
Bäl
Vallstena
Källunge
Ekeby
Gothem
Hörsne
Dalhem
Ganthem
Norrlanda
Sjonhem
Anga
Vänge
Kräklingbo
Östergarn
Ala
Gammelgarn
Buttle
Ardre
Etelhem
Alskog
Ljugarn
Garda
Lye
Lau
Burs
OSTSEE

Vom späten 12. bis zur Mitte des 14. Jahrhunderts wurden **über 100 Kirchen** auf Gotland gebaut. Jede noch so kleine Gemeinde hatte ihr eigenes Gotteshaus. Mit dem **Einmarsch der Dänen** im Jahre 1361 kam der Kirchenbau von einem Tag auf den anderen zum Erliegen. Die wirtschaftliche Lage der Bauern verschlechterte sich durch Missernten, hohe Steuern und Krankheitsepidemien. Für den Kirchenbau blieb unter diesen Bedingungen kein Geld mehr übrig. Trotzdem wurden die Kirchen weiter verschönert. In dieser Zeit entstanden viele der **bunten Wandmalereien.** Ihre künstlerische Qualität variiert und reicht von detailreichen Darstellungen bis zu einfachen, schablonenhaften Zeichnungen. Und in der Tat entstanden manche Malereien tatsächlich mit Hilfe von **Schablonen.** Da die meisten Menschen in der damaligen Zeit nicht lesen konnten und ihnen somit die Botschaft der Heiligen Schrift verschlossen blieb, dienten die Kalkmalereien nicht nur der Ausschmückung, sondern sollten die Kirchgänger auch belehren. In den meisten Kirchen ist die **Leidensgeschichte Christi** zu sehen, denn die sollten alle Gläubigen kennen.

Die **Reformation,** die von Dänemark nach Gotland kam, hatte zunächst kaum Einfluss auf die Ausgestaltung der Kirchen. Bauliche Veränderungen nahm man nur selten vor und in vielen Kirchen durften sogar die von der Reformation verschmähten Heiligenbilder auf ihrem Platz bleiben. Während der **Barockzeit** im **17. Jahrhundert** kauften einige Kirchengemeinden **Altaraufsätze** aus Sandstein hinzu. Während die meisten Kunstschätze die Reformation unbeschadet überstanden, gingen im **19. Jahrhundert** einige Teile der wertvollen Einrichtung verloren. Nach damaligem Geschmack waren die Kirchen zu dunkel und bunt, daher wurden vielerorts die **Kalkmalereien übermalt** und die **Glasmalereien entfernt.** Teilweise wurden auch neue Fenster in die Kirchen hineingebrochen, um mehr Licht hereinzulassen. Die meisten Holzstatuen landeten entweder im Kamin oder bestenfalls auf dem Dachboden. Die alten, reich geschmückten, aber meist zu engen Sitzreihen wurde herausgerissen und durch „moderne", bequemere ersetzt. Gotland war damals aber, anders als im Mittelalter, keine besonders reiche Insel, und vielerorts fehlte das Geld für die Umbauarbeiten. Aus heutiger Sicht war das ein Glücksfall, da die Veränderungen, die an den gotländischen Kirchen vorgenommen wurden, im Vergleich zum schwedischen Festland, relativ gering ausfielen. Inzwischen hat man viele der übertünchten **Kalkmalereien wieder freigelegt,** oftmals hat die Übermalung sogar zu ihrem Erhalt beigetragen.

Die meisten Kirchen sind nur bis Mitte September geöffnet. Danach muss man sich den Kirchenschlüssel für die Besichtigung im Pfarrhof holen.

Fiskelägen

Ebenso typisch wie die Kirchen sind auch die **Fischerstellen,** die *Fiskelägen,* für Gotland. Heute sind die alten Hütten Sehenswürdigkeiten, schöne Plätze für ein Picknick, perfekte Orte für den Sundowner und beliebte Fotospots. Früher wurden sie von den Fischern zum Lagern ihrer Ausrüstung genutzt und auch, um während der Fangsaison zu übernachten. Luxus gab es in den winzigen Behausungen nicht, man schlief auf einer Pritsche, die „luxuriöseren" Hütten hatten immerhin einen offenen Kamin. Die **Fischerei auf Gotland** war meist ein Nebenerwerb. Die Fische wurden eingesalzen und halfen, den Speiseplan zu erweitern. Die Bauern kamen von ihren Höfen im Landesinneren nur dann an die Küste, wenn große Fischschwärme die Insel passierten. Deswegen standen die Hütten auch die meiste Zeit leer; sie größer zu bauen, hätte sich nicht gelohnt.

Auf **Öland** und in einigen **Küstenregionen des Festlands** gab es früher ähnliche Hütten, erhalten blieben sie aber nur auf Gotland, wo es noch heute **150 Fiskelägen** gibt. Die **Boote,** mit denen die Fischer hinausfuhren, heißen *snipa*. Sie laufen an Bug und Heck spitz zu und sind flach, damit man sie an den Felsstränden leicht anlanden kann. Weil es im Osten der Insel öfter stürmt, sind dort die Steven der Boote höher gezogen. Dadurch sind sie zwar schwerer zu rudern und zu segeln, liegen bei starkem Wind aber sicherer im Wasser.

Mühlen

Oft pfeift der Wind über Gotland. Das ist zwar schlecht für die Frisur, machte aber zumindest früher das Leben der Bauern einfacher. Die lebten nämlich zum größten Teil auf **„Einsamhöfen"**, was heißt, es gab keine Nachbarn weit und breit. Und auch keinen Müller gleich nebenan. Alles, was man brauchte, musste man selbst produzieren – auch das Getreide musste selbst gemahlen werden. Deshalb hatten **viele Höfe ihre eigene Mühle.** Das erklärt, warum es angeblich immer noch **134 Mühlen** auf der Insel geben soll. Da in den vergangenen Jahrzehnten jedoch einige der alten Mühlen verfallen sind, dürfte die Zahl inzwischen etwas niedriger sein – aber immer noch hoch genug, damit sich Gotland den Titel **„Insel der Mühlen"** redlich verdient hat.

▷ Gotland ist der Schauplatz vieler Krimis. Hier stellt Autorin Anna Jansson eines ihrer Bücher vor

▽ Auf Gotland stehen, wie hier auf Fårö, auch heute noch weit über 100 Mühlen

got_475rk

Literatur

→ Exkurs, S. 104

Sieht man einmal von den Inschriften der Runensteine ab, so sind **religiöse Texte** aus dem 13. Jahrhundert die ersten in Schweden erschienenen literarischen Werke. Der Dominikanermönch *Petrus de Dacia* (1230–1289), der zwar in Halmstad geboren wurde, aber lange im Kloster St. Nicolai in Visby lebte, verfasste die Lebensgeschichte einer Nonne. Der Mönch hatte in Köln die Klosterfrau *Christina von Stommeln* kennen und wohl auch lieben gelernt – zeitlebens wechselten sie Briefe, und schließlich verfasste *Petrus de Dacia* die Biografie seiner „Freundin". Schon sonderbar: Die Liebelei zwischen zwei Ordensleuten bescherte uns das **erste Werk der schwedischen Literaturgeschichte.**

Auch die **Gota-Sage** und das **Gutalagen** (dt. Gesetz der Goten) wurden im 13. Jahrhundert verfasst. Die eine erzählt die Geschichte der Gotländer, das andere gibt rechtliche Anweisungen und Hinweise für den täglichen Umgang miteinander.

Ein **wichtiges Werk,** aus dem wir noch heute viel über das damalige Leben auf der Insel erfahren, ist *Carl von Linnés* „Öländische und gotländische Reise", in dem er 1741 seine **Erlebnisse** niederschrieb (→ Exkurs, S. 196).
Der Pastorensohn *Per Arvid Säve* (1811–1887) aus Roma wurde vor allem durch seine **Schilderungen gotländischen Landlebens** bekannt. Zusammen mit seinem Bruder gab er auch ein **Lexikon der gutnischen Sprache** heraus.
Durch seine Romane, die vor allem das Leben einfacher gotländischer Bauern

got_476rk

und Fischer zum Thema hatten, machte sich *David Ahlqvist* (1900–1988), der auch als Maler, Bildhauer und Komponist wirkte, einen Namen. Wie er beschäftigte sich auch eine Reihe weiterer Autoren mit dem **Leben einfacher Menschen,** beispielsweise *Anna Kajsa Hallgard* (1915–1995), *Pelle Sollerman* (1914–2006) und auch *Gustaf Larsson* (1893–1985), der bekannteste Lyriker der Insel.

Die Krimiautorin *Mari Jungstedt* lebt in Stockholm, verbringt aber ihre Sommerferien auf Gotland. Sie hat die Insel schwedenweit bekannt gemacht, spielen doch hier ihre zum Teil schon verfilmten **Kriminalromane.** Auch die von *Anna Jansson* geschaffene Kommissarin *Maria Wern* ermittelt auf Gotland. Gotland-Krimis schreiben auch die auf der Insel geboren Schriftstellerin *Marianne Cedervall* und der in Stockholm lebende Autor *Håkan Östlundh.*

Malerei

Abgesehen von den **Malereien in den Kirchen Gotlands,** die größtenteils zwischen dem 13. und 15. Jahrhundert entstanden, sind vor allem die **Wandmalereien in den Bürgerhäusern** bemerkenswert. Der aus Deutschland eingewanderte *Johan Bartsch* war im 17. Jahrhundert der bekannteste gotländische Maler. Von ihm stammen unter anderem die Wandmalereien im **Burmeister-Haus in Visby.** Im 19. Jahrhundert war in Schweden die Blütezeit der **Landschaftsmalerei,** viele Künstler kamen nach Gotland, um sich von der Natur der Insel inspirieren zu lassen. Die Altstadt von Visby wiederum lockte **Historienmaler** an, die sie als Hintergrund für ihre Werke wählten. Das wohl bekannteste Gemälde dieser Art ist *Carl Gustaf Hellqvists* (1851–1890) Werk, das die Brandschatzung Visbys durch den Dänenkönig *Waldemar Atterdag* zeigt. *Hellqvist* fertigte die Skizzen zu diesem Gemälde bereits 1871 während eines Besuchs auf der Insel an. Diese scheint er aber verloren zu haben, denn als er 1882 das Gemälde endlich in Angriff nahm, bannte er nicht die Hauptstadt Gotlands auf die Leinwand, sondern Gebäude seines damaligen Aufenthaltsorts München.

Musik

Die **Volksmusiktradition** in Gotland geht bis ins 18. Jahrhundert zurück, als man anlässlich von Festen auf den Bauernhöfen **Walzer und Polka** spielte. Die Musiker waren keine Profis, sondern einfach musikbegabte Bauern. Das traf auch auf die *Groddarkarlarna,* die „Kerle aus Grodda", zu, die die ersten „Musikstars" auf der Insel waren. Die Bauern hatten im Norden der Insel ein Wirtshaus und spielten dort immer zum Tanz auf. Bald schon entwickelte sich ihr **Hof Groddagården** zu einem regionalen „Musikzentrum".

Svante Pettersson war in den 1950er Jahren ein beliebter **Schlagersänger,** der mit seinen Gotland-Liedern die Insel bekannt machte. Seine *Gotländsk sommernatt* (dt. Gotländische Sommernacht) konnte damals jeder mitsingen.

Friedrich Mehlers (1896–1981) gilt als der bedeutendste gotländische **Komponist** des 20. Jahrhunderts; über die Inselgrenzen hinaus ist er aber nur wenig bekannt. Trotzdem kann es durchaus sein, dass Sie als Besucher der Insel die Gelegenheit haben, sein **bekanntestes Werk** zu hören, ein Singspiel, das sich mit dem Leben des Mönchs *Petrus de Dacia* befasst. Es wird fast jedes Jahr im Sommer in einer der Ruinen Visbys zur **Aufführung** gebracht.

Die bekannteste **moderne Band** aus Gotland war in den 1990er und 2000er Jahren fraglos *Ainbusk.* Die vier Frauen aus der Gemeinde När gehörten in Schweden zu den ganz Großen. Mit ihren Alben landeten sie regelmäßig auf den Spitzenplätzen der Charts. Neben eigenen Kompositionen versuchten sie sich auch an Neubearbeitungen von Songs von so unterschiedlichen Künstlern wie *John Lennon, The Pogues* oder *Lucinda Williams.* Nach dem Tod von *Josefin Nilsson,* einer der vier Sängerinnen, löste sich die Band 2016 auf.

Christopher Polhem

Christopher Polhem gilt als **Vater der schwedischen Mechanik** und ist der wahrscheinlich **berühmteste Gotländer.** Er wurde am 18. Dezember 1661 in Tingstäde geboren und starb am 30. August 1751 in Stockholm. Polhem kann man mit Fug und Recht als **Universalgenie** bezeichnen. Er war Techniker, Mediziner, Wirtschaftswissenschaftler, Musiker, Philosoph, Politiker, u.v.m. Im Laufe seines langen Lebens machte er vor allem im Maschinenbau, der Bautechnik und im Bergbau unzählige Erfindungen. Auch eine automatische Orgel hat er ersonnen, er plante ein U-Boot und schrieb ein Kochbuch. Von 1687 an studierte er an der Universität in Uppsala Mechanik, Physik und Mathematik. Mit Hilfe eines Stipendiums bereiste er zwischen 1694 und 1697 Deutschland, Frankreich, England und Holland und führte dort unzählige Studien durch. Nach seiner Rückkehr nach Schweden gründete er das **„Laboratorium Mechanicum"**, eine Art Technikerschule, und **Schwedens erste „Fabrik"**, das *Manufakturverk* in Stjernsund, wo unter anderem Bausätze für Uhren hergestellt wurden. Im Jahr 1700 bekam er eine Anstellung als **Chefkonstrukteur in der Erzgrube** von Falun. König *Karl XII.* wurde schon früh auf den Erfinder aufmerksam und verlieh ihm 1716 den **Adelstitel.**

Bis dahin hieß *Polhem* noch *Polhammar,* doch dieser Name war ihm wohl nicht blaublütig genug, seit er adelig war, nannte er sich *Polhem.* 1718 beauftragte ihn der König mit dem **Bau eines Kanals** zwischen der Ostsee und dem Kattegatt. Der Bau wurde zwar in Angriff genommen, aber erst einhundert Jahre später verwirklicht. Wie gut der Ruf *Polhems* damals auch international war, zeigt die Tatsache, dass sowohl der russische Zar *Peter I.* als auch der englische König *Georg I.* an *Polhems* Diensten interessiert waren.

got_477rk

Polhem-Statue in Visby, im Hintergrund die Kirchenruine Drotten

Traditionen und Bräuche

Viele der zahlreichen Feste, die in Schweden gefeiert werden, werden auch in Mitteleuropa begangen. Einige jedoch sind typisch schwedisch oder zumindest auf den skandinavischen Raum beschränkt.

Das **neue Jahr** wird in Schweden auf ruhigere Art und Weise begrüßt als in Deutschland. Ausgelassene Partys und Trinkgelage sind die Ausnahme, meist begeht man den Tag im Kreise der Familie.

Die **Fastenzeit** ist im protestantischen Schweden seit der Reformation ein unbekanntes Phänomen, die traditionellen katholischen **„Fresstage"** vor der Fastenzeit hat man aber beibehalten. Besonders beliebt sind in dieser Zeit die *semla*, Milchbrötchen, die mit Marzipan und Schlagsahne gefüllt werden. Früher gab es diese Spezialität nur in der Woche vor Beginn der Fastenzeit. Heute sind sie bei jedem Konditor von Neujahr bis Ostern zu haben.

Karneval oder Fasching gibt es in Schweden nicht. Die schwedischen Kinder dürfen sich aber am **Gründonnerstag** verkleiden. Sie laufen dann in **Altweiber- und Hexenkostümen** herum und erinnern damit an den Flug der Hexen nach Blåskulla, wo diese am Gründonnerstag mit dem Teufel zu einem Tänzchen zusammentreffen. Abgesehen von der Maskerade der Kinder wird das **Osterfest** traditionell in einer besinnlichen und ruhigen Atmosphäre gefeiert. Eier und auch Palmzweige spielen eine ebenso wichtige Rolle bei den schwedischen Osterfeierlichkeiten wie in Deutschland.

Der 30. April, die **Walpurgisnacht** (swe. *Valborgsmässoafton*), ist in Nordeuropa vor allem ein **Festtag der Studenten.** In allen Universitätsstädten wird an diesem Tag ausgiebig gefeiert. Gegenwärtige und ehemalige Studenten setzen ihre weißen Studentenmützen auf und ziehen durch die Straßen. Das Wichtigste an diesem Tag sind aber wahrscheinlich die feuchtfröhlichen Feste, die sich an die offiziellen Feierlichkeiten anschließen. Der **1. Mai** ist auch in Schweden der **Feiertag der Arbeiterbewegung.** Er wird von den meisten Familien für einen Ausflug in die inzwischen erwachte Frühlingsnatur genutzt, immer vorausgesetzt, der Kater vom Vortag macht einem keinen Strich durch die Rechnung. **Christi Himmelfahrt** ist für viele Schweden ein wichtiger Tag, aus ganz unterschiedlichen Gründen allerdings. Für einige wenige steht das **kirchliche Fest** im Vordergrund, für sie bestimmt der Gottesdienstbesuch den Tag. Für die meisten Familien ist Christi Himmelfahrt aber ein **Ausflugstag,** an dem man sich mit dem Picknickkorb unter dem Arm auf den Weg ins Grüne macht. Allerdings soll es an diesem Tag in vielen Familien schon zu heftigen Streitereien gekommen sein, denn an Christi Himmelfahrt wird in Schweden offiziell die **Angelsaison** eröffnet, und passionierte Petrijünger – die meisten schwedischen Männer – können sich nur schwer zwischen der Familie und dem ersten großen Fang des Jahres entscheiden.

Ähnlich wie an Christi Himmelfahrt sind auch an **Pfingsten** die Kirchgänger in der Minderzahl, die Mehrheit zieht auch hier zum Picknick hinaus aufs Land, bzw. fährt ins eigene Sommer-

got_478rk

häuschen am See oder am Meer. Auch der **Nationalfeiertag am 6. Juni** wird, außer dass überall geflaggt wird, nicht besonders groß gefeiert. Er ist ohnehin erst seit 2005 arbeits- bzw. schulfrei und hat diesen Status damals dem Pfingstmontag „geklaut." Man erinnert am 6. Juni an den Tag, an dem *Gustav Wasa* 1523 König wurde, die damit verbundene Auflösung der Union mit Dänemark und die **Staatswerdung Schwedens.** Als man den 6. Juni zum Nationalfeiertag machte, meldeten sich sogleich auch Kritiker. 1523 sei Schweden noch dem julianischen Kalender gefolgt und damit entspräche der damalige 6. Juni heute nicht demselben Tag. Damit hatten die klugen Leute zwar eigentlich recht, doch auf so viel Erbsenzählerei wollte man sich bei der Auswahl des Nationalfeiertags dann doch nicht einlassen.

⌃ Besonders um Mittsommer kommen viele Schweden zum Feiern nach Gotland

An **Mittsommer,** dem vielleicht wichtigsten schwedischen Fest, feiert man bis in den Morgen hinein. Früher fand das immer am 24. Juni statt. Seit 1950 liegt *Midsommardag* auf dem Samstag, der zwischen dem 20. und 26. Juni liegt. Einen zusätzlichen arbeitsfreien Tag haben die Schweden seitdem also nicht mehr. Der Feiertagsstimmung hat die Verlegung aufs Wochenende aber keinen Abbruch getan. Im Gegenteil: Am Morgen des Mittsommertages werden Haus und Hof mit Blumen und Zweigen geschmückt. Auf dem Land wird die *majstång,* ein reich geschmückter Baumstamm, aufgestellt. Die *majstång* hat übrigens, obwohl immer wieder fälschlich so übersetzt, nichts mit unserem Maibaum gemein. Ihr Name leitet sich nicht vom Monat Mai ab, sondern von dem schwedischen Wort *majen,* was so viel bedeutet wie winden oder herumbinden – nichts anders tut man nämlich mit den Zweigen und Blumen, mit denen die *majstång* geschmückt wird. Am Abend wird dann endlich zum Tanz aufgespielt. Alle fassen sich an den Händen und hopsen mehr oder weniger geschickt um den geschmückten Baum. Bald aber löst sich der Reigen auf, und es wird paarweise auf dem Tanzboden weitergemacht. Wer zwischendurch Stärkung braucht, für den steht das traditionelle Mittsommergericht *matjesill,* eine Art marinierter Hering in süßer Soße, bereit. Dazu werden Kartoffeln mit Dill gereicht, und als Nachspeise kommen Erdbeeren mit Schlagsahne auf den Tisch. So gestärkt kann man sich wieder ins Festgetümmel stürzen. Besonders wichtig ist die **Mittsommernacht** für unverheiratete Mädchen und Frauen. Wenn sie auf neun verschiedenen Wiesen neun verschiedene Blumen pflücken und das Sträußchen dann unter ihr Kopfkissen legen erscheint ihnen der zukünftige Ehemann im Traum. Sollte das nicht funktionieren, was eigentlich immer der Fall ist, ist die Erklärung ganz einfach: Die Blumen können ihre wundersame Kraft nämlich nur entfalten, wenn man nicht spricht. Doch wer kann in einer solchen Feststimmung schon schweigsam bleiben? Dass sich gerade an Mittsommer trotzdem viele Liebespaare finden, dürfte einen anderen Grund haben: An diesem Tag wird nicht nur gut gegessen, sondern auch ausgiebig getrunken, und da kann es schonmal passieren, dass man sich näherkommt.

Während man Mittsommer auch in den Nachbarländern Finnland und Norwegen feiert, ist die **Kräftpremiären** etwas, das es nur in Schweden gibt. Die „Krebspremiere", die in der zweiten Augustwoche stattfindet, ist ein relativ junges Fest. Früher durften das ganze Jahr über Krebse gefangen werden, und deshalb war die kleine Delikatesse ganzjährig auf dem Speisezettel zu finden. Als zu Beginn des 20. Jahrhunderts der Krebsfang bis Mitte August verboten wurde, wurden die ersten Fangtage ausgiebig gefeiert. Diese Tradition setzte sich bis in unsere Tage hinein fort. Man setzt sich ein dreieckiges Papierhütchen auf den Kopf, bindet sich eine besonders große Serviette um den Hals und macht sich dann im Freundeskreis über die kleinen Meerestierchen her. Wer es besonders stimmungsvoll mag, hängt noch ein paar Lampions auf – die **Krebssaison ist eröffnet.** Allerdings kommen heute die Krebse meist nicht aus schwedischen Gewässern, sondern werden aus China, der Türkei und den USA importiert.

Am 11. November, dem **Martinstag,** steht ein anderes Tier im Mittelpunkt des Feiertagslebens. Auf den meisten schwedischen Esstischen landet an diesem Tag die **Martinsgans.** Traditionsbewusste Haushalte servieren als Vorspeise *svartsoppa,* eine Suppe aus Gänseblut. Wer am Martinstag zum Essen eingeladen ist, kann eine Autopanne vortäuschen, um verspätet zum Festessen zu erscheinen, und so die doch etwas gewöhnungsbedürftige Vorspeise umgehen …

[>] Schafsfleisch steht bei vielen gotländischen Festen ganz oben auf dem Speiseplan

Am 13. Dezember feiert man das **Lucia-Fest.** An diesem Tag werden Ihnen überall in Schweden Mädchen in langen weißen Gewändern mit einem Kerzenkranz auf dem Kopf begegnen. Jeder Verein, jede Schule und jeder Betrieb, alle haben sie ihre eigene Lucia, die an diesem Tag Kaffee und Pfefferkuchen serviert. Ursprünglich war der Tag vermutlich der Heiligen Lucia aus dem italienischen Syrakus geweiht. Doch die heutige Lucia-Feier hat damit nichts mehr gemein. Im mittelalterlichen Kalendersystem galt die **Nacht des 13. Dezember** als längste des Jahres; um sie zu überstehen, brauchte man zusätzliche Nahrung. Deswegen feierte man diesen Tag mit reichlich Speis und Trank. Gegen Ende des 18. Jahrhunderts werden in historischen Quellen zum ersten Mal weiß gekleidete Mädchen mit einem Lichterkranz auf dem Kopf erwähnt, die den **nächtlichen Schmaus** auftrugen. Allmählich verbreitete sich diese Sitte, und als während der 20er-Jahre des 20. Jahrhunderts eine Tageszeitung eine Lucia-Wahl ausschrieb, ergriff die Lucia-Welle das ganze Land.

Weihnachten ist wie in Deutschland ein **Fest der Besinnung** – und des Essens. Nur sehr traditionsbewusste Familien tun sich an diesem Tag noch den *lutfisk,* eine Art gekochten, getrockneten Stockfisch, an. Beliebter ist der Weihnachtsschinken. Oft wird ein großes Weihnachts-*smörgåsbord* (→ Essen und Trinken, S. 150) aufgebaut. Die Geschenke bringt der *tomte,* die schwedische Version des Weihnachtsmannes. Der erste Weihnachtsfeiertag gehört der Familie – und der Verdauung. Dann jedoch ist man wieder bereit zu neuen Taten und macht sich am zweiten Weihnachtstag auf, um Freunde und Bekannte zu besuchen.

got_479rk

7 Anhang

Unterwegs in den Gassen Visbys

Literaturtipps

Gotlandkrimis

■ *Cedervall, Marianne:*

Mord auf der Insel: Ein Gotland-Krimi, Piper Taschenbuch, 2017. Der erste Fall der ermittelnden Schullehrerin *Anki Karlsson.*

Trüffeltod: Ein Gotland-Krimi, Piper Taschenbuch, 2019. Leicht lesbarer Krimi rund um die pensionierte Lehrerin *Anki Karlsson.*

Das vergessene Haus: Ein Gotland-Krimi, Pendo, 2019: Ein weiterer Fall mit *Anki Karlsson.*

■ *Jansson, Anna:*

Und die Götter schweigen, ePub, dotbooks Verlag, 2017 (deutsche Erstauflage: 2002).

Totenwache, ePub, dotbooks Verlag, 2018, (deutsche Erstauflage: 2004).

got_481rk

Tod im Jungfernturm, ePub, dotbooks Verlag, 2018, (deutsche Erstauflage: 2003).

Schwarze Schmetterlinge, ePub, dotbooks Verlag, 2018, (deutsche Erstauflage: 2005).

Das Geheimnis der toten Vögel, ePub, dotbooks Verlag, 2018, (deutsche Erstauflage: 2006).

„Maria Wern, Kripo Gotland" ist eine schwedische Kriminalfilmreihe. Seit 2008 hat die Kommissarin *Maria Wern* 25 Fälle gelöst, 23 davon wurden auch schon im deutschen Fernsehen ausgestrahlt. Die Filme basieren auf den genannten Kriminalromanen der auf Gotland geborenen Schriftstellerin *Anna Jansson.* Die Romane sind auf Deutsch nur noch als eBooks oder antiquarisch erhältlich.

■ *Jungstedt, Mari:*

Den du nicht siehst, Heyne, 2004.

Näher als du denkst, Heyne, 2004.

An einem einsamen Ort, Heyne, 2006.

Im Dunkeln der Tod, Heyne, 2008.

Sommerzeit, Heyne, 2010.

5-bändige Reihe um den Kommissar *Anders Knutas,* erschien in Deutschland beim Wilhelm Heyne Verlag in München, die als Grundlage für die Krimiserie „Der Kommissar und das Meer" diente, die zwischen 2007 und 2021 im deutschen Fernsehen lief. Damit sich die deutschen Fernsehzuschauer in den Filmen wiederfinden, geht, anders als in den Büchern, kein schwedischer Kommissar auf Verbrecherjagd, sondern der deutschstämmige Ermittler *Robert Anders,* gespielt von *Walter Sittler.*

■ *Larsson, Sara:* **Die erste Lüge,** Bastei Lübbe, 2016. Ein Krimi, der eine Vergewaltigung auf Gotland zum Thema hat. Auf Deutsch nur noch als eBook oder antiquarisch erhältlich.

■ *Nesser, Håkan:* **Barbarotti und der schwermütige Busfahrer,** btb Verlag, 2021. Mit diesem Buch hat auch der auf Gotland lebende Schriftsteller seinen ersten Gotland-Krimi geschrieben.

■ *Östlundh, Håkan:*

Gotland, Piper Taschenbuch, 2010. Spannender Kriminalroman aus der Fredrik-Broman-Reihe. Auf Deutsch nur noch als eBook oder antiquarisch erhältlich.

Nordwind, Piper Taschenbuch, 2012. Auf Fårö geschehen grausame Morde und plötzlich verschwindet auch noch ein Kind.
Sterbensstille, Piper Tachenbuch, 2015. In einer Villa an der Westküste Gotlands wird ein Millionär ermordet aufgefunden.

Für Kinder und Jugendliche

- *Wahl, Mats:* **Der Strandherr,** 2002. Der historische Jugendroman erzählt die Geschichte des letzten Seeräubers der Ostsee und spielt auf der kleinen Insel Gotska Sandön nördlich von Gotland – ein hervorragender Reisebegleiter für Familien mit Kindern. Nur noch antiquarisch erhältlich.

Geschichte

- *Falck, Waldemar:* **Die Stadtmauer von Visby,** 1995. Fast 100 Seiten nur über die Mauer von Visby – wer das Buch gelesen hat, weiß wirklich alles über die einzige komplett erhaltene Stadtmauer Nordeuropas. Nur noch antiquarisch erhältlich.

Sprache

- *Daude, Karl-Axel:* **Schwedisch – Wort für Wort,** Reise Know-How Verlag, 2019. Der praktische und kompakte Sprachführer speziell für den Reisealltag. Begleitendes Audiomaterial als Download erhältlich.

[<] Krimiautor Håkan Nesser lebt auf Gotland

[>] Gotlands Flora, hier der Natternkopf, begeistert Naturfreunde

Kleine Sprachhilfe

Wer Schwedisch vor allem mit reisepraktischer Ausrichtung lernen möchte, dem das Buch **Schwedisch – Wort für Wort** empfohlen (→ oben: Literaturtipps/Sprache).

Aussprachetipps

Der Konsonant k wird im Schwedischen, wenn er vor e, i, y, ä, ö steht, wie „sch" ausgesprochen (es heißt also „schöttbullar"). Das „g" wird vor diesen Lauten zum „j".

- **sj, skj, rs, sk** vor e, i, y, ä, ö werden zu „sch" zusammengezogen
- **tj und kj** werden zu „tsch"
- **rg:** Das g wird als j gesprochen
- **rs** wird „sch" gesprochen (eher wie in Garage)

got_482rk

Kleiner Wortschatz

Hinweisschilder

Vägarbete – Baustelle
Återvändsgränd – Sackgasse
Ej genomfart – keine Durchfahrt
Ej motorforden – nicht für Autos
Enskild väg – Privatweg
Enkelriktad gata – Einbahnstraße
Färja – Fähre
Förbifart – Umleitung
Genomfart förbjuden – Durchfahrt verboten
Genomgång förbjuden – Durchgang verboten
Hallplåts – Haltestelle
Kör sakta – langsam fahren
Mötesplats – Ausweichstelle
Varning – Vorsicht

Zug-, Flug- und Schiffsverkehr

ankomst – Ankunft
avgång – Abfahrt
barnkupé – Familienabteil
bilfärjan – Autofähre
biljetter – Fahrkarten
biljettluckan – Fahrkartenschalter
effektförvaringen – Gepäckaufbewahrung
förvaringsbox – Schließfach
hjälpstation – Erste-Hilfe-Station
inresa – Einreise
järnväg – Eisenbahn
livsfara – Lebensgefahr
nödbroms – Notbremse
nödutgång – Notausgang
resgodsinlämning – Gepäckannahme
rökning förbjuden – Rauchen verboten
slutstation – Endstation
spår – Gleis
station – Bahnhof
tidtabell – Fahrplan
tillträde förbjudet – Eingang verboten
tull – Zoll
tullfria varor – zollfreie Waren
tvättrum – Waschraum
utgång – Ausgang
utresa – Ausreise
varning för tåg – Vorsicht Zug
väntsalen – Wartehalle
växelkontoret – Wechselstube

Wörter und Floskeln für die Konversation

ja – ja
nej – nein
och – und
varsågod – bitte
tack – danke
God dag! – Guten Tag!
God kväll/natt! – Guten Abend/Gute Nacht!
Adjö! – Auf Wiedersehen!
Hej! – Hallo!
Hej då! – Tschüss!
Förlåt! – Entschuldigung!
Har ni ... ? – Haben Sie ...?
när? – wann?
hur mycket? – wieviel?
var? – wo?
hur länge? – wie lange?
tysk – deutsch
Tyskland – Deutschland
schweizisk – schweizerisch
Schweiz – Schweiz
österrikisk – österreichisch
Österrike – Österreich
Jag talar bara lite svenska. – Ich spreche nur etwas Schwedisch.
Vad heter ... på svenska/på tyska/på engelska? – Wie heißt ... auf Schwedisch/auf Deutsch/auf Englisch?
Ich verstehe nicht. – Jag förstår inte.

[>] Fische, Schiffe und ein Schwedenpferd

Unterwegs auf dem Land

å	Flüsschen
älg	Elch
badning förbjuden	Baden verboten
bensinstation	Tankstelle
bilverstad	Autowerksatt
bro	Brücke
bäver	Biber
dricksvatten	Trinkwasser
ej simkunnig	Nichtschwimmer
fors	Wasserfall/ Stromschnelle
hembygdsgård	Freilichtmuseum
holm	kleine Insel
kvarn	Mühle
ö	Insel
simmare	Schwimmer
sluss	Schleuse
sjö	See
sund	Meerenge
stuga	Ferienhäuschen/ Campinghütte
vik	Bucht
fågelskyddsområde	Vogelschutzgebiet

Unterwegs in der Stadt

rum	Zimmer
att hyra	zu vermieten
fullbelagt	belegt (Hotel)
ledig	frei (Toilette)
upptaget	besetzt
öppet	geöffnet
stängt	geschlossen
fritt inträde	Eintritt frei
bio	Kino
kölapp	Wartenummer
loppis	Trödelverkauf
nattklubb	Nachtklub
ingång	Eingang
post	Postamt
bankomat	Geldautomat
rea	Ausverkauf
torg/torget	(Markt-)Platz

got_483rk

Essen

frukost	Frühstück
fika	Kaffeepause
lunch	Mittagssnack
middag	Mittagessen
meny	Speisekarte
vegetarisk	vegetarisch
fisk	Fisch
sill	Hering
kött	Fleisch
köttbullar	Fleischklößchen
soppa	Suppe
ost	Käse
korv	Wurst
te	Tee
kaffe	Kaffee
vatten	Wasser
läskedryck	Limonade
vin	Wein
öl	Bier
Smaklig måltid!	Guten Appetit!
Skål!	Prost!/Zum Wohl!
Kan jag få notan?	Kann ich die Rechnung bekommen?

Richtungsangaben

rakt fram	geradeaus
mittemot	gegenüber
höger	rechts
vänster	links
till	nach, zu
till höger, ... vänster	nach rechts, ... links
fortsätt	immer weiter
nära	nah

Zahlen

noll	null
en, ett	eins
två	zwei
tre	drei
fyra	vier
fem	fünf
sex	sechs
sju	sieben
åtta	acht
nio	neun
tio	zehn
tjugo	zwanzig
hundra	einhundert
tusen	tausend

got_498rk

got_499rk

Wochentage und Zeitangaben

måndag	Montag
tisdag	Dienstag
onsdag	Mittwoch
torsdag	Donnerstag
fredag	Freitag
lördag	Samstag
söndag	Sonntag
minut	Minute
timme	Stunde
igår	gestern
idag	heute
i morgon	morgen
nu	jetzt
på morgonen	morgens
på middagen	mittags
på eftermiddagen	nachmittags
på kvällen	abends

Notfall

bilolycka	Autounfall
hjälp	Hilfe
polis	Polizei
läkare	Arzt
tandläkare	Zahnarzt
ambulans	Krankenwagen
apotek	Apotheke
sjukhus	Krankenhaus

⌃ Einige Strände auf Gotland eignen sich gut zum Surfen

‹ Auch auf Gotland findet man die klassischen Touristensouvenirs

Register

Der Autor

Rasso Knoller, Jahrgang 1959, ist Journalist und Sachbuchautor. Nach dem Studium der Politikwissenschaften, Anglistik und – natürlich – Skandinavistik, das er teilweise in Stockholm absolvierte, arbeitete er mehrere Jahre lang in Nordeuropa. Als Journalist beim Finnischen Rundfunk in Helsinki, als Nordeuropakorrespondent für mehrere deutsche Tageszeitungen und Radiostationen in Oslo und als freier Mitarbeiter bei Radio Schweden lernte er den gesamten Norden kennen. Inzwischen lebt er in Berlin und auf Usedom, bereist den Norden aber regelmäßig und veröffentlicht auch weiterhin zu nordischen Themen. Bisher sind weit mehr als hundert Sachbücher aus seiner Feder erschienen, darunter mehrere Reiseführer und Reportagenbände über die Länder Nordeuropas. Seit 2018 wurde er siebenmal in Folge unter die zehn besten Reisejournalisten Deutschlands gewählt. 2024 landete er auf Rang zwei.

Danksagung

Ich bedanke mich bei *Inger Harlevi* für die vielen Hinweise und ihre Unterstützung vor Ort – beides hat das Buch besser gemacht.

got_484rk

Schreiben Sie uns!

Wir hoffen, dass Ihnen dieser Reiseführer gefällt und er Ihnen ein guter Begleiter auf einer außergewöhnlichen und spannenden Reise ist.

Weil ein Reiseführer von Erfahrungen lebt, sind wir an Ihren Erlebnissen interessiert: Haben Sie in unserem Buch ein Restaurant entdeckt, das es nicht mehr gibt, eine Sehenswürdigkeit, die wir noch nicht aufgeführt haben, oder eine falsche Adresse? Dann schreiben Sie uns! **Wir nehmen jeden Hinweis und jede Kritik ernst und arbeiten kontinuierlich daran, die Bücher aktuell zu halten und immer weiter zu verbessern.** Jede Mail wird gelesen und beantwortet. Auch wenn wir nicht jeden Wunsch erfüllen können, machen wir uns immer Gedanken über Ihre Anmerkungen.

Schreiben Sie uns:
per Mail an info@reise-know-how.de oder an
Reise Know-How Verlag Peter Rump GmbH, Postfach 140666, 33626 Bielefeld

Wenn sich Ihre Infos direkt auf das Buch beziehen, würde uns die Angabe der Seitenzahl und der Auflagenzahl bzw. des Erscheinungsjahres Ihrer Ausgabe die Arbeit sehr erleichtern. Besonders hilfreiche Beiträge und Ergänzungen zu den Büchern belohnen wir mit einem Sprachführer Ihrer Wahl aus der über 240 Bände umfassenden „Kauderwelsch"-Reihe.

Herzlichen Dank und gute Reisen
Ihr Reise Know-How Verlag